推倒四面墙 迎来八面风

——山东省农业科学院综合改革探索与实践

李长胜 著

中国农业科学技术出版社

图书在版编目（CIP）数据

推倒四面墙　迎来八面风：山东省农业科学院综合改革探索与实践 / 李长胜著 . -- 北京：中国农业科学技术出版社，2025.6. -- ISBN 978-7-5116-7431-9

Ⅰ . S-242.52

中国国家版本馆 CIP 数据核字第 2025RU6038 号

责任编辑　李冠桥
责任校对　王　彦
责任印制　姜义伟　王思文

出 版 者	中国农业科学技术出版社
	北京市中关村南大街 12 号　邮编：100081
电　　话	（010）82106632（编辑室）（010）82106624（发行部）
	（010）82109709（读者服务部）
网　　址	https://castp.caas.cn
经 销 者	各地新华书店
印 刷 者	北京捷迅佳彩印刷有限公司
开　　本	185 mm×260 mm　1/16
印　　张	21
字　　数	215 千字
版　　次	2025 年 6 月第 1 版　2025 年 6 月第 1 次印刷
定　　价	78.00 元

◆━━ 版权所有·侵权必究 ━━◆

序言

"惟改革者进，惟创新者强，惟改革创新者胜"。面对日新月异的新形势、新任务，只有深化改革、主动创新，才能与时代同行。

改革是推动经济社会发展的根本动力，也是激发农业科研单位内生动力的关键一招。近年来，山东省农业科学院坚持以"给农业插上科技的翅膀"为总战略，以"推倒四面墙、迎来八面风"为总基调，以科技体制机制改革为总动力，全面深化综合改革，全面革除阻碍事业发展的顽瘴痼疾，全面激发干部职工创新创业活力，搭建起现代院所治理体系的"四梁八柱"，为推进科研院所治理体系和治理能力现代化探索出一条新路径。回顾山东省农业科学院自2020年以来的综合改革，主要具有以下三大特点。

第一，坚持以人为本，从维护最广大职工利益出发，明确"为谁改"的出发点和落脚点。改革不是为标新立异，而是出实招、办实事、解难题。改革的目的不是让管理者更舒服，而是让职工群众更方便、更满意。如果改革释放的红利没有惠及全院科研工作者，就会失去群众基础和改革意义。因此，山东省农业科学院党委在深化改革过程中，始终把维护职工利益、营造良好环境、树立清风正气作为一切改革的出发点和落脚点，时刻把为职工服务放在心上，想群众之所想，急群众之所急，解群众之所难。通过组织全院解放思想大讨论，倡树"专家至上""职工利益至上"的治院理念，征集解决"职工最不满意的10件事"等一系列举措，为深化改革找到了切入点并奠定了良好的群众基础，使改革初心响应了民心所向。院党委始终坚持把职工群众赞不赞成、高不高兴、答不答应、满不满意作为衡量改革成效的基本标准，确保全院综合改革经得起群众评判和实践检验。

第二，坚持问题导向，聚焦制约科研事业发展的堵点发力，锁定"改什么"的目标靶向。习近平总书记指出，改革要"坚持问题导向，奔着问题去，跟着问题走，哪里出现新问题，改革就跟进到哪里"，这一论述为深化全院综合改革提供了根本遵循和行动指南。院党委针对发展中的痛点、堵点问题"对症下药"，聚焦学科设置不合理、对接经济社会发展需求不紧密等问题，深化机构改革，调整优化学科布局；聚焦人才评价不科学等问题，深化人才制度改革与"放管服"制度改革，大力开展"唯论文、唯职称、唯学历、唯奖项"清理；聚焦科研与生产"两张皮"问题，深化科研组织方式改革、成果评价制度改革、成果转化制度改革和科技服务体系改革，推行"五权下放"和"揭榜挂帅"制，探索实践乡村振兴科技合伙人模式，让科研成果更接地气；聚焦持续纠治"四风"、提高服务保障能力问题，深化干部制度改革、财务制度改革、科研要素服务保障体系改革和考核制度改革，努力提高院所治理现代化水平。

第三，坚持系统思维，科学处理整体推进与重点突破的关系，细化"怎么改"的逻辑安排。改革，牵一发而动全身。改革的步伐一旦启动，必然关联到方方面面，涉及全院上下，冲击到现有利益格局，如果不整体推进就会导致很多单项改革无疾而终，因此没有系统思维与顶层设计肯定不行。但是，害怕改革、故步自封更不行。"逆水行舟，不进则退"，如果固守成规，只能坐失发展良机。所以，坐而论道不如起而行之。院党委抓住重点领域先行推进改革，在改革进程中发现新问题进而继续深化配套改革，通过关键环节改革"一子落而满盘活"，牵引带动全院综合改革全面深化。值得欣慰的是，山东省农业科学院利用3年多时间，统筹推进了17项重大改革，创新实践综合改革的方法论，较好地处理了整体推进与重点突破的关系、顶层设计与摸着石头过河的关系以及改革、发展、稳定的关系，全院创新创造活力竞相迸发，各项事业呈现出良好发展势头，为山东省乃至全国农业科研单位体制机制改革贡献出山东农科经验。

山东省农业科学院的综合改革是落实全面深化改革的创新实践，是提高科研院所治理体系治理能力现代化的有效措施，更是对破解科研生产"两张皮"难题的有益探索。综合改革不仅赢得了广大干部职工的拥护和赞誉，也得到了上级领导的一致肯定，改革经验被山东省委形成改革专报上报中央全面深化改革委员会办公室，改革典型做法两次被刊发在农业农村部科教司《农业农村科教动态》上。在2022年全国农业科技创新工作会议上，山东省农业科学院作为农业科学院系统唯一代表作典型发言。中央电视台、《人民日报》《光明日报》《科技日报》《农民日报》《大众日报》等新闻媒体都给予了充分报道。

　　改革只有进行时，没有完成时。当前，走好中国式现代化之路，还需要我们通过全面深化改革来获取持续前行的根本动力。本书总结山东省农业科学院近年来综合改革的做法经验，以飨读者，以资参考。因时间仓促、水平所限，书中难免有所疏漏，敬请斧正！

李长胜

2024 年 5 月

目 录

第一章　要综合改革　/1
一、出台背景　/2
二、主要考虑　/4
　（一）党中央有要求　/4
　（二）省委有部署　/6
　（三）职工有期盼　/7
三、目标原则　/10

第二章　综合改革的思想前提　/12
一、解放思想大讨论的主要内容　/13
　（一）2020年"综合改革年"　/13
　（二）2021年"改革落实年"　/17
　（三）2022年"综合改革提质增效年"　/22
　（四）2023年"团队建设年"　/26
二、解放思想大讨论的主要特点　/30
　（一）坚持问题具体精准　/30
　（二）坚持研讨全体参与　/30
　（三）坚持问题导向明确　/31
　（四）坚持立足发展实践　/31

三、解放思想大讨论的主要成效　　　　　　　　　　　　　/ 32
　　（一）树牢"十破十立"的理念　　　　　　　　　　　/ 33
　　（二）逐步实现"八个转变"　　　　　　　　　　　　/ 34
　　（三）明确提高科技创新力要做到"九个强化"　　　　/ 34
　　（四）明确提高工作执行力要做到"九个坚持"　　　　/ 35

第三章　聚天下英才而用之
　　　　——人才领域的改革　　　　　　　　　　　　　　/ 38

一、人才制度改革　　　　　　　　　　　　　　　　　　/ 40
　　（一）如何改　　　　　　　　　　　　　　　　　　/ 40
　　（二）改革成效　　　　　　　　　　　　　　　　　/ 45

二、岗位聘用制度改革　　　　　　　　　　　　　　　　/ 52
　　（一）如何改　　　　　　　　　　　　　　　　　　/ 52
　　（二）改革成效　　　　　　　　　　　　　　　　　/ 55

三、干部制度改革　　　　　　　　　　　　　　　　　　/ 59
　　（一）如何改　　　　　　　　　　　　　　　　　　/ 60
　　（二）改革成效　　　　　　　　　　　　　　　　　/ 67

第四章　坚持世界眼光、中国视野、山东特色
　　　　——科研创新领域的改革　　　　　　　　　　　　/ 69

一、学科团队改革　　　　　　　　　　　　　　　　　　/ 70
　　（一）如何改　　　　　　　　　　　　　　　　　　/ 70
　　（二）改革成效　　　　　　　　　　　　　　　　　/ 83

二、科研组织方式改革　　　　　　　　　　　　　　　　/ 90
　　（一）如何改　　　　　　　　　　　　　　　　　　/ 90

（二）改革成效　　　　　　　　　　　　　　　　　　　　　/ 93

三、科研要素一体化改革　　　　　　　　　　　　　　　　　　/ 97
　　（一）如何改　　　　　　　　　　　　　　　　　　　　　/ 97
　　（二）改革成效　　　　　　　　　　　　　　　　　　　　/ 100

四、科技成果评价改革　　　　　　　　　　　　　　　　　　　/ 101
　　（一）如何改　　　　　　　　　　　　　　　　　　　　　/ 105
　　（二）改革成效　　　　　　　　　　　　　　　　　　　　/ 108

五、试验基地管理一体化改革　　　　　　　　　　　　　　　　/ 110
　　（一）如何改　　　　　　　　　　　　　　　　　　　　　/ 112
　　（二）改革成效　　　　　　　　　　　　　　　　　　　　/ 118

第五章　让科研人员"名利双收"
——成果转化领域的改革　　　　　　　　　　　　　/ 121

一、成果转化制度改革　　　　　　　　　　　　　　　　　　　/ 123
　　（一）如何改　　　　　　　　　　　　　　　　　　　　　/ 123
　　（二）改革成效　　　　　　　　　　　　　　　　　　　　/ 129

二、收入分配制度改革　　　　　　　　　　　　　　　　　　　/ 140
　　（一）如何改　　　　　　　　　　　　　　　　　　　　　/ 140
　　（二）改革成效　　　　　　　　　　　　　　　　　　　　/ 148

第六章　到生产主战场上去
——科技推广服务领域的改革　　　　　　　　　　　/ 153

一、深入实施"三个突破"战略　　　　　　　　　　　　　　　/ 153
　　（一）如何改　　　　　　　　　　　　　　　　　　　　　/ 155
　　（二）改革成效　　　　　　　　　　　　　　　　　　　　/ 158

二、打造"舜耕科技"服务品牌　　　　　　　　　　　／166
　　（一）如何改　　　　　　　　　　　　　　　　／166
　　（二）改革成效　　　　　　　　　　　　　　　／168

第七章　专家至上、职工利益至上
——"放管服"领域的改革　　　　　　　　　　／176

一、深化"放管服"改革　　　　　　　　　　　　／177
　　（一）如何改　　　　　　　　　　　　　　　　／177
　　（二）改革成效　　　　　　　　　　　　　　　／189

二、财务制度改革　　　　　　　　　　　　　　　／190
　　（一）如何改　　　　　　　　　　　　　　　　／191
　　（二）改革成效　　　　　　　　　　　　　　　／199

三、国有资产管理一体化改革　　　　　　　　　　／207
　　（一）如何改　　　　　　　　　　　　　　　　／208
　　（二）改革成效　　　　　　　　　　　　　　　／210

四、招投标一体化改革　　　　　　　　　　　　　／211
　　（一）如何改　　　　　　　　　　　　　　　　／211
　　（二）改革成效　　　　　　　　　　　　　　　／214

第八章　加快构建现代科研院所治理体系
——事业单位内部管理领域的改革　　　　　　／216

一、机构改革　　　　　　　　　　　　　　　　　／216
　　（一）如何改　　　　　　　　　　　　　　　　／216
　　（二）改革成效　　　　　　　　　　　　　　　／222

二、考核制度改革 /223
（一）如何改 /223
（二）改革成效 /227

三、后勤服务保障一体化改革 /228
（一）如何改 /229
（二）改革成效 /232

附 件 /234

"媒体看"改革 /234

"专家看"改革 /290

"科研人员看"改革 /311

后 记 /321

第一章　要综合改革

2013年11月27日，习近平总书记亲临山东省农业科学院视察，首次作出"给农业插上科技的翅膀"重要指示，成为山东省农业科学院弥足珍贵的精神财富和事业发展的不竭动力。2020年以来，山东省农业科学院为贯彻落实习近平总书记重要指示精神，破解科研生产"两张皮"，打通科技进村入户通道"最后一公里"，坚持以"给农业插上科技的翅膀"为总战略，以"推倒四面墙、迎来八面风"为总基调，以"实干兴院"为总要求，大力推动综合改革，陆续推出人才制度改革、成果转化制度改革、科研体制机制改革等17项改革举措以及70余项具体配套制度，搭建起"给农业插上科技的翅膀"体制机制的"四梁八柱"。

山东省农业科学院的综合改革全面发力、多点突破、纵深推进，解决了一些多年来想解决但一直没有很好解决的问题，解决了许多过去认为不可能解决的问题，重要领域和关键环节改革取得突破性进展，落实"给农业插上科技的翅膀"体制机制更加完善，院所治理体系和治理能力现代化水平明显提高，全院发展活力和创新活力明显增强。

推倒四面墙 迎来八面风
——山东省农业科学院综合改革探索与实践

一、出台背景

山东省农业科学院始终将学习贯彻习近平总书记重要讲话和重要指示精神作为重大政治任务，每年11月召开座谈会重温精神、深化认识。2020年以来连续召开两届"给农业插上科技的翅膀"理论研讨会，形成"济南共识"，首倡提出以"给农业插上科技的翅膀"为核心的"翅膀论"理论体系。"翅膀论"理论体系内涵丰富，具体包括：

一个关键：农业的出路在现代化，农业现代化的关键在科技进步和创新。

一条道路：农业增长必须更多依靠技术进步、走内涵式发展道路。

一个方向：矛盾和问题是科技创新的导向，解决瓶颈制约始终是农业技术进步的主攻方向。

"两藏"战略：藏粮于地、藏粮于技。

三个导向：以解决好地怎么种为导向，加快构建新型农业经营体系；以解决好地少水缺的资源环境约束为导向，深入推进农业发展方式转变；以满足吃得好吃得安全为导向，大力发展优质安全农产品。

"三率"提升：依靠科技支撑和创新驱动，提高土地产出率、资源利用率、劳动生产率。

"四个面向"：面向世界科技前沿、面向经济主战场、面向国家重大需求、面向人民生命健康。

第一章 要综合改革

第一届"给农业插上科技的翅膀"理论研讨会

第二届"给农业插上科技的翅膀"理论研讨会

四个原则：增产增效并重、良种良法配套、农机农艺结合、生产生态协调。

四化要求：农业技术集成化、劳动过程机械化、生产经营信息化、安全环保法治化。

十字方针：加快构建适应高产、优质、高效、生态、安全农业发展要求的技术体系。

"翅膀论"是一个重大的理论问题，也是一个重大的实践问题；"翅膀论"是一个战略问题，也是一个战术问题；"翅膀论"既是世界观，也是方法论。"翅膀论"与习近平总书记关于科技与经济关系的论述、关于农业与科技关系的论述、关于科技创新与体制机制改革关系的论述，是一脉相承的，是新时代做好农业科技创新工作的根本遵循和行动指南。因此，落实"翅膀论"，就要对现有的体制机制进行改革、改进和完善，要理顺体制、改革机制、完善制度，建立充满生机活力的体制机制，建立调动广大科技人员工作积极性的体制机制和政策体系，让大家想干事、能干事、干成事，在乡村振兴中彰显担当作为，更好地给农业插上科技的翅膀。

二、主要考虑

（一）党中央有要求

党的十八大以来，党中央部署了一系列全面深化改革的任务，出台了《深化科技体制改革实施方案》《科技体制改革三年

第一章 要综合改革

攻坚方案》等一系列重大改革举措，对深化科技体制改革、提高科研院所治理体系和治理能力现代化都提出明确要求。多年来，我国一直存在着科技成果向现实生产力转化不力、不顺、不畅的痼疾，其中一个重要症结就在于科技创新链条上存在着诸多体制机制关卡，创新和转化各个环节衔接不够紧密。习近平总书记指出，要解决这个问题，就必须深化科技体制改革，破除一切制约科技创新的思想障碍和制度藩篱，推动科技和经济社会发展深度融合，打通从科技强到产业强、经济强、国家强的通道，以改革释放创新活力，让一切创新源泉充分涌流。在2014年两院院士大会上，习近平总书记指出，如果把科技创新比作我国发展的新引擎，那么改革就是点燃这个新引擎必不可少的点火系，也是打通制约关卡的重要手段。在2018年两院院士大会上，习近平总书记强调，科技领域是最需要不断改革的领域，要把人的创造性活动从不合理的经费管理、人才评价等体制中解放出来。习近平总书记的一系列重要论述为科研院所深化科技体制机制改革、加快院所治理体系和治理能力现代化水平指明了方向、提供了遵循。

在《习近平关于科技创新论述摘编》一书中，习近平总书记指出，要精心设计和大力推进改革，清除各种有形无形的栅栏，打破各种院内院外的围墙，让机构、人才、装置、资金、项目都充分活跃起来，形成推进科技创新发展的强大合力。这也是山东省农业科学院将"推倒四面墙、迎来八面风"作为全部工作的总基调的主要考量，就是要推倒思想僵化之墙，迎来求新求变、敢想敢干之风；推倒利益固化之墙，迎来公平公正、有为有位之风；推倒治理弱化之墙，迎来立说立行、政治善治之风；推倒行为独化之墙，迎来联合融合、借势乘势之风。

（二）省委有部署

山东省落实党中央重大决策部署，出台了一系列深化改革的举措，把科技体制改革摆上了重要位置，进行了系统谋划部署。在2020年3月17日召开的全省重点工作攻坚年动员大会中，时任山东省委书记刘家义指出，2020年是山东省的"重点工作攻坚年"，实质上就是"改革攻坚年"，九大改革中专门提到了要发起人才制度改革攻坚行动和科教改革攻坚行动，其中强调，要为人才集聚成长搭建舞台，打造人才高地；要全面推行科技攻关"揭榜制"，探索推进"五权下放"；要坚决破除唯论文、唯帽子、唯职称、唯学历、唯奖项"五唯"弊端；要"融"出产学研新合力，鼓励企业把研发机构建在高校院所，鼓励高校院所把实验室办到生产一线。

2020年11月16日，山东省委办公厅印发了《关于深化省级事业单位改革试点实施方案》，对山东省农业科学院如何进行机构改革提出明确要求：

重组山东省农业科学院，为强化农业科技支撑，发挥我院（山东省农业科学院，全书同）龙头带动作用，促进农业科技成果转化和推广应用，更好服务全省现代农业发展，建设综合性农业科研单位，将山东省农业科学院所属玉米研究所、蔬菜花卉研究所、植物保护研究所、农业质量标准与检测技术研究所、农业资源与环境研究所、原子能农业应用研究所、科技信息研究所、奶牛研究中心、生物技术研究中心、试验基地服务中心、山东省水稻研究所、山东省农业可持续发展研究所、山东省农作物种质资源中心、山东棉花研究中心、山东棉花研究中心试验站、山东省轻工农副原料研究所和山东省畜牧兽医局所属山东省蜂业良种繁育推广中心17个事业单位并入山东省农业科学院。山东省农业科学院仍为山东省政府直属正厅级公益一类事业单位，根据农业科研需要，科学设置内设机构。

健全完善市级农业科学院管理体制和运行机制，采取省市共建模式，各市农业科学院加挂省农业科学院XX市分院牌子，不改变市级农业科学院隶属关系，机构编制、干部人事、经费来源、资产管理继续按现行办法执行。山东省农业科学院主要负责统筹农业科研布局、科技成果转化和推广应用等。

山东省农业科学院借此事业单位机构改革契机，对管理体制和运行机制进行系统梳理，全面铺开综合改革。

（三）职工有期盼

在历届党委行政打牢的基础上，山东省农业科学院多项工作走在了全国农业科学院系统前列，研发推广了一大批新品种新技术，为山东省成为首个农业总产值过万亿的省份提供了有效的科技支撑。但是，与飞速发展的形势相比，与高水平农业科技自立自强的要求相比，仍面临着一系列问题。通过院外调研中国农业科学院、江苏省农业科学院、浙江省农业科学院等先进农业科学院，院内调研院属 22 个研究所的学科建设、人才队伍建设、平台建设、成果转化推广等情况，山东省农业科学院在科技创新与转化、人才队伍建设、现代院所治理体系建设等方面还存在一系列问题，比如人才方面，面临着人才流失、断层、高端人才引不来等问题；比如学科建设方面，面临着与当前农业发展方向的变化、与农业产业形态的变化、与农业主体的变化不相适应的问题；比如成果转化方面，面临着转化效率效益不够高、高价值成果供给不够多、转化收入结构不够均衡、转化服务体系不够完善、转化队伍不够健全等问题；比如体制机制方面，有些研究所还存在各行其是、各自为战的情况；比如干事创业方面，有些干部和科研人员还存在士气不振、精神状态较差的情况等。这些都是制约科研单位发展的亟待解决问题，必须从体制机制上坚决改革。

赴中国农业科学院调研

第一章 要综合改革

赴江苏省农业科学院调研

赴浙江省农业科学院调研

推倒四面墙　迎来八面风

——山东省农业科学院综合改革探索与实践

院内研究单位调研

三、目标原则

邓小平同志说：革命是解放生产力，改革也是解放生产力。综合改革，综合者，就是要统筹推进各领域改革，并将它们系统集成，打出一套组合拳。我们要通过综合改革，调动广大干部职工干事创业的积极性，让一切机构、人才、装置、资金、项目等要素的活力竞相迸发，让全院干部职工获得更多的利益、更强的幸福感。

——坚持问题导向。坚持把破解制约创新驱动发展的体制机制障碍作为着力点，找准突破口，增强针对性，在重要领域和关键环节取得决定性进展,提高改革的质量和效益。

——坚持系统观念。统筹谋划综合改革各个方面、各个层次、各个要素,注重推动各项改革相互促进、良性互动、协同配合。坚持系统推进,加强不同时期、不同方面改革配套和衔接,注重改革措施整体效果,努力在重要领域和关键环节改革上取得突破,以此牵引和带动其他领域改革,使各方面改革协同推进、环环相扣。

——坚持开放协同。统筹院所两级改革部署,强化部门改革协同,注重人才、科技、成果、财务等出台政策相互配套,充分利用院内院外资源,加强工作衔接和协调配合,更大范围、更高层次、更有效率配置创新资源。

——坚持统筹协调。综合改革涉及全院工作全局,涉及科研创新、科技管理各领域,涉及许多实际问题和历史遗留问题,是一个复杂的系统工程。随着改革不断深入,各个领域各个环节的关联性互动性明显增强,每一项改革都会对其他改革产生重要影响,每一项改革又需要其他改革协同配合。对涉及面广泛的改革,如人才制度改革,要同时推进配套改革,聚合各项相关改革协调推进的正能量,形成改革合力。

第二章　综合改革的思想前提

习近平总书记指出，解放思想的过程就是统一思想的过程，解放思想的目的是更好统一思想。2018年视察上海时，习近平总书记再次强调，要进一步解放思想，准确识变、科学应变、主动求变，坚决破除条条框框、思维定势的束缚，深入推进重要领域和关键环节改革。只有思想统一了，才能最大程度凝聚改革共识，形成改革合力。山东省农业科学院自2020年起连续四年开展解放思想大讨论，每次历时2个月，坚持解放思想具体化、全覆盖，涵盖院党委成员、部门领导班子、研究单位领导班子、管理人员、科研人员和创新团队五个层面。其中，2020年形成了"推倒四面墙、迎来八面风"的共识，并成为全部工作的总基调；2021年开展了以"科技自立自强"为主题的解放思想大讨论，形成了"自立自强是立院之本、自主创新是强院之路"的共识；2022年开展了以"提高科技创新力、提高工作执行力"为主题的解放思想大讨论，形成了"科技创新力就是核心竞争力，工作执行力就是核心战斗力"的共识；2023年开展了以"打通科技进村入户（入企）通道"为主题的解放思想大讨论，形成了"乡村振兴科技合伙人模式是打通科技进村入户通道的最佳路径"的共识。

第二章 综合改革的思想前提

一、解放思想大讨论的主要内容

（一）2020年"综合改革年"

作为综合改革启动之年，解放思想大讨论首先开展了"我为改革献计献策"等活动，唤醒了全院干部职工的改革意识，逐渐形成了"推倒四面墙、迎来八面风"的共识。这次解放思想大讨论在山东省农业科学院改革发展史上具有开创性、里程碑意义。院党委从征求广大干部职工意见建议起笔，共收到意见建议21类共789条，这些意见建议不仅原汁原味地反映了干部职工思想状况和利益关切，更重要的是增强了全院干部职工的主人翁意识，主动性和积极性被空前调动。征集到的意见建议主要集中在人才制度改革、财务制度改革、成果转化制度改革等方面，对重塑业务流程、提升管理服务效能、促进科研更接地气、推动科技成果解决实际问题等也提出了诸多诉求，这从侧面反映了全院广大干部职工期盼改革、拥护改革、投身改革、推动改革的高涨热情。

院党委行政班子围绕"增强改革意识、提升境界标准"开展讨论。针对对接国家和省重大战略需求不够紧密、推动改革发展措施不够有力等问题，破除思维模式固化、创新意识不强的思想观念，树立善谋善为、善作善成、追求卓越、努力超越的观念，构建大范围合作联合的事业发展格局，对标对表江苏省农业科学院，按照"打造一流农科院、走在全国最前列"的目标，结合各自分管领域工作职责，加强顶层设计，擘画发展新篇，带头真抓实干，弘扬清风正气，树立"干部为事业担当、组织为干部担当"的鲜明导向。

院机关处室围绕"增强大局意识、提升管理效能"开展讨论。针对服务意识淡薄、工作效率不高、不主动担当作为、协调配合不力等问题，破除推诿扯皮、但求无过、本位主义、各自为战等思想观念，树立围绕中心、服务大局、团结协作、甘当配角的观念，倡树"马上就办、精益求精"机关作风，创新管理和服务机制，大胆探索施行"放管服"改革举措，切实履行好部门和岗位职责，为事业攻坚克难，为基层优质服务，为群众排忧解难。

研究单位班子围绕"增强争先意识、提升综合实力"开展讨论。针对赶超意识不强、作用发挥不到位、显示度不够等问题，破除安于现状、因循守旧、小成即满、小富即安的思想观念，树立公道正派、担当作为、积极改革、干就一流的观念，以争创"全国同类一流研究单位"为目标，抢人才、抢市场、抢企业，争项目、争资金、争平台，提高治理能力和综合实力，打造农科特色，擦亮农科品牌，发挥农科作用。

研究所管理科室围绕"增强服务意识、提升执行能力"开展讨论。针对服务意识不强、管理水平不高、制度执行不力、奉献精神不足等问题，破除不顾大局、不担责任、事不关己、凡事求利的观念，树立正确的事业观、价值观、集体观、义利观，在科研团队申报项目、学术活动、经费报销及后勤保障等方面履职尽责，及时解决科研人员工作生活中的困难和问题，为科研人员专心科研提供高效便捷服务。

第二章 综合改革的思想前提

团队和科研人员围绕"增强为民意识、提升创新水平"开展讨论。针对对接农业生产实际不够紧密、科研成果不接地气、成果转化率不够高等问题，破除为课题而课题、为论文而论文、为个人而科研的观念，坚决杜绝学术造假等不端行为，树立求真求实、潜心钻研、淡泊名利、报国为民的科研观念，弘扬科学家精神和工匠精神，不忘初心使命，培养科学思维，增强协作意识，提高创新能力，注重科研价值，深入生产一线，多出大人才、大成果、大效益。

中共山东省农科院委员会文件

鲁农科党发〔2020〕11号

中共山东省农业科学院委员会关于开展"解放思想大讨论"的意见

院属各部门、各单位党委（总支、支部）：

为进一步落实习近平总书记"给农业插上科技的翅膀"的重要指示精神，解放思想、凝聚共识，促进全院综合改革顺利进行，推动各项事业高质量发展，院党委决定在全院开展"解放思想大讨论"，现提出如下工作意见。

一、指导思想

坚持以习近平新时代中国特色社会主义思想为指导，深入贯彻落实党的十九大和十九届二中、三中、四中全会精神，深刻理解、准确把握习近平总书记视察我院重要讲话精神，紧紧

—1—

2020年，《中共山东省农业科学院委员会关于开展"解放思想大讨论"的意见》

推倒四面墙 迎来八面风
——山东省农业科学院综合改革探索与实践

在研究单位调研"解放思想大讨论"开展情况

附：2020年"解放思想大讨论"研讨题目

1. 习近平总书记的"给农业插上科技的翅膀"这一重要指示如何在我院落实落地？

2. 习近平总书记对我院提出的"要把研究所办出特色"重要指示如何落实？

3. 如何落实习近平总书记提出的"科研人才都应该到生产的主战场上去"要求？

4. 如何落实好知识分子与工农相结合、与实践相结合？

5. 如何打造乡村振兴科技支撑型齐鲁样板？

6. 如何落实院党委提出的"推倒四面墙、迎来八面风"的要求？

7. 对院所治理体系和治理能力现代化的意见建议。

8. 如何落实院党委提出的"三争三抢三出"？

9. 本单位学科如何调整？

10. 如何规范院所两级权力？

11. 对机构设置改革的意见建议。

12. 对人才制度改革的意见建议。如何吸引高层次人才来院工作？对职称评聘改革工作的意见建议。

13. 对干部制度改革的意见建议。

14. 对考核制度改革的意见建议。

15. 如何建立健全科学有效的科技成果转化工作体制机制？

16. 对收入分配制度改革的意见建议。

17. 对"放管服"改革的意见建议。

18. 对财务制度改革的意见建议。对试点科研经费"包干制"的意见建议。

19. 如何践行、弘扬科学家精神，加强科研诚信和学风建设？

20. 如何解决科研与农业生产结合不紧密、科研成果不接地气、成果转化率不高等问题？

21. 如何增强"马上就办、精益求精"的服务理念？

（二）2021年"改革落实年"

解放思想大讨论的主题是"农业科技自立自强"，主要围绕关键核心技术、创新体系、基础前沿技术、体制机制四个方面自立自强开展讨论，最终形成了"自立自强是立院之本、自主创新是强院之路"的共识。

院党委成员围绕农业科技自立自强，对标对表江苏省农业科学院，针对山东省经济社会发展中的农业科技现实需求，系统分

推倒四面墙 迎来八面风
——山东省农业科学院综合改革探索与实践

析山东省农业科学院具备什么优势，存在哪些差距，今后如何巩固放大优势、补齐短板、强弱项。

部门领导班子围绕农业科技自立自强，认真分析我院在科研创新、学科布局、人才团队、推广服务、成果转化、国际合作等方面有哪些亮点值得总结推广，在管理机制、条件保障方面存在哪些问题和不足，特别是要深入研究机构改革后本部门工作，对标同行业先进单位找准差距不足，思考今后如何进一步提升管理效能和服务质量，为科研人员提供更加舒心的科研氛围和环境。

研究单位领导班子围绕农业科技自立自强，立足"十四五"发展规划，对标行业前沿，认真思考现有优势，全面分析梳理本单位在国内同行业中的排名，有哪些学科能在"十四五"期间走在全国最前列。精准查找在解决"卡脖子"技术、"打好种业翻身仗"等方面存在的差距以及在人才引培等方面存在的突出问题，系统谋划"十四五"时期应该如何构建新发展格局，产出一批"站得住、叫得响"的科研成果。

管理人员围绕强化服务意识，牢固树立"专家至上""职工利益至上"的工作理念，强化"马上就办、精益求精"的工作作风，更好地为科研人员服务。深入思考机构改革后，如何在"全院一盘棋"的大背景下，加强协同配合，提高服务效能，共同推进院所治理体系运转流畅、良好衔接。

科研人员围绕始终致力于农业科技自立自强，大力弘扬科学家精神和"三牛"精神，不断提升自主创新能力。要认真学习党中央决策部署和山东省关于"三农"工作的具体要求，深刻理解

第二章 综合改革的思想前提

把握"把论文写在大地上,真正来地里面写,才是真本事"的丰富内涵,与"科研人才都应该到生产主战场上去""走与工农群众相结合、与实践相结合的道路"融会贯通地理解好、践行好。结合各自学科方向,深入生产一线开展调查,找出制约产业发展的"卡脖子"技术难题,不断提高科研创新能力和为"三农"服务的本领。

2021年,《中共山东省农业科学院委员会印发〈关于开展"农业科技自立自强"解放思想大讨论活动工作方案〉的通知》

推倒四面墙 迎来八面风
——山东省农业科学院综合改革探索与实践

在研究单位调研"解放思想大讨论"开展情况

附：2021年"解放思想大讨论"研讨题目

1. 如何用"翅膀论"的十个方面深刻内涵，来具体指导农业科技自立自强？

2. 如何以实际行动落实习近平总书记"把论文写在大地上，真正来地里面写，才是真本事"的重要讲话精神？

3. 要牢牢扭住种子和耕地两个要害，针对这"两个要害"，我们目前存在哪些"卡脖子"技术，需要从哪些方面突破才能实现自立自强？

4. 站在山东农业总产值"破万亿"的新起点上，我院如何更好发挥科技引领和科技支撑作用？

5. 围绕"实现关键核心技术自立自强"方面，聚焦稳粮保供，应在哪些方面、如何开展高效优质技术攻关？聚焦高质量发展，应在哪些方面、如何开展绿色发展核心技术攻关；聚焦面向人民生命健康，应如何优化生物安全、质量安全、疫病防控等领域科研布局？

6. 围绕"实现创新体系自立自强"方面，如何把创新链部署在产业链上，围绕资源环境、生产、加工、流通、服务等农业全产业链集成部署力量，提供一体化综合技术方案？如何加速健全基础创新、应用创造、转化创业一体化科研链，打造创新、创造、创业一体化发展的创新团队？

7. 围绕"实现基础前沿技术自立自强"方面，如何优化学科布局和研发布局，推进学科交叉融合，完善共性基础技术供给体系？如何系统谋划科研基础设施建设？我们省级农业科学院的定位是以应用研究和开发研究为主，如何用应用研究倒逼基础研究？

8. 围绕"实现体制机制自立自强"方面，如何依靠改革激发科技创新活力，更好地实现"五权下放"？

9. 自立自强关键在人才，如何引进、培养、用好人才？如何更好地完善"破四唯"等人才评价机制？

10. 围绕打造乡村振兴科技支撑型齐鲁样板，如何打造出具有我院特色的模式、样板？

11. 我院农业科技创新工程将要实行"揭榜制""竞争制"，你对此有何意见建议？

12. 针对"后疫情"时代的国际合作交流，如何加快我院国际化进程？提升我院科技创新国际影响力，你有何意见建议？

13. 如何提供更好的平台条件保障，让科研人员无后顾之忧地安心做科研？

14. 如何利用好新型研发机构加速科企融合，解决科研经济"两张皮"？如何让科技成果在企业用得上、用得好？对于由企业出题、我们答题的模式有何建议？

（三）2022年"综合改革提质增效年"

解放思想大讨论的主题是"提高科技创新力、提高工作执行力"，形成了"科技创新力就是核心竞争力，工作执行力就是核心战斗力"的共识。

院党委成员围绕提高科技创新力和工作执行力，对标对表江苏省农业科学院、浙江省农业科学院、北京农林科学院、广东省农业科学院等先进单位，从宏观层面系统分析我院在科技战略创新、科技理念创新、科技体制机制创新、科技制度创新等方面存在的问题，强化战略谋划和顶层设计，发挥"举院体制"优势，形成推进科技创新发展的强大合力。

部门领导班子围绕提高科技创新力和工作执行力，从中观层面全面分析我院在领军人才引进创新、要素保障能力创新、要素效率创新、科研组织方式创新等方面存在的短板和弱项，查找在提高改革创新能力、政策落实能力、"三争三抢"能力、攻坚克难能力、高效服务能力和专业操作能力方面存在的问题和不足，落实好院党委决策部署，推动全院科技体制机制改革的体系化、制度化创新。

研究单位领导班子围绕提高科技创新力和工作执行力，从

第二章 综合改革的思想前提

中观和微观层面深入分析本单位在科技创新、学科建设、团队协同、产研结合等方面存在的问题，聚焦争大项目、建大平台、出大成果的创新目标，对标本领域先进单位，有效整合创新要素，谋划构建本单位创新发展新格局。

管理人员着重围绕提高工作执行力，牢固树立"专家至上""十破十立"理念，强化"马上就办、真抓实干、精益求精"工作作风，按照想干、敢干、快干、会干、干好的要求，深入查摆在提高工作执行力上存在的问题和差距，创新工作方法、手段、形式，提升工作效能，更好地为科技创新工作服务。

中共山东省农科院委员会文件

鲁农科党发〔2022〕17号

中共山东省农业科学院委员会
关于印发《"提高科技创新力、提高工作
执行力"解放思想大讨论活动工作方案》的
通　知

院属各部门、各单位党委（总支、支部）：

现将《"提高科技创新力、提高工作执行力"解放思想大讨论活动工作方案》印发给你们，请遵照执行。

中共山东省农业科学院委员会
2022年3月1日

—1—

2022年，《中共山东省农业科学院委员会关于印发〈"提高科技创新力、提高工作执行力"解放思想大讨论活动工作方案〉的通知》

推倒四面墙　迎来八面风
——山东省农业科学院综合改革探索与实践

科研人员和创新团队着重围绕提高科技创新力，深入分析大力弘扬新时代科学家精神，强化科研思维、原始创新、"卡脖子"技术公关以及团队管理创新等方面存在的突出问题，树牢"顶天立地、科技为民"的科研价值观，强化大联合大协作，走好与实践、与工农群众相结合的道路，切实激发提升科技创新力的基础动能。

召开年轻专家、年轻干部"解放思想大讨论"座谈会

第二章 综合改革的思想前提

附：2022年"解放思想大讨论"研讨题目

1. 对照"翅膀论"十个方面丰富内涵，在贯彻落实方面还存在哪些不足？

2. 聚焦"国之大者"，坚持"四个面向"，在强化世界眼光、中国视野、山东特色，贯彻落实党中央和山东省委重大战略部署方面还存在哪些差距和不足？

3. 从农业科技创新力七个主要因素分析制约我院科技创新力提升的因素有哪些？

4. 如何破解科研生产"两张皮"问题，提高服务"三农"的能力，凝练形成乡村振兴科技引领型齐鲁样板的农科模式？

5. 如何强化管理思维和管理模式的创新，进一步提升创新要素保障能力和保障效率？

6. 如何树牢"十破十立"理念，强化服务意识，切实提高工作执行力？

7. 如何创新人才引育机制，超常规引进和培育人才，特别是加快战略科学家、科技领军人才和创新团队的引育步伐？

8. 如何强化部门间协同，构建跨部门横向联通的服务流程，形成协同、高效、简捷的管理服务格局？

9. 如何打破单位、团队之间的壁垒，破解科研创新中资源不足、运行不畅、效率不高等突出问题，形成资源共享、优势互补、有效合作的协同创新格局？

10. 大力弘扬科学家精神和院"一六五"精神①，如何把先模精神转化为自觉行动，加快推动科技自立自强，为实现"五个走在最前列"奋斗目标作出贡献？

（四）2023年"团队建设年"

习近平总书记在2020年中央农村工作会议上指出，要加快打通科技进村入户的通道，促进政府公益性服务和市场社会化服务协同发力。在2022年中央农村工作会议上进一步指出，要鼓励发展各类社会化农业科技服务组织，创新市场化农技推广模式，打通科技进村入户"最后一公里"。因此，本年度的解放思想大讨论的主题是"打通科技进村入户（入企）通道"，并形成了"乡村振兴科技合伙人模式是打通科技进村入户通道的最佳路径"的共识。

院党委成员围绕打通科技进村入户（入企）通道，聚焦农业强国、农业强省建设，重点分析研究在宏观政策、体制机制、经费保障、科技服务等方面的有利政策，就如何破除制约打通科技进村入户（入企）通道的体制机制障碍、更好引导科研人员到生产主战场上去提出战略决策。

部门领导班子围绕打通科技进村入户（入企）通道，结合部门职能，系统分析我院在科技创新机制、成果评价机制、人才评

---

① "一六五"精神："一"即"创新、实干、自强、奉献"的新时代农科精神；"六"即农业科研战线六大先模精神；"五"即"泰山一号"精神、"鲁棉一号"精神、"赵振东"精神、"不老松"精神、"劲草"精神等山东省农业科学院五种精神。

第二章 综合改革的思想前提

价机制、成果转化机制、团队建设机制、产研合作机制等方面的优势与劣势，结合"团队建设年"任务目标，研究打通科技进村入户（入企）通道的方法路径载体，进一步完善激励科研人员扎根基层的相关制度。

研究单位领导班子围绕打通科技进村入户（入企）通道，深入分析本单位在学科团队建设、科研项目争取、科技成果转化、各类实用技术协同推广、产研推合作平台（载体）建设管理等方面存在的问题，有效整合资源，研究打通科技进村入户（入企）通道的具体措施及落实方案。

中共山东省农科院委员会文件

鲁农科党发〔2023〕11号

关于开展"打通科技进村入户（入企）通道"解放思想大讨论活动的意见

院属各部门、各单位党委（总支、支部）：

为全面贯彻党的二十大精神和省第十二次党代会精神，深入落实习近平总书记视察我省重要指示要求和视察我院重要讲话精神，持续深化"短板论"的理论和实践，聚焦"团队建设年"任务目标，全面推进乡村振兴、加快推进农业农村现代化，经院党委决定，在全院开展以"打通科技进村入户（入企）通道"为主题的解放思想大讨论活动，现提出如下意见。

—1—

2023年，《关于开展"打通科技进村入户（入企）通道"解放思想大讨论活动的意见》

管理人员围绕打通科技进村入户（入企）通道，结合本部门、本单位工作实际，深挖在大局意识、服务意识方面存在的不足，全面查找在管理、服务环节制约科技进村入户（入企）的难点、堵点，针对性提出思路举措，不断提高服务打通科技进村入户（入企）通道的能力和水平。

创新团队和科研人员围绕打通科技进村入户（入企）通道，认真查找在团队建设、个人修身、相互协同、创新与服务能力提升、各类研发与服务平台（载体）建设及作用发挥等方面存在的问题，提出针对性意见建议，做到知行合一、身体力行，实实在在深入农村、农户和企业开展贴身服务。

结合主题教育赴"三个突破"示范县开展"解放思想大讨论"调研

第二章 综合改革的思想前提

附：2023年"解放思想大讨论"研讨题目

1. 聚焦建设农业强国、农业强省，走好科技强农之路，如何理解"打通科技进村入户（入企）通道"？

2. 我院在"打通科技进村入户（入企）通道"方面有哪些优势和短板，应该从哪些方面着手？

3. 科技成果进村入户，实现有效转化，目前面临的难点和堵点是什么，需要采取什么样的对策去解决这些问题？

4. 围绕"打通科技进村入户（入企）通道"，从形成长效机制、模式、载体方面，可进行哪些创新和探索？

5. 如何强化成果转化思维和转化模式的创新，更好统筹公益性和市场性关系，用科技资源撬动社会资源，共同打通科技进村入户（入企）通道？

6. 如何打破单位、团队之间的壁垒，强化成果集成与应用，围绕农业产业链条打通科技进村入户（入企）通道？

7. 如何通过加强团队建设，打通科技进村入户（入企）通道，让农民用最好的技术种出最好的农产品，服务乡村振兴？

8. 如何构建科技进村入户（入企）的指标体系，建立科学系统的考核评价体系？

9. 如何让科普资源进村入户（入企），真正帮助基层群众提高科学文化水平和自身发展致富能力？

10. 在你参与"三个突破"工作中，围绕"打通科技进村入户（入企）通道"，形成哪些创新做法和经验？

二、解放思想大讨论的主要特点

（一）坚持问题具体精准

解放思想不是脱离实际的空想，更不是异想天开、胡思乱想，而是聚焦思想根源，主要围绕"解放什么思想、怎么解放思想、解决哪些问题、实现什么样的发展"，重点回答"习近平总书记'给农业插上科技的翅膀'如何在我院落实落地""如何打造乡村振兴科技支撑型齐鲁样板""对全院改革有何意见建议"等具体问题，把推动全院综合改革作为解放思想的着力点和落脚点，通过实施"三个突破"战略、成立产业技术研究院、实行"第一所长"制度等具体措施，逐步实现科研服务模式由撒芝麻盐向握紧拳头转变、科研经费主要由依靠财政支持转向由财政和社会支持相结合转变、引进人才模式主要由刚性引进向刚柔并存转变等多个具体转变，从而达到以思想大解放推动全院工作大发展的目标。

（二）坚持研讨全体参与

解放思想，没有局外人和旁观者，只有参与者。本次活动不仅领导干部率先垂范，同时发动全院广大干部职工积极参与，形成了"我为发展想办法、我为改革献计策"的浓厚氛围。围绕人才制度改革、成果转化制度改革、财务制度改革等，广大干部职工就如何进一步解放思想、冲破思维定式、革除制度弊端，深入查找思想观念、工作作风、体制机制等方面差距，找全找准问题，挖深挖透根源，一句话、一条建议、一个方案，体现了一种参与精神，一种大局意识，一种发展眼光，一种让农科院"明天会更好"的坚定力量和信念。科研人员能够走出自己的"一亩三分田"，积极建言献策，这既是生动的基层和群众首创迸发出的"意料之外"的惊喜，也是"解放思想具体化"落实到行动上的现实表现，全院上下思想解放、创新创造的"星火"正逐渐变为"燎原"之势。

（三）坚持问题导向明确

不求就里，难寻病根。"问题是时代的声音""必须坚持问题导向"。看到短板，是为了补齐短板；找到差距，是为了缩小差距进而实现反超；剖析思想观念的症结，是为了突破思维"围墙"和思想"天花板"；反思精神状态方面出现的不良苗头和倾向，是为了更好地汇聚和释放正能量。各部门各单位在开展解放思想大讨论活动中及时发现问题、找准问题、厘清问题，特别是对于影响本部门、本单位高质量发展的障碍和瓶颈问题，通过对标对表、实地调研和专题研讨等多种形式，围绕问题找思路、提建议、做决策，在全院确立了向新、向上、向前的价值导向，使解放思想大讨论的过程成为提振精神、鼓舞士气、增强信心的过程，让高质量发展在不断解决问题中向前推进。

（四）坚持立足发展实践

解放思想，重在实践、贵在落实。落不到实处，就是水中月、镜中花,不能"只见'头脑风暴',不见'闪电行动'"。只有把解放思想体现在实际工作中、落实到破解难题上,才算是真正地解放思想。院党委坚持问计于民、问需于民、开门纳谏,对征集到的每一条意见建议都认真研究思考,诚诚恳恳正视、认认真真整改,并从大量的意见建议中提取出真正有建设性的好意见、好建议,认真采纳吸收,比如《"推倒四面墙"改革再出发》《创新引领发展 改革驱动前进》等有代表性的意见建议作为参阅件在全院推广学习。检验解放思想的效果,不仅要看排查出多少问题,更要看解决了多少问题,群众满不满意。针对职工反映集中的热点、难点问题,全院在解放思想大讨论活动期间陆续制定完善了多项制度,并通过公示、奖惩、督察督办等一系列办法确保各项决策部署落实落地,使得解放思想的成果真正体现到真抓实干上,落脚到推动全院改革、加快高质量发展的生动实践上。

三、解放思想大讨论的主要成效

四次解放思想大讨论既存在逻辑上的递进关系,从顶层设计到具体执行的延伸,又越来越指向农业生产一线,引导科研人员到生产主战场上写文章。院党委高度重视对解放思想大讨论中意见建议的研究、采纳、运用,并通过《解放思想大讨论》《农科时评》等专栏在院网站、公众号上刊载科研人员、专家等意见建议和典型经验与做法,很多建议在后续几年的改革实践中逐步落地。

第二章 综合改革的思想前提

院公众号《解放思想大讨论》《农科时评》专栏

（一）树牢"十破十立"的理念

通过解放思想大讨论，全院干部职工的工作执行力明显提高，"马上就办、真抓实干"在全院蔚然成风。"十破十立"即"破僵"，破除观念僵化、墨守成规，树立开拓创新、敢闯敢干；"破慢"，破除落实缓慢、推而不动，树立马上就办、只争朝夕；"破虚"，破除空喊口号、坐而论道，树立真抓实干、起而行之；"破散"，破除各行其是、推诿扯皮，树立团结协作、承担责任；"破粗"，破除生搬硬套、大而化之，树立专业专注、精益求精；"破拖"，破除推三阻四、拖泥带水，树立雷厉风行、有令必行；"破懒"，破除生搬硬套、得过且过，树立勤勉敬业、争创一流；"破软"，破除遇到问题躲、遇到矛盾绕，树立攻坚克难、敢于担当；"破假"，破除弄虚作假、假公济私，树立实事求是、公正无私；"破浮"，破除浮在面上、浅尝辄止，树立深入基层、锲而不舍。

（二）逐步实现"八个转变"

即实现了人才由刚性引进向刚柔并存的转变；实现了科研经费由主要依靠财政支持转向由财政和社会支持相结合转变；实现了科研需求由主要围绕政府提出转向由行业、企业、社会提出；实现了科研组织模式由单兵作战向协同作战转变；实现了成果转化由单枪匹马向系统联合转变；实现了发展资金由主要靠财政拨款向财政拨款和社会筹资转变；实现了对外科技服务由五指分开向握紧拳头转变；实现了工作状态由"等靠要"向"干争抢"转变。

（三）明确提高科技创新力要做到"九个强化"

在宏观层面上，**强化科技战略创新**，就是要通过对科技发展规律特点的研究、对经济社会发展科技需求的分析，为科技发展的战略选择、宏观决策等提供科学依据，大力引进、培养使用战略科学家。**强化科技理念创新**，就是要进一步解放思想、更新观念、拓展思路，以理念创新引领实践创新，用创新理念推动改革发展。**强化科技体制机制创新**，推进科技创新，必须破除体制机制障碍，要两个轮子共同转动，才能使创新成果更快转化为现实生产力。在中观层面上，**强化领军人才引进创新**，领军人才是核心竞争力，要在引进渠道、引进机制上有所创新，千方百计、想方设法引进领军人才。**强化要素保障能力创新、要素效率创新**，"工欲善其事，必先利其器"。通过科学合理、优化高效的方式把科技人员、资金、设备等各种资源组合和搭配起来，才能形成更多具有突破意义的成果。**强化科研组织方式创新**，要打破单位、团队之间的壁垒，破解科研创新中资源不足、运行不畅、效率不高等突出问题，形成资源共享、优势互补、有效合作的协同创新格局。在微观层面上，**强化科研思维方式创新**，改变传统思维方式，树立问题思维、逆向思维、逻辑思维、怀疑思维、哲学思维等。**强化原始创新、"卡脖子"技术创新**，就是要敢于打破条条框框，大胆创新、勇于突破，还要甘坐冷板凳，十年磨一剑，实现更多"从0到1"的突破。**强化管理思维和管理模式的创新**，对科研团队来说，要采用工程化思维，目标绩效制，智慧化手段，激发团队整体创新力。

（四）明确提高工作执行力要做到"九个坚持"

一是坚持提高"政治三力"。要坚决捍卫"两个确立"，增强"四个意识"、坚定"四个自信"、做到"两个维护"，牢记"国之大者"，坚决贯彻党中央决策部署和省委工作安排，不折不扣落实好党委各项工作任务。**二是坚持"马上就办、精益求精"**。要快干、会干、干好，做到党委有号召、马上有回应，党委有部署、马上有行动，党委有要求、马上有落实。**三是坚持"专家至上""职工利益至上"的理念**。持续强化宗旨意识、改进工作作风，真正为职工排忧解难、为职工谋利益。**四是坚持把工作当成学问研究**。只有把分内工作当作学问、课题研究，对自己工作领域最新动态、国内外同行业先进经验、存在的问题了然于胸，才能推动工作从一般执行向创新执行、创造执行转变。**五是坚持增强能力本领**。不断增强组织协调、处理复杂问题、联系职工群众等方面的能力，进一步营造"一切工作具体化、大家都来抓落实"的工作氛围。**六是坚持埋头苦干、拼搏奉献**。要发扬脚踏实地、埋头苦干的敬业精神，甘于吃苦、不争利益，胸怀大境界、涵养大格局。**七是坚持破难攻坚、担当作为**。做到不怕事、不怕得罪人，发扬斗争精神，勇于担当作为，推动改革全面提质增效。**八是坚持按照规矩和制度办事**。只有按照规矩制度办事，才能保证执行力不出问题。**九是坚持以上率下**。要一级带着一级干、一级做给一级看，在全院营造"一切工作具体化，大家都来抓落实"的浓厚氛围，以工作执行力的提升带动科技创新力的提高。

解放思想是实实在在的，来不得半点虚假。只有解放思想具体化，才能优化环境具体化，推动改革具体化，工作实绩具体化。要在不断解放思想过程中持续加强总结梳理，及时把解放思想大讨论的成果升华为理论，总结为经验，固化为制度，用以指导实际工作，切实将解放思想大讨论的成果转化为谋划科学发展的战略思路，转化为促进科学发展的政策措施和具体行动。解放思想大讨论在进行思想洗礼、打破观念桎梏的同时，更为重要的是在解放思想中进一步统一了认识，加深了对改革发展的深刻理解和高度认同，全院干部职工实现了思想观念有突破、工作作风有转变、治理能力有提高、发展思路有创新，为全院推进综合改革奠定了坚实的思想基础，必将对实现全院综合改革持续深化和各项事业高质量发展产生深远影响。

第三章　聚天下英才而用之
——人才领域的改革

党的十八大以来，习近平总书记站在党和国家事业发展全局的战略高度，对人才事业发展和人才队伍建设作出一系列重要指示，提出了一系列新思想、新论断、新要求。2016年3月，中共中央印发了《关于深化人才发展体制机制改革的意见》，该文件是中央层面出台的我国首个人才发展体制机制改革综合性文件，从改革创新人才管理体制，人才引进、培养、评价、流动、激励机制，人才优先发展保障机制和完善党管人才领导体制等方面提出了具体措施。2018年5月28日，习近平总书记在中国科学院第十九次院士大会、中国工程院第十四次院士大会上强调，要创新人才评价机制，建立健全以创新能力、质量、贡献为导向的科技人才评价体系，形成并实施有利于科技人才潜心研究和创新的评价制度，要注重个人评价和团队评价相结合，尊重和认可团队所有参与者的实际贡献。2018年以来，科技部、财政部、教育部、中国科学院先后印发《贯彻落实习近平总书记在两院院士大会上重要讲话精神开展减轻科研人员负担专项行动方案》（减负行动1.0）、《关于持续开展减轻科研人员负担 激发创新活力专项行动的通知》（减负行动 2.0），部署开展了减表、解决报销繁、清理"唯论文、唯职称、唯学历、唯奖项"问题等 11 项具体行动。2022 年 7 月，科技部、财政部、教育部、中国科学院、自然科学基金委五部门又联合印发了《关于开展减轻青年科研人员负担专项行动的通知》（减负行动 3.0），直指青年科研人员的压力"痛点"和"难点"，提出"挑大梁、增机会、减考核、保时间、强身心"五大方面近 20 条举措，保障青年科研人员将主要精力用于科研工作，充分激发青年创新潜能与活力。

通过对山东省农业科学院的人才队伍建设情况调研了解到，还存在以下几个突出问题（数据截至 2019 年底）：一是领军人才数量不足，比如全院入选国家级重点人才工程的高层次人才仅 7 人，占职工总数不足 5%，而且年龄偏大，平均年龄 51 岁；二是青年人才储备不足，比如全院国家级青年人才仅有 1 人，省级青年人才仅有 10 人；三是创新团队小而散，其中 5 人以下的团队有 77 个（占 40.5%），3 人以下的团队 59 个（占 31%），10 人及以上的团队仅有 24 个（占 12.6%）；四是评价机制还不健全，评价分类不清晰，还存在科研人员与转化推广人员、管理服务人员"在一个锅里吃饭、一个平台竞争，用一把尺子量到底"等问题。产生上述问题的原因有政策落实不到位的因素，但主要还是体制机制不活的原因，因此，必须大力实施人才制度改革。本章主要涉及人才制度改革、岗位聘用制度改革和干部制度改革。

一、人才制度改革

（一）如何改

为加快推进人才队伍建设，快速吸引集聚国内外高层次人才资源，最大程度地激发各类人才创新活力。按照党中央和山东省委要求，山东省农业科学院2020年起启动实施人才制度改革，在全院树立"敬才、育才、引才、用才、容才、富才、留才、聚才、爱才、惜才"十种强烈的人才意识。创新引才聚才方式，构建形成"1+N"人才新政，设立1亿元人才发展专项基金，吸引集聚高层次人才。本次人才制度改革遵循人才成长规律，坚持三支队伍建设统筹推进、引进人才与培养人才并重、学科人才结构协同优化、与院所职责定位相协调、服务经济社会发展五个基本原则，聚焦灵活开放的引才聚才机制、务实有效的留才育才机制、分类科学的识才励才机制、保障有力的重才爱才机制四个方面的机制创新，着力实施"333"引才工程和"3237"育才工程两大人才工程，调动各方面人才积极性和创造性，总体目标是建立一整套更加完善、开放、灵活、有力的人才制度体系，完善适应经济社会发展要求、符合人才成长规律、激发各类人才发展活力的体制机制，为实现"打造一流农科院、走在全国最前列"的目标定位提供有力的人才支撑。

一是创新建立"第一所长""产业研究员"制度。 按照"高水平、全覆盖、为我用、求实效"的原则，通过柔性引进的方

第三章 聚天下英才而用之
——人才领域的改革

中共山东省农科院委员会文件

鲁农科党发〔2020〕19号

中共山东省农业科学院委员会印发《关于深化人才制度改革的意见》的通知

院属各部门、各单位党委（总支、支部）：

《关于深化人才制度改革的意见》和《山东省农业科学院创新人才及团队引进工程管理办法》、《山东省农业科学院齐鲁农科英才工程（创新类）管理办法》、《山东省农业科学院博士后管理办法》、《山东省农业科学院产业研究员聘用管理办法》已经院党委研究通过，现印发给你们，请结合实际认真贯彻执行。

—1—

《中共山东省农业科学院委员会印发〈关于深化人才制度改革的意见〉的通知》

式，院属每个研究单位至少聘任1名行业领域内两院院士或顶尖科学家担任"第一所长"。"第一所长"的职责主要是为山东农业科技高质量发展和推动打造乡村振兴齐鲁样板提供咨询建议；对院所事业发展规划、学科发展方向、对外合作交流等重大决策提供咨询与建议；对研究所重大科研平台建设、重大科研项目申报、重大科技成果培育等提供指导和支持；支持帮助研究所引进、培养、使用好高层次人才和优秀青年人才，指导研究所创新团队建设；为院属研究所和其所在工作单位的科技交流合作搭建桥梁，提供必要的便利条件；对研究所的其他重要学术事项和关系单位长远发展的重大工作提供咨询建议。从行业重点龙头企业聘请30名左右企业高管、总工程师、技术总监等为产业研究员，根据产业发展趋势和市场需求，提出本行业领域急需解决的关键技术问题和瓶颈，推动企业与我院开展联合技术攻关、成果中试转化，促进科技创新与产业市场全面对接、深度融合，围绕"产业链"部署"创新链"，解决科技和产业"两张皮"问题。

《关于印发〈中共山东省农业科学院委员会关于建立"第一所长"制度的意见〉的通知》

二是实施"333"创新人才及团队引进工程。 根据学科发展布局和产业需求，用3年左右时间，引进30名左右高层次人才、

3个左右创新团队、300名左右优秀青年人才。面向海内外精准对接，引进一批能够填补学科领域空白、急需紧缺的高端专家；吸引集聚一批主持国家、省级重点项目的青年拔尖人才和全球TOP 200海内外高校、全球自然指数排名前100名高校与科研院所、国内一流大学（一流学科）的优秀博士生，提供充足的科研启动经费和优厚的薪资待遇。

三是实施"3237"齐鲁农科英才工程。 坚持"引育一体、两路并行"，形成"赛马"机制，分4个层次建立高标准人才梯次培育体系，稳定支持并遴选院士培养人选3名、领军人才培养人选20名、学科带头人培养人选30名、青年拔尖培养人选70名，严格遴选条件和目标任务，院设立培养支持专项，给予培养人选稳定的岗位激励奖金、团队建设经费、科研补助经费及访学研修经费，激励科技人员以"跳起来摘桃子"的精神和"跑起来奔目标"的劲头，比学赶超，逐步建设一支视野开阔、结构合理、创新能力突出的高质量创新人才队伍。

四是加大博士后招收支持力度。 为了充分发挥博士后科研工作站作用，2020年以来在福利待遇、社会保险、职称评聘、成果转化激励等方面，推出了一系列创新举措，大幅提升了博士后待遇，对具有较强创新能力和较大创新成果的优秀博士后，推荐参加职称评审，优先留院工作，打造优秀人才"蓄水池"。

五是支持鼓励科研人员创新创业。 积极鼓励支持科研人员以兼职创新、在职创办企业、离岗创业、企业工作或参与项目合作等方式，参与研发平台建设、开展创新项目合作、技术攻关和科技成果转化等"双创"活动。院通过积极建设成果转移转化平台，开展专业技术人员职务科技成果所有权、使用权和处置权试点等多种方式为科研人员创新创业创造良好环境。科研人员兼职创新、在职创办企业期间，工资、社会保险等各项福利待遇不受影响，离岗创业期间，保留人事关系，发放国家规定的基本工资，工龄连续计算。

六是实施海外科技人才引进计划。建立健全海外人才"特事特办""一人一议"快速审核机制，积极引进各类海外人才。按照"按需引进、以用为本、合同管理"的原则，围绕山东省新旧动能转换、乡村振兴等重大战略，以解决"卡脖子"重大技术难题为导向，分为杰出人才、领军人才、学科带头人、青年拔尖人才四个层次引进国外科研学术与教育、企业技术与创新等领域外籍专家、海外华人华侨和留学回国人员，提供充足的科研启动经费和优厚的薪资待遇，全面提高我院海外人才队伍的规模、质量与水平。

七是构建符合青年人才成长规律的全链条培养机制。建立"成长导师"制度，发挥知名专家"传帮带"作用，提升青年科研人员学术研究、技术创新、成果转化能力。设置"团队副首席"岗位。培养锻炼40岁以下青年科研骨干，为他们脱颖而出搭建平台、提供机会。建立稳定支持机制。加大"3237"工程对青年拔尖人才的选拔力度，将培养名额由70名增加至100名；对新入职的优秀博士，5年内提供总金额不少于20万元的非竞争性科研经费。完善评价激励机制。建立岗位竞聘绿色通道，对年龄不超过 32 岁、具有较大科研潜力、已崭露头角的优秀青年科研人员，可不受学历资历限制直接竞聘专业技术高级岗位；设立杰出青年人才奖，奖励取得重大科研突破或对农业产业发展作出重大贡献的特别优秀的青年科研人员，在全院为青年科研人员树立榜样。完善合作交流机制。加大院公派出国（境）访学研修选派力度，拓宽青年科研人员国际交流合作渠道；定期组织"舜耕论坛"青年学术沙龙活动，在全院营造浓厚的学术交流氛围。

八是完善人才奖励激励机制。建立创新人才突出贡献奖，对获得国家和省重大成果、承担国家重大科研任务、取得重要科研产出的创新人才，给予突出贡献奖励。设立"引才奖"，对在引进高层次人才中起直接关键作用的人员给予奖励，对引进杰出人才的单位给予考核一票肯定。

（二）改革成效

2020 年以来，山东省农业科学院连续召开两次全院人才工作会议，"十四五"事业发展规划中确立了"人才兴院"战略，并将人才工作作为"一号工程"摆在了全院各项事业发展的重中之重，最大程度激发人才创新创造活力。人才工作连续两年获得山东省委、省政府表彰，人才新政被山东省委改革办评为"山东省改革品牌"。

一是人才优先发展理念深入人心。坚持党管人才，成立院人才工作领导小组，将院属单位人才工作情况纳入单位考核定量指

2020 年全院人才工作会议

2022 年全院人才工作会议

标和"一把手"述职重要内容。全院上下牢固树立"人才是第一资源"的理念，从院里到所里对人才工作的重视程度不断提高，在全院形成了人人尊重人才、人人努力成才、人人尽展其才的良好氛围。坚持"一把手"抓"第一资源"，各级领导干部既挂帅又出征，党委书记亲自带队到北京蹲点引人才，许多单位主要负责同志也主动走出去招揽人才，全院上下同频共振、广泛参与的人才工作新格局加快形成。

二是人才引进规模和质量大幅提升。坚持"聚天下英才而用之"，先后聘任19名院士和24名知名专家担任"第一所长"，聘任51名企业高管担任"产业研究员"，对项目争取、人才引进、学科发展等方面给予了大力指导，引才方式也更加灵活多样。"333"引才工程实现了3年引进300人目标，全院共引进国家重点实验室主任、国内农业环境生态调控产业领域领军人才戈峰研究员，联合国粮食及农业组织蝗虫防治专家张龙研究员，全国农业科研杰出人才、原国家绒毛用羊产业技术体系首席科学家田可川研究员等各类高层次急需紧缺人才51名，全球TOP 200高校、"985""211""双一流"高校和国家级科研院所优秀博士236名，海外高端人才12名（含外籍院士3名），专业硕士90名。面向海内外公开招聘研究所所长，引进了中国农业科学院茶叶研究所青年专家董春旺研究员担任茶叶研究所所长。引才数量实现历史性突破，人才结构不断优化。全院现聘专业技术高级岗位908人，占专业技术人员50.2%；45岁以下（1978年及以后生）青年人员占全院职工总数的61.9%，其中35岁以下（1988年及以后生）人员的比例达到了21.3%；具有博士学位的人员有800人，占职工总数的38.9%。该比例较2019年底增长了12.8%，其中博士学位人数较2019年底增长了56.3%。院里对推荐高层次人才全职来院工作中起直接、关键作用的个人或社会机构给予重奖，有5人获得了引才奖，最高奖励20万元。

三是人才引进效益不断显现。引进人才在引领创新、推动各项工作高质量发展中发挥了积极作用。高层次人才争取重大项目和重大成果的能力不断增强。领军人才戈峰研究员已获得山东省引进顶尖人才"一事一议"项目支持，支持经费高达2000万元，这是全院首次享受引进政策最高待遇的人才。领军人才彭立增研究员在面向社会公开寻榜揭榜农业科技难题工作中，成功揭榜"天然活性成分高效提取及系列功能产品开发综合解决方案"项目，获得支持资金1000万元。学科带头人王兆华研究员被聘为院乡村振兴研究院首席专家，被山东省政府研究室聘任为特邀研究员，牵头撰写的多篇决策咨询报告获得山东省领导肯定性批示。面向海内外公开招聘的茶叶研究所所长、学科带头人董春旺研究员来院不到一年，在山东省内外相关地市茶叶产区建立试验示范基地，推广茶叶智能装备和技术示范应用，实现技术服务合同金额达到260万元。青年博士的创新意识和创新能力也不断增强。引进的青年拔尖人才中，1人入选国家级重点人才，5人入选山东省泰山学者青年专家，2人主持国家自然科学基金面上项目、山东省良种工程首席专家项目等国家、省级重点科研项目。作物研究所李吉虎博士研究开发了小麦高效多基因编辑技术体系，研究成果发表在 Plant Biotechnology Journal（中国科学院1区，影响因子13.26）杂志，成功主持国家自然科学基金青年基金项目。质量标准研究所刘平香博士入院3年来，利用已有基础展开科学研究，建立了不同农产品特征性成分高通量定量检测方法，成功主持国家自然科学基金青年基金项目，2023年作为"90后"优秀博士代表成功通过"青年通道"机制晋升为副研究员。2021年和2022年全院共获批国家自然科学青年基金45项，其中新引进博士获27项，占60%；获批山东省自然科学基金121项，其中新引进博士获61项，占比50.4%。近3年（2020—2022年），国家自然科学基金年平均立项数是2019年的1.5倍。

四是人才培育机制更加健全。坚持全面培养与分类施策相结合，"3237"育才工程梯次化培育现有人才，遴选出3名院士培养计划人选、19名领军人才培养计划人选、34名学科带头人培养计划人选和56名青年拔尖培养计划人选进行重点支持。通过学科改革和团队建设，全院跨学科、跨研究所组建了八大学科群共97个协同创新团队，遴选8名引进的高层次专家担任创新团队首席专家（包括2个特色团队、6个新兴团队），充分发挥引进人才专业优势，确保人才引进来用得好。加强后备人才储备，依托博士后科研工作站独立招收优势，3年来共招收博士后37人，其中外籍博士后10名，实现外籍博士后"零"的突破，目前在站人数达到2019年底的3.3倍。出台了支持女性科技人才发挥更大作用的十条意见，充分调动全院女性科技工作者创新创业积极性，为女性科技人才成长进步、施展才华、发挥作用创造更好环

推倒四面墙 迎来八面风
——山东省农业科学院综合改革探索与实践

境。出台《关于进一步加强科技创新人才工作的实施意见》《关于加强青年科研人员培养的十条措施》等人才新政,支持青年科研人员承担重大科研任务,积极为青年科研人员成长搭梯子、建平台,加大青年科研人才培育力度。率先在全国农科系统推行"揭榜制",成功揭榜的29个团队主要负责人年龄均在40岁以下;选拔优秀青年科技人才担任产业技术研究院院长,"三个突破"选派的3批挂职人员中,有超过60%的是40岁以下青年科研骨干,让他们在乡村振兴一线锻炼成长。3年来,全院新入选泰山系列人才工程等省部级以上高层次人才27人,其中青年人才13人。

《中共山东省农业科学院委员会印发
〈关于进一步加强科技创新人才工作的实施意见〉的通知》

第三章 聚天下英才而用之
——人才领域的改革

中共山东省农科院委员会文件

鲁农科党发〔2022〕55号

中共山东省农业科学院委员会
印发《关于加强青年科研人员培养的
十条措施》的通知

院属各部门、各单位党委（总支、部门）：

现将《关于加强青年科研人员培养的十条措施》印发给你们，请结合实际认真贯彻执行。

中共山东省农业科学院委员会
2022年10月27日

—1—

《中共山东省农业科学院委员会印发
〈关于加强青年科研人员培养的十条措施〉的通知》

五是人才激励政策更加多元。 坚持物质奖励与精神奖励相结合，树立"以绩取酬"分配导向，按照"稳定面上、激励一线、盘活关键"的思路改革收入分配制度，重点向科研一线和关键岗位倾斜。建立创新人才突出贡献奖，对获得国家和省重大成果、重大项目，取得重大科研产出的创新人才，给予突出贡献奖励。鼓励支持科研人员创新创业，137人通过企业兼职、离岗创业、利益共同体等多种方式开展"双创"。大力弘扬科学家精神和工匠精神，解放思想、振奋精神、改革创新、真抓实干，在全院营造风清气正、积极向上的干事创业氛围，评选首届"十佳农科人""三个突破"十佳个人等荣誉称号，让作出贡献的人才"名利双收"。

二、岗位聘用制度改革

（一）如何改

山东省农业科学院改革人才评价制度，优化岗位设置，突出分类评价，突出质量贡献，着力破除"四唯"，充分发挥岗位聘

中共山东省农科院委员会文件

鲁农科党发〔2021〕14号

中共山东省农业科学院委员会印发《关于岗位聘用制度改革的意见》的通知

院属各部门、各单位党委（总支、支部）：

《关于岗位聘用制度改革的意见》和《2021年专业技术岗位科学研究类竞聘工作方案》《专业技术岗位竞聘代表作量化评分办法（试行）》《2021年专业技术岗位"破四唯"竞聘工作方案》已经院党委研究通过，现印发给你们，请结合实际认真贯彻执行。

—1—

《中共山东省农业科学院委员会印发〈关于岗位聘用制度改革的意见〉的通知》

用对各类人才的激励引导作用，完善符合农业科研单位特点的岗位管理制度。

一是实行岗位分类评价。 将科研人员、管理人员、转化推广人员三支队伍的岗位进行分类设置，根据不同队伍的不同岗位职责制定不同的评价标准。针对期刊编辑工作实际、人员现状及诉求，探索建立了期刊编辑人员岗位竞聘单独评审机制，专门制定了期刊编辑类专业技术岗位竞聘条件及代表作量化评分标准。

二是建立以业绩贡献为导向的评价制度。 为取得突出业绩的人才建立岗位晋升绿色通道，在三级、四级和七级岗位竞聘中都设定了破格认定条件，达到一定业绩标准的，可不受任职岗位和聘用年限限制，直接聘用到相应专业技术岗位。建立青年科研人员岗位竞聘绿色通道，对具有较大科研潜力、已崭露头角的优秀青年科研人员，可不受学历、资历等条件限制，直接竞聘专业技术高级岗位。

三是完善岗位竞聘评价机制。 实行"两定量一定性"评价方式，由评审专家参考量化评议结果，结合申报人选品德素质、业绩贡献、履职能力及岗位匹配情况等进行综合评议，确定岗位聘用人选。

四是实行"大代表作"评价制度。 根据不同类别岗位职责确定代表作形式，限定代表作数量不超过5项，同一类别代表作数量不超过3项，重点突出代表作的质量和贡献。

五是突出面向经济社会主战场的导向。 对于在生产中得到广泛应用的技术和得到转化的成果、专利、品种等，在评价中提高打分权重。规定具有基层帮扶工作经历的在岗位竞聘中优先考虑，引导科研人员"把论文写在大地上，真正到地里面写"。

六是注重评价个人在团队中的作用。 对于项目、论文、奖励等成果，除第一完成人外的其他团队成员也可用来进行岗位评价。团队负责人参加岗位竞聘，团队成员主持承担的项目也可作为评价指标，倡导团队协作精神，避免科研资源过度集中到少数人手中。

七是适当提高岗位竞聘的"门槛"。 院层面统一设定相应岗位竞聘条件，主要目的是为科研人员设置一个清晰的目标，鼓励大家以"跳起来摘桃子"精神干事创业，增强创新活力，提升工作业绩。

八是调整岗位通用范围和管理权限。 全院各级各类岗位全部实现统筹使用，将科学研究类正高级岗位全部拿到院层面统一评审，转化推广类、科技管理类以及辅助系列岗位也由院里统一进行评审，有利于在院层面建立统一的评价体系。

九是优化专业技术岗位设置。 进一步提高了主系列高级岗位比例，重点保障科学研究类高级岗位需求，优先用于一线科研人员，为院里高层次人才引进和培养提供岗位支撑。

十是明确"破四唯"岗位竞聘的实施细则。 在国内率先出台破除"四唯"十条意见，并将破除"四唯"十条意见明确到岗位竞聘的具体操作中，明确突破行业科技领域"卡脖子"关键技术、单项科技成果转化到账经费千万元以上、长期扎根基层生产一线、服务"三农"并得到社会广泛认可等作出突出贡献的，均

第三章 聚天下英才而用之
——人才领域的改革

可直聘四级及以上研究员。同时增加"一事一议"岗位竞聘环节，对确实取得突出业绩的不受各类条件限制，由学术委员会直接审议评定。

中共山东省农科院委员会文件

鲁农科党发〔2020〕29号

中共山东省农业科学院委员会
关于破除"四唯"十条意见的通知

院属各部门、各单位党委（总支、支部）：
为深入贯彻国家、省人才评价改革有关精神，落实我院人才制度改革有关要求，弘扬新时代科学家精神，结合我院实际制定破除"四唯"十条意见（简称"破四唯"十条）。
1. 论文发表和授权专利一律不再奖励。
2. 单一品种成为全国前三大品种或山东省第一大品种的，可直接竞聘专业技术四级及以上岗位。
3. 单一产品市场占有率达到全国前三位，或应用覆盖率达到全国10%及以上，可直接竞聘专业技术四级及以上岗位。

—1—

《中共山东省农业科学院委员会关于破除"四唯"十条意见的通知》

（二）改革成效

以岗位聘用为基础的人才分类评价使用体系是院人才分类评价机制改革的成功探索和实践，得到了广大科研人员的拥护、配合、支持，为推动全院事业高质量发展打下了良好基础。其间，得到新闻媒体、科研院校的广泛关注，新华社、《光明日报》《科

推倒四面墙 迎来八面风
——山东省农业科学院综合改革探索与实践

技日报》《大众日报》等主流新闻媒体多次专题报道。在 2021 年中央人才工作会议之前，新华社发表了《让更多千里马竞相奔腾于伟大时代——以习近平同志为核心的党中央引领推动人才工作纪实》文章，对山东省农业科学院"破四唯"竞聘改革点赞。新华社《内部参考》（第 47 期）以"山东省农业科学院破除'四唯'激发科研人才队伍活力"为题，对山东省农业科学院"破四唯"等系列改革举措进行了深度报道。

新华社《让更多千里马竞相奔腾于伟大时代——以习近平同志为核心的党中央引领推动人才工作纪实》文章山东省农业科学院部分

第三章 聚天下英才而用之
——人才领域的改革

一是人才评价"指挥棒"作用不断完善。坚持以品德、能力和业绩为评价导向，建立了较为科学合理的人才分类评价体系。针对科研人员、转化推广人员、管理服务人员三支队伍，根据不同领域、不同学科，分类制定不同岗位、不同层次的评价标准，多维度的评定标尺让各类人才价值得到充分尊重和体现。对从事基础研究、应用研究、支撑服务等科研人员，注重评价其解决科学问题的能力、对生产一线的实际贡献、面向社会提供技术支持的水平等；对转化推广人员注重评价其推动成果转化的效益和技术推广产生的社会影响等；对管理服务人员，注重评价其在管理岗位的实际贡献和对管理工作的政策研究水平等。2022年4月，全院首次岗位评聘工作圆满完成，通过分类评价，先后共有1030名专业技术人员实现了岗位晋升，在全院范围内形成了科研人员潜心研究，转化推广人员和管理服务人员立足岗位，做好本职工作的良好氛围。

二是岗位评价机制更加健全。通过创新岗位评价机制，开辟特殊人才"绿色通道"，不拘一格选拔人才，11人因做出突出成绩给予"一票肯定"，直接聘用至高级岗位。"大代表作"制度的推行，确保了科研人员标志性成果的质量、贡献和影响力，让论文回归学术本质，鼓励科研人员以敬畏学术的态度制作"精品"。实行"两定量一定性"评价方式，确保了岗位竞聘工作的公开公正、精准评价。特别是对转化推广人员、管理服务人员的工作业绩进行定量评价，破解了这两类岗位工作具有事务性、基础性、长期性特点难以平衡和量化等实际问题，是人才分类评价制度改

推倒四面墙 迎来八面风
——山东省农业科学院综合改革探索与实践

革的尝试性探索和突破性举措，在全院营造了有利于各类人才成长和发挥作用的评价制度环境。

三是科技创新面向经济社会主战场导向更加明确。坚决破除唯论文、唯职称、唯学历、唯奖项"四唯"倾向，加快建立科技创新面向经济社会主战场导向。对于在生产中得到广泛应用的技术和得到转化的成果、专利、品种等，在评价中提高打分权重，引导科研人员精准开展科技攻关和产业服务。首次将服务基层业绩纳入岗位评价体系，规定具有基层帮扶工作经历的优先支持，让更多科研人员走出实验室，走进企业，奔赴田间地头，真正把

《新时代老崔"升职"记》——《人民日报》关于崔凤高的报道

论文写在齐鲁大地上。山东省农业科学院花生专家崔凤高，从事花生科技推广工作19年，因长期扎根基层生产一线，服务"三农"，贡献突出并得到社会广泛认可，通过"破四唯"竞聘，以大专学历晋升到研究员。崔凤高研究员本人表示，院里出台的"破四唯"十条，让他看到了希望，工作更加有干头、干事更加有奔头，将继续倾尽心力为"三农"作贡献，推动花生高产新技术遍地开花。

三、干部制度改革

党的十九大以来，习近平总书记对落实新时代好干部标准发表了一系列重要论述，对干部制度改革也提出了一系列要求，他指出，领导干部不仅要有担当的宽肩膀，还得有成事的真本领。既要大胆讲政治，又要善于讲政治；既要矢志抓发展，又要善于抓发展；既要勇于抓改革，又要善于抓改革；既要敢于直面矛盾和问题，又要善于化解矛盾和问题；既要有想干事、真干事的自觉，又要有会干事、干成事的本领。2019—2020年山东省农业科学院党委对全院干部队伍情况摸底调研，分析了干部队伍存在的主要问题：一是干部年龄层次明显偏大，尤其是年轻干部配备上距离党中央精神和山东省委要求有很大差距。2019年底，全院处级干部平均年龄49.1岁，50岁以上的干部接近55%，而40岁以下的只有3人。正处级干部平均年龄51.5岁，45岁以下的只有2人。副处级干部平均年龄47.5岁，40岁以下的也只有2人，50岁以上的接近40%。全院35岁以下的处级干部一个也没有；二是干部队伍整体学历层次与省级科研单位的定位不相匹配,高学历干部的配备仍需加强;三是中层领导班子的专业化程度不够,研究所所长中非专业的干部占50%以上,研究所所长中专业型干部的比例明显偏低。

(一)如何改

2020年底,山东省开展深化事业单位改革试点,2021年3月山东省委编办批复山东省农业科学院事业单位改革方案,现行的管理体制机制,尤其是干部制度已经不适应改革后对院所治理体系和治理能力需要。同时,结合事业单位改革人事安排,调整院中层领导班子和领导干部,优化干部队伍结构,建立一支干净忠诚担当的高素质干部队伍,为山东省农业科学院事业高质量发展提供坚强的组织保障。

一是完善制度建设。出台了《关于加强和改进干部队伍建设的意见》《院领导干部选拔任用管理办法》,结合山东省农业科学院实际,从10个方面提出建设意见。

1. 明确提出把全面学习贯彻落实"翅膀论"作为全院干部队伍提高政治素质和工作能力的重要抓手。

2. 大力选拔优秀年轻干部。实施年轻干部选拔培养"789"工程,大力选拔培养"75后"处所主要负责人,"80后"处所正职逐步达到20%左右,"85后"处所副职逐步达到30%左右,"90后"处级干部力争实现突破。加大从普通科研人员和年轻博士中选拔领导干部的力度,表现突出的可以直接提拔研究所所长。

3. 明确"实绩至上"的用人导向。把是否做出工作实绩作为检验干部政治素质的关键指标，突出实绩实干实效，提拔干部时要重点考察干部干了什么事、干了多少事、干的事群众认不认可，把抓落实情况作为重要依据。

4. 明确提出倡导"专家治所"的理念。改善领导班子专业结构，选拔一批业务专家担任研究所所长。

5. 提高干部队伍学历结构。明确提出原则上每个研究所班子都配备1名博士。

6. 拓宽干部来源。拿出部分研究所岗位面向海内外公开选聘，积极探索去行政化改革。

7. 完善领导干部退出机制。建立干部荣退机制，原则上正处级干部年满58周岁免去领导职务；副处级干部年满55周岁免去领导职务。政绩突出的可以到60周岁。

8. 改革考核评价机制。将院所考核和领导干部考核统筹考虑，坚持分类考核，强化结果应用，考核优秀的给予物质奖励。

9. 推行干部教育培训制度化。每年至少组织一次干部人才的集中教育培训。鼓励基层锻炼，引导优秀年轻干部人才资源向"三个突破"示范县（市）集聚。

10. 完善澄清保护机制。对"告黑状"的要对负责人给予严肃处理。造成不良影响的，要采取一定方式给予澄清正名，保护干部干事创业的积极性。

推倒四面墙 迎来八面风
——山东省农业科学院综合改革探索与实践

中共山东省农科院委员会文件

鲁农科党发〔2021〕20号

中共山东省农业科学院委员会
关于加强和改进干部队伍建设的意见

院属各部门、各单位党委（总支、支部）：

为深入贯彻新时代党的组织路线，激励全院广大干部进一步担当作为、干事创业，着力推进各项改革任务落实，根据中央关于加强干部队伍建设有关精神和省委部署要求，结合我院实际，现就加强和改进全院干部队伍建设提出如下意见。

一、准确把握干部队伍建设的总体要求

1. 指导思想。以习近平新时代中国特色社会主义思想为指导，认真践行新时代党的组织路线，改革完善干部选拔任用、考核表彰、容错纠错、澄清保护、监督管理等制度，建设一支

—1—

《中共山东省农业科学院委员会关于加强和改进干部队伍建设的意见》

二是加强全院年轻干部队伍建设。 出台《关于加强全院年轻干部队伍建设的意见》，深入实施年轻干部选拔培养"789"工程，为实现"打造一流农科院，走在全国最前列"提供坚强有力的组织保证。

1. 明确任务目标。建立完善院年轻干部选育管用常态化工作机制，着眼事业长远发展，提出到"十四五"末全院"80后"处所正职达到20%，"85后"处所副职达到30%左右，"90后"处级干部实现突破。

2. 加强源头建设。结合"333"引才工程，改进完善人才引

第三章 聚天下英才而用之
——人才领域的改革

中共山东省农科院委员会文件

鲁农科党发〔2022〕34号

中共山东省农业科学院委员会
关于加强全院年轻干部队伍建设的意见

院属各部门、各单位党委（总支、支部）：

为深入学习贯彻习近平总书记关于年轻干部工作的重要指示精神，落实中央关于发现培养优秀年轻干部有关部署和省委要求，按照省委组织部《关于健全年轻干部工作常态化机制的意见》等有关规定，对我院加强年轻干部队伍建设提出如下意见。

1. **明确任务目标**。认真落实年轻干部工作政策要求，建立完善我院年轻干部选育管用常态化工作机制，着眼我院事业长

—1—

《中共山东省农业科学院委员会关于加强全院年轻干部队伍建设的意见》

进、公开招聘工作，科学设置岗位资格条件，不断创新招聘方式，面向国内外著名高校院所招聘一批学术水平高、综合素质好的高素质优秀毕业生。严格进人考察程序，注重政治素质考察，严把进人政治关，从源头上储备一批优秀年轻干部，打好年轻干部"蓄水池"。

3. **注重发现识别**。结合干部调整、年度考核、日常调研等抓好年轻干部调研，院每年至少要组织1次年轻干部专题调研，充分了解年轻干部队伍状况，发现优秀年轻干部。同时组织人事部

门注重到重点工作、重要项目、乡村振兴等一线去考察发现优秀年轻干部。

4. 强化人才储备。建立优秀年轻干部信息库，将政治素质高、综合能力强、具有较好培养潜力的优秀年轻干部纳入信息库，根据干部的主要特点、工作类型、资格条件进行分类分级建档管理。对有苗头的优秀年轻干部建立"一人一策"培养机制。

5. 抓好教育培训。坚持把提升政治能力放在首位，强化思想政治教育，不断提升年轻干部综合素质。院每年至少组织1次年轻干部集中培训，分类分级对年轻干部进行教育培训。注重选派优秀年轻干部参加党校、干部学院等各类培训。丰富教育培训形式，利用好青年沙龙、青年理论学习小组、学术交流会等各种载体、活动，促进年轻干部沟通交流，切实增强年轻干部活力。

6. 加强实践锻炼。有计划选派年轻干部到农业产业一线、乡村振兴前沿、院重点工程项目和重要工作一线等吃劲岗位、重要岗位接受实践锻炼，在干部调整时要优先选拔使用经过基层锻炼的年轻干部。探索院所兼职机制，每年遴选5名左右的年轻干部开展院所互相兼任关键岗位职务，加强院属部门和单位之间年轻干部交流力度。鼓励新进年轻科研人员到管理岗位短期锻炼，选派优秀年轻干部到主管部门挂职锻炼，促进年轻干部尽快成长。

7. 及时选拔使用。实施年轻干部配备提升计划，落实年轻干部配备比例要求，对看得准、有潜力、有发展前途、成才较早的年轻干部，破除论资排辈、平衡照顾、求全责备思想，及时大胆使用。大力选拔40岁左右的正处级干部，35岁左右的副处级干部，鼓励年满55周岁的正处级干部主动转岗，逐步改善院中层领导班子年龄结构。注重选拔使用30岁左右及以下科级干部，每次干部调整30岁以下年轻干部要有一定比例，鼓励研究所将科研能力好、有培养潜力的年轻科研人员大胆放到创新团队负责人或党支部书记岗位使用。

8.压实年轻干部工作责任。年轻干部工作是一项长期性、制度性、系统性的工作，需要各级党组织高度重视、担负起培养管理职责，形成层层抓落实、齐抓共管、接续培养的良好工作格局，确保年轻干部的健康成长。院党委统一领导全院年轻干部队伍建设工作，院党委主要负责同志履行第一责任人职责，组织人事处发挥职能作用，统筹全院年轻干部选育管用工作，院属单位党组织负责本单位年轻干部队伍建设工作，党组织主要负责同志履行第一责任人职责，加强对年轻干部培养使用。

三是建立撑腰鼓劲的保护机制。建立完善容错纠错机制，坚持"三个区分开来"，对因大胆推进改革而出现失误偏差且符合免责条件的相关单位及干部，可以免除其责任。对存在失误或者偏差的单位、个人予以容错的同时，及时予以纠错，帮助干部汲取教训、改进提高。健全澄清保护机制，正确对待各单位信访举报问题，对按照组织程序正常检举揭发和反映问题的，及时查清有关问题，尽快做出处理。但是对于为达到个人不正常目的或因个人不合理诉求未得到满足"告黑状"的，要对责任人给予严肃处理。造成不良影响的，采取一定方式给予澄清正名，保护干部干事创业的积极性。热情关心关爱干部，坚持严格管理和关心爱护相统一，注重谈心谈话，及时做好政策解读、心理疏导、思想统一工作。落实好"双向约谈"制度，及时了解干部人才工作、思想和生活情况，及时帮助解决问题。强化日常监督，建立完善重大事项报告制度，严格落实个人重大事项报告制度，确保应报尽报。严格贯彻落实《山东省贯彻〈推进领导干部能上能下若干规定（试行）〉实施细则》要求，畅通干部上下的渠道。规范履职行为，干部不得主持与自身专业无关的课题或过多主持课题。"双肩挑"的干部要正确处理好管理和业务的关系，确保主要精力放在单位管理服务工作中。

四是统筹使用好各级各类干部。 中层领导班子的配备要充分考虑年龄、学历、专业、性别、党派等各方面结构的合理搭配。对离开领导岗位的同志继续发挥好作用，建立荣退制度，根据不同情况安排合适岗位，保障其政治待遇和生活待遇。对年满55周岁退出领导岗位的干部，考虑他们长期在领导岗位任职，具有比较丰富的管理工作经验，而专业型干部大都具有较高的学术水平，院里成立考核监督委员会，实体化运作，安排退出领导干部岗位的管理型干部担任主任、委员等职务，负责开展监督考核工作。同时成立科普工作委员会、乡村人才学院、乡村振兴研究院、农业大数据研究院、规划设计院等实体化运作的工作机构，协调山东农学会和各单位挂靠的学会、协会等专业组织，尽量使退下来的同志担任其他重要新的职务。采取多种方式，充分用好各种类型的干部，发挥出干部的最大效能。对退出现职的从事专业技术研究的专家型干部，部分进入学术委员会，同时在同等条件下对开展科研所需给予适当倾斜，支持他们在专业技术岗位发挥好作用。

（二）改革成效

一是干部队伍素质进一步提高。突出政治素质培养，全面落实"翅膀论"，把学习贯彻习近平总书记"给农业插上科技的翅膀"重要指示精神的成果转化为推动全院事业改革发展的具体思路、措施和办法，干部队伍政治能力、调查研究能力、科学决策能力、改革攻坚能力、应急处突能力、群众工作能力、抓落实能力有效提高。

二是干部队伍结构进一步优化。干部专业结构优化，选拔一大批管理能力较强的业务专家担任研究所所长。新提拔的33名研究所干部中有29名为专业型干部，占比87.88%，干部专业结构更加合理。学历层次得到提高，统筹使用各年龄段和学历层次的干部，女干部和党外干部数量增加，形成年龄、学历、专业、性别、党派结构的合理搭配。通过干部换届调整，处级干部平均年龄由49.07岁下降到45.42岁，其中正处平均年龄48.62岁，副处平均年龄43.75岁。40岁以下处级干部达到15名，"80后"处级干部到达29名，干部进一步年轻化。学历结构更加优化。通过调整，具有硕士、博士学位的干部85人，占77.9%，干部队伍学历结构得到很大改善。

三是干部制度体系进一步完善。结合机构设置改革，统筹全院干部职数配备，提高了干部资源使用效益。明确实绩至上的用人导向，建立了"实绩公示"制度。建立完善容错纠错机制和澄清保护机制，在全院大力营造为担当者担当、为负责者负责、为实干者撑腰的良好氛围，干部干事创业热情得到很大程度提升。

第四章　坚持世界眼光、中国视野、山东特色
——科研创新领域的改革

学科建设水平是科研单位发展质量的集中体现和标志。随着新阶段现代农业的迅速发展，以生物技术和信息技术为特征的新一轮农业科技革命正在孕育大的突破，坚持农业科技自立自强，加快农业关键核心技术攻关，必须克服原有学科建设中存在的短板和不足，如部分学科与产业需求不适应、学科团队小而散形不成创新合力、缺乏全国"第一"和"唯一性"学科、引领性的新兴交叉学科发展滞后等难题，需要加快深化学科改革，主动融入山东省农业农村发展大局，主动打好优化山东省农业科学院学科布局和加强学科团队建设的"关键战役"，聚焦破解科技与产业"两张皮"难题，把研究所办出特色，进一步巩固提升山东省农业科学院在全国省级农业科学院中的优势地位。为此，山东省农业科学院2020年开展了山东农业产业科技需求大调研活动，并在调研中国农业科学院、江苏省农业科学院和广东省农业科学院学科建设先进经验的基础上，提出坚持世界眼光、中国视野和山东特色，立足山东省农业科学院科技创新实际和科教人才资源，搭建了学科团队、虚拟研究中心、创新联合体、创新创业共

同体、产业研究院等纵横一体、全面协同的科技创新体系。本章主要涉及学科团队改革、科研组织方式改革、科研要素一体化改革、科技成果评价改革和试验基地管理一体化改革。

一、学科团队改革

（一）如何改

以产业需求为导向，以创新团队建设为核心，按照创新方向、团队力量与山东省农业产业需求和规模相适应原则，优化全

中共山东省农科院委员会文件

鲁农科党发〔2021〕17号

中共山东省农业科学院委员会
关于学科及团队建设改革的意见

院属各部门、各单位党委（总支、支部）：

为深入贯彻习近平总书记视察我院重要指示精神，认真落实省委省政府关于农业"走在前列、全面开创"目标要求，按照院党委"改革落实年"的重大部署，扎实推进院学科和团队建设改革，加快提升农业科技自主自强水平和支撑产业能力，巩固提升我院在全国省级农科院中的优势地位，结合全院工作实际，研究提出了学科改革意见。

一、总体要求

1. 基本思路。 深入贯彻习近平总书记"给农业插上科技的翅膀""让农业借助科技的翅膀腾飞起来"的重要指示精

—1—

《中共山东省农业科学院委员会关于学科及团队建设改革的意见》

第四章 坚持世界眼光、中国视野、山东特色
——科研创新领域的改革

院学科布局，巩固培强优势学科，扶持培优特色学科，拓展培植新兴学科，出台强化团队建设的"十条措施"，进一步强化创新团队发展规划和人才队伍建设，规范全过程管理和团队文化氛围营造，充分发挥条件平台支撑，推动团队与企业融合发展，不断提升团队开放协作水平，加快构建多元保障体系，建立起"人员结构优、创新能力强、科技贡献大"的学科群，建立与山东省现代农业产业发展需求相适应的创新体系，大幅提升农业科技自立自强水平，成为引领山东省农业高质量发展的核心力量，支撑山东农业继续走在全国前列。

山东省农业科学院文件

鲁农科发〔2022〕12号

关于印发《山东省农业科学院
关于加强新兴学科建设的十条意见》的通知

院属各部门、各单位：

为支撑引领我省现代农业发展，加快培育学科新增长点，补齐新兴学科发展短板，扎实落实《中共山东省农业科学院委员会关于学科及团队建设改革的意见》，结合我院实际，研究制定了《山东省农业科学院关于加强新兴学科建设的十条意见》，现印发给你们，请遵照执行。

山东省农业科学院
2022年3月28日

《关于印发〈山东省农业科学院关于加强新兴学科建设的十条意见〉的通知》

推倒四面墙 迎来八面风
——山东省农业科学院综合改革探索与实践

山东省农业科学院文件

鲁农科发〔2021〕12号

关于启动建设首批创新团队和虚拟研究中心的通知

院属各单位：

根据《中共山东省农业科学院委员会关于学科及团队建设改革的意见》，院学术委员会对全院申报的创新团队和虚拟研究中心进行了评审。经院长办公会研究，决定首批启动建设58个创新团队和6个虚拟研究中心，其中卓越创新团队2个、优势创新团队16个、特色创新团队25个和新兴创新团队15个。各依托单位按照团队目标要求加快创新团队建设，为实现院"十四五"事业发展规划目标提供有力的支撑。

—1—

《关于启动建设首批创新团队和虚拟研究中心的通知》

一是学科及团队建设改革的总体目标。 面向支撑引领现代农业产业发展的需求，结合全院实际，规划建设八大学科群、42个学科领域、100个左右创新团队。经过"十四五"建设，打造处于国内领先、国际一流的卓越创新团队5个左右，处于国内一流、国际先进的优势创新团队20个左右，处于省内领先、国内一流的特色创新团队40个左右，处于区域先进、特色鲜明的新兴创新团队35个左右；突破100项关键核心技术，创造100项具有自主知识产权、成果转化收益价值的新品种、新产品、新装备、新模式，年成果转化收益稳定在1亿元以上；成为我院争取重大科

第四章 坚持世界眼光、中国视野、山东特色
——科研创新领域的改革

山东省农业科学院

鲁农科技函〔2022〕68号

山东省农业科学院
关于启动建设首批创新联合体的通知

院属各部门、各单位：

根据《山东省农业科学院与企业共建创新联合体暂行管理办法》，经院学术委员会评审，院党委会研究决定，首批启动建设"玉米种业创新联合体"等10个创新联合体。请各依托单位按照创新联合体管理办法规定，与合作企业密切配合，认真做好创新联合体建设工作，加快科产融合发展，为实现我院"十四五"事业发展规划目标提供有力的支撑。

附件：山东省农业科学院首批建设创新联合体

山东省农业科学院
2022年9月27日

《山东省农业科学院关于启动建设首批创新联合体的通知》

研项目、承建高水平创新平台、创造标志性重大成果和服务"三农"的中坚力量，支撑实现新时代农业科技强省建设目标。

二是学科团队改革的基本原则。

1. 坚持产业导向，调整学科布局。立足服务国家和山东省农业重大战略部署，面向农业产业和市场重大需求，加快调整学科布局，优化配置科技资源，强化创新引领，加快培育学科新增长

山东省农业科学院办公室文件

鲁农科办发〔2021〕17号

关于印发《山东省农业科学院产业技术研究院建设与运行管理办法》的通知

院属各部门、各单位：

《山东省农业科学院产业技术研究院建设与运行管理办法》已经院党委研究同意，现印发给你们，请遵照执行。

山东省农业科学院办公室
2021年6月4日

《关于印发〈山东省农业科学院产业技术研究院建设与运行管理办法〉的通知》

点，明确重点主攻方向，突出应用研究，补齐发展短板，深挖创新潜力，厚植发展优势，大幅提升学科竞争力。

2. 坚持顶天立地，突出建设重点。聚焦有望达到国际领先水平的优势学科领域，集中资源加快提升原始创新能力，抢占国际农业科技前沿制高点，大幅提升我院在国内外的影响力；集中力量突破山东省优势特色农业产业提质增效的关键技术瓶颈，提升对新产业新业态新模式的引领支撑能力。

3. 坚持团队建设，加强人才引育。着眼事业长远发展，统筹好优势、特色和新兴学科发展，遵循农业科研规律、人才成长规

第四章 坚持世界眼光、中国视野、山东特色
——科研创新领域的改革

律、团队梯次培养规律，以创新团队建设为核心，加快高层次专家和优秀青年人才的培养引进，吸纳产业领军人才等社会力量，树立高效协同和合作共赢意识，形成"团队育人、人促团队"的良好发展格局。

4. 坚持深化改革，强化机制创新。围绕提高创新质量和激发创新活力，深化综合改革，健全创新团队梯次培养引进机制，推动建立开放合作、协同创新的科技攻关机制，坚持有限目标，质量第一，成熟一个，建设一个，不断提升创新团队的行业影响力和产业支撑能力。

5. 坚持定期考评，强化结果应用。聚焦提升创新质量，建立"目标牵引、定期考评、四色评定、激励创新、动态调整"的团队管理机制，定期对创新团队建设情况进行科学考评，实行考评结果与科技资源配置直接挂钩，激励褒奖先进，营造尊重人才、尊重创造的良好氛围。

三是建立支撑农业高质量发展的创新团队建设机制。

1. 建立远近发展相结合的学科体系。立足当前，着眼长远，适应国家和山东省现代农业产业发展需求，规划建设作物科学、园艺科学、畜牧与兽医科学、植物保护科学、农业资源与环境科学、农业机械工程科学、农产品质量与加工科学、农业信息与经济科学八大学科群，分类打造卓越、优势、特色和新兴四类创新团队。

2. 按照产业需求调优学科结构。学科设置坚持面向国家重大需求和山东省农业经济主战场，主动适应农业产业形态变化和农

业经营主体变化的新形势，以"产业—学科—团队"一体化为主线，按照创新团队研究方向与山东省农业产业重大需求相适应原则，优化全院学科布局，统筹好优势、特色和新兴学科发展。贯彻优质化、绿色化、机械化、智慧化的基本要求，把应用研究作为主要方向，在培强优势学科和培优特色学科的同时，加快培植智慧农业、循环农业、数字农业、智能装备、营养健康等新兴学科，建立与山东省现代农业产业发展需求相适应的学科体系。

3. 做好"加减乘除"法，调好创新团队。学科改革以创新团队建设为核心，以解决产业重大科技问题为目标，坚持全院"一盘棋"，打破研究所界限，面向全院做好团队建设的"加减乘除"法，推进实现创新团队规模与山东省农业产业规模相适应。做好"加法"，合并研究内容同质、研究范围过窄、研究力量分散的创新团队；做好"减法"，压减与山东省农业产业发展需求和产业规模不相适应的创新团队规模；做好"乘法"，瞄准农业新产业新业态新模式，按照全产业链加快建设一二三产融合的新型创新团队；做好"除法"，加快调整不适应产业发展需求的团队创新方向，鼓励支持科研人员转向新兴创新团队，实现全院科技力量布局与山东省现代农业产业发展需求相匹配。

4. 改革科技创新组织机制，支持创新团队以市场和产业为导向建设新型研发机构。针对山东省优势特色农业产业对"一条龙""一体化"农业科技综合解决方案的迫切需求，以服务产业和市场重大需求为目标，支持创新团队牵头组建支撑农业全产业链和优势特色产业提质增效的虚拟研究中心，建设整建制打造科

第四章 坚持世界眼光、中国视野、山东特色
——科研创新领域的改革

技支撑型乡村振兴样板的区域农业科技创新中心；探索研究所紧密支撑产业高质量发展模式，推动研究所建设一批市场化运作的新型研发机构；以"优势互补、协同创新、合作共赢"为原则，联合国内外科研机构、高校、农业龙头企业等构建产学研高效协同创新创业共同体；推动创新团队与企业联合建设产业技术研究院，扎实与地方政府共建现代农业产业园，在"三个突破"战略重点县市建设科技支撑型乡村振兴齐鲁样板。探索多种新型研发机构模式，将我院研发体系打造成突破农业关键核心技术、现代工程技术和颠覆性技术的"集团军"，推动人才链、创新链和产业链的有机融合，加快将科技优势转化为产业发展优势，助力山东省农业高质量发展。

四是建立充满生机活力的创新团队发展机制。

1. 充分发挥"关键专家"对团队建设的引领作用。创新团队由首席专家、执行专家、青年专家和科研骨干组成，团队建设需要充分发挥好学术造诣深厚、生产实践丰富和行业影响力显著的高水平专家的作用，支持由创新实绩和产业贡献突出的专家领衔组建老中青结合、梯次配备的创新团队；鼓励选拔优秀年轻专家担任团队首席专家，充分遵循人才成长规律、切实发挥团队老专家作用，扶持年轻专家快速成长。依据创新团队建设实际需要，首席专家可以选择我院"第一所长"、海外引进高层次专家或外聘高水平专家等担任，支持加快引进一批高端人才和优秀青年建立人才梯次合理的创新团队，持续提升团队的科技创新力和产业支撑力。

2.赋权团队首席专家,落实"五权下放"。深入贯彻院党委"改革落实年"的各项措施,尊重农业科技创新规律和团队人才梯次成长规律,建立以首席专家负责制的创新团队科研创新模式,赋予首席专家团队"组阁权"、技术路线"决策权"、项目经费"支配权"、科研绩效"分配权"和引进人才"选择权","改"出科技攻关新动力,"放"出科研创新活力,促进创造更好更多的标志性成果。

3.创新团队组建模式,推行"开放组团"的灵活机制。落实"开放办院"理念,按照团队建设目标和实际需要,建立"开放、流动、竞争、协同"的用人机制,团队按需设岗、按岗聘用、合同管理、动态调整。院内科研人员参加创新团队实行"双向选择、合理流动"的良性发展机制;坚持"不为所有、但为所用",围绕产业创新需要鼓励吸纳我院"第一所长""产业研究员"、农业龙头企业科技人员等参与团队建设,加快提升我院科技创新能力和产业支撑能力。

4.培养优秀青年专家坚持"五保障"。青年专家关系事业的长远发展,要充分发挥青年专家对创新团队建设的中坚支撑作用,采取超常规的"五保障"举措重点培养一批有梦想、有能力、想干事、能干事的优秀青年专家。保障项目支持,院农业科技创新工程优先安排项目支持开展科研活动,锻炼提升其科研水平;保障试验条件,在实验室和试验基地等服务方面优先支持青年专家,加快其攻克农业产业关键技术;保障名师指导,用活用好"第一所长"和"产业研究员"等柔性引进人才,指导青年专

第四章 坚持世界眼光、中国视野、山东特色
——科研创新领域的改革

家，促进其创新能力提升；保障访学研修，创造机会条件选派青年专家到农业发达国家访学研修，学习掌握国际先进的科研方法和技术；保障推优评先，优先推荐科研实绩突出和产业贡献大的青年专家申报国家、省人才计划和人才称号，加快提升其行业知名度，做大做强创新团队。

5. 建设创新团队坚持"六个一"标准。围绕提升科技创新能力和产业支撑能力，推进标准化创新团队建设。坚持党建引领，建设1个过硬党支部，把党支部建在创新团队上；坚持重点突破，突破1项"卡脖子"关键技术，团队聚焦研发1项产业"卡脖子"或关键核心技术。坚持"传帮带"，培养1名团队接班人，团队重点培养1名创新能力较强、具有发展潜力的青年专家。坚持科企合作，建设1个产业技术研究院，团队与重点农业龙头企业联建产业技术研究院，加快技术创新与成果转移转化。坚持院地合作，支撑1个现代农业园区，团队与地方政府合作共建现代农业园区，支撑引领区域农业产业提质增效。坚持服务乡村振兴，服务1处乡村振兴科技支撑型齐鲁样板，在农业主产区，特别是院"三个突破"战略重点县建设一个乡村振兴科技支撑型齐鲁样板，履行好我院服务"三农"的社会责任。

6. 加快构建"四化联动"的农业科技创新体系。建设以产业为导向的农业科技创新体系，纵向上以学科建设带动团队发展，横向上以产业牵引建设新型研发机构，整体上形成科技产业化、建制化、体系化、协同化的"四化联动"农业科技创新体系，推动理论成果技术化、技术成果产品化、产品成果产业化，以科技

创新促进成果转化，实现科技与经济紧密融合，助力区域农业高质量发展。

7. 加快培育团队创新文化。全院科研人员要牢固树立"大成果依赖大团队，大协同才能大发展"的理念，大力弘扬爱国、创新、求实、奉献、协同、育人的新时代科学家精神，加快培育既有世界眼光、中国视野和山东特色，又有"三农"情怀、"懂农业、爱农村、爱农民"的农业科技人才队伍。建立健全团队管理规章制度，打造团结协作、甘于奉献、相互宽容、积极向上的团队精神，不断提升团队产业科技支撑能力，为实施乡村振兴战略和加快农业农村现代化作出新的更大贡献。

五是建立能上能下的创新团队考评机制。

1. 建立"目标牵引、质量第一"的创新团队发展机制。创新团队建设采取目标管理模式，依据国家及省级科技计划投入的资源量、结合团队自身科研基础，落实"三争三抢"工程要求，破除"四唯"倾向，坚持高标准、高质量、高水平，将重大项目、重大平台、重大人才、重大成果和重大成果转化收益作为创新团队建设目标的关键"质量"指标；尊重创新团队间的差异性，突出纵向比较有大发展，同行比较有大进步，营造比学赶超的创新氛围。

2. 建立差异化绩效评价和红、黄、蓝、绿"四色评定、挂牌管理"的团队管理制度。强化创新团队建设绩效评价工作，对不同类型的创新团队进行分类差异化考评。应用研究型创新团队评价突出转化应用导向，重点评价新品种、新技术、新工艺、新产

第四章 坚持世界眼光、中国视野、山东特色
——科研创新领域的改革

品、新设备等成果对农业产业的贡献和市场转让价值。公益服务型创新团队重点评价成果的原创性、先进性，支撑服务国家重大需求、经济社会发展的作用贡献和实际服务效果。明确研究所是实现创新团队建设目标的第一责任主体，首席专家是团队考核的直接责任人，依据团队量化考评分数建立红、黄、蓝、绿"四色评定、挂牌管理"的团队管理制度，巩固提升我院在全国省级农业科学院中的先进地位。

3. 建立"激励创新、动态调整、能上能下、能进能出"考评结果应用机制。实行创新团队结果与科技资源配置直接挂钩，坚持稳定支持与动态调整相结合，实行专家能上能下、团队成员能进能出，科研支持经费上下浮动，树立"快发展多支持、慢发展少支持、不发展不支持"的鲜明导向，解决干好干孬和干多干少一样的难题，营造竞相创新、成果纷呈的良好创新氛围。

六是健全保障有力的创新团队管理服务机制。

1. 建立院所联动创新团队管理机制。学科和团队建设改革是一个系统性工程，需要充分发挥好院所两个管理主体作用，建立"院制定政策抓好评价、所负责建设抓好发展"的团队管理机制。创新团队建设目标作为所领导班子重要考核内容，研究所主要负责人是单位创新团队建设的第一责任人，实行权责一体。围绕团队建设目标，单位领导班子和团队首席专家研究优化配置团队资源、人才培养引进、平台条件配置、国际科技合作和团队成员绩效考核等问题，推动创新团队可持续发展。

2. 建立多层次的创新团队支持渠道。改革创新工程组织实施

模式，采取揭榜制或竞争择优、定向委托等方式支持创新团队，坚持"破四唯"，创新不问出身、英雄不问出处，谁有能力、谁能为发展作贡献就支持谁。充分发挥院农业科技创新工程对创新团队建设的引导支撑作用，聚焦突破农业产业"卡脖子"重大关键技术，并推动优势特色农业全产业链提质增效，分批次支持有望成为"全国第一"的卓越创新团队、能够达到"全国一流"水平的优势创新团队和具有"全国唯一"特色的新兴创新团队。同时积极争取国家和省科技计划、人才计划和条件平台建设项目的支持，拓展与地方政府、农业龙头企业和其他新型农业经营主体的科技合作，加大横向合作、社会风险基金和成果转移转化对创新团队建设的反哺力度，形成多渠道支持创新团队建设的发展格局。

3. 建立配套齐全的创新平台支撑体系。条件平台是学科发展的重要支撑。按照整合存量、优化增量、完善提升的原则，统筹考虑创新平台和试验基地建设，提升科研创新类和公共服务类平台的装备水平，打造设施配套、功能完备、保障有力的综合性和专业性试验基地，拓展提升国际合作平台水平，提高学科条件平台配置的科学性、系统性和协调性，建立方便、快捷、高效的平台共享共用机制，促进学科高质量发展。

4. 全面提升我院国际化科技合作水平。聚焦大幅提升农业科技自主创新能力，持续拓展国际科技合作，坚持"走出去"和"请进来"双轮驱动，重点在种质资源、生物技术、信息技术、智能装备等领域，选派一批优秀中青年专家赴国际知名高校、科研机构和跨国农业企业访学研修，借助国家高层次人才引进专项

第四章 坚持世界眼光、中国视野、山东特色
——科研创新领域的改革

计划和山东省"泰山学者"工程等人才计划积极引进一批国际高水平专家开展合作研究,将我院打造成具有国际影响力的对外开放新高地。积极服务国家外交大局和省外事工作需要,持续深化与"一带一路"共建国家和地区的科技合作,全面提升我院国际化水平。

5.健全政策配套衔接的制度体系。坚持"以产业需求建创新团队、以团队需要引人才、以团队攻克产业难题"的一体化思路,加强制度间的衔接,实现院学科改革工程、创新团队建设工程与创新人才及团队引进工程、齐鲁农科英才工程的紧密衔接,将引进与培养人才纳入团队给予支持,坚持就高原则,不重复支持。对考评优秀的团队在人才引进培养、博士后资助指标和国家、省人才推优评优等方面给予倾斜支持,创造良好的发展生态环境,最大程度地挖掘创新团队的创造力。

(二)改革成效

按照《关于学科及团队建设改革的意见》,持续优化调整和增减创新团队和研究中心,目前共建设97个创新团队和22个虚拟研究中心。按照全院资源配置"一盘棋"、学科融合"一体化"和组织模式"一条龙"原则,规划建设八大学科群,构建与山东现代农业发展需求相适应的科技创新体系,以大幅提升农业科技自立自强水平。为充分发挥高水平创新团队的典型激励作用,以提升创新效能为导向,评选出首批豆类遗传育种与栽培、小麦玉米生理生态与栽培、植物营养与肥料、花生栽培与生理生态、特

色农产品加工与功能食品等15个年度优秀创新团队。为加强协同创新，先后与新疆维吾尔自治区农业科学院、黑龙江省农业科学院以及对口援藏省市农业科学院组建联合创新团队，围绕农牧业共性关键技术开展联合攻关。聚焦产业需求和聚力破解产业问题，与农业龙头企业共建22个虚拟研究中心和10个创新联合体，组建了78个产业研究院，科技特派员（简称科特派）共同体项目扎实实施，根据产业链布局创新链，构建了跨单位跨学科的大联合攻坚团队，进一步完善了我院"一纵一横"协同创新体系，吸纳社会资金支持农业科技创新，大幅度提升科研人员解决农业生产一线关键问题的能力，为山东农业高质量发展贡献"农科力量"。

一是学科团队改革成效实例：

在山东省农业科学院科技创新体系、学科团队建设改革中，瞄准国家现代农业主战场和重大需求，突出应用研究，厚植发展优势，重点针对小麦育种新品种选育学科，整合作物研究所小麦遗传育种和农产品加工与营养研究所（原子能所）小麦诱变育种两个小麦育种团队资源，重新组建以院士为资深首席、二级研究员为首席专家的小麦遗传育种创新团队，并获批建设院卓越创新团队，实现了山东省农业科学院小麦育种研究的强强联合和创新团队高质量建设，进一步巩固提升了山东省农业科学院小麦育种研究在全国同行中的优势地位。

1. 主要创新方向。

（1）广泛引进、鉴定和创新优异小麦种质资源，发掘和利用优异基因（种质）、创制具有重要利用价值的种质材料。

第四章 坚持世界眼光、中国视野、山东特色
——科研创新领域的改革

（2）开发具有自主知识产权的高效基因编辑新技术、新一代组合诱变与染色体工程技术和倍性育种技术，研究多性状协同改良和加速世代进程的途径和方法，建立完善现代高效生物育种技术体系。

（3）优化小麦生长发育物候期，构建合理株型以提高光能利用率，同步提高生物学产量和收获指数，协调产量三因素的关系，大幅度提高新品种的产量水平。

（4）以小麦加工品质为主、兼顾营养品质的遗传改良，培育优质专用和特色营养新品种，满足市场多元化需求和人们对美好生活的追求。

（5）利用阶梯聚合杂交等技术途径，培育兼抗多种主要病害、抗逆性强、适应性广的小麦新品种。

2. 主要创新目标。建立精准高效的育种技术体系和创新平台，突破小麦种业"卡脖子"关键技术和资源，培育绿色、优质、高产、高效重大新品种3～5个，其中具有年推广500万亩[①]以上潜力的重大品种1～2个；创制综合农艺性状优良兼抗两种及以上病害小麦新种质5～7份；申报或获得国家发明专利授权3～5项、植物新品种权7～8项；发表高水平论文15～20篇；获山东省科学技术进步奖二等奖以上成果1～2项。

3. 2021—2022年实施工作成效。2021年小麦遗传育种团队启动实施以来，聚焦团队创新目标，在赵振东院士的带领下加强

---

① 1亩约为667平方米，全书同。

推倒四面墙 迎来八面风
——山东省农业科学院综合改革探索与实践

科技攻关、人才培养、成果转化等工作，近 2 年重要成效如下：

高质量地完成了团队创新阶段目标。审定品种 10 个/次，品种累计推广 6000 万余亩，授权植物新品种权 5 项，发表论文 56 篇，其中 SCI 论文 30 篇，授权专利 19 项，其中国际发明专利 7 项。

项目、人才取得重大突破。新上项目 20 项，立项经费 1.35 亿元。小麦育种全国重点实验室获批建设。主持国家农业重大项目 1 项。获泰山系列人才、农业农村部农业科研杰出人才等荣誉 5 人次，引进优秀博士生 3 人。

突破性品种不断涌现。绿色超强筋小麦品种济麦 44 通过黄淮北片、南片和两省审定，创全国超强筋小麦单产纪录，成为山东省种植面积最大的优质小麦品种，2022 年实打亩产 808.6 千克，刷新全国超强筋小麦单产纪录。鲁研 128 通过国家和 3 省份审定、6 省推广。济麦 5198 在山东招远实打亩产 881.8 千克，位列 2022 年山东省粮油作物高产竞赛小麦季第二名；济麦 70 在山东滕州实打亩产分别为 846.04 千克，济麦 5789 在山东桓台实打亩产 823.71 千克，济麦 22 在菏泽曹县实打亩产 818.22 千克，标志着济麦系列高产品种全面进入单产 800 千克时代。

研究和技术取得新进展。发表 IF>5 的 SCI 论文 16 篇。首次提出面团填充度、支链淀粉短链比例、C- 型淀粉粒比例等参数可作为改善加工品质的有效指标（*Carbohydrate Polymers*，IF=9.4；*Food Hydrocolloids*，IF = 9.1）。克隆了小麦抗白粉病基因 Pm12 并验证了其功能，为小麦抗病育种提供了新方法（*Plant*

第四章 坚持世界眼光、中国视野、山东特色
—— 科研创新领域的改革

Communication，IF=8.6）。精准编辑 4 个小麦品质基因，拓宽硬度改良遗传资源（Plant Biotechnology Journal，IF=13.3）。

成果转化创新高。转让总金额 2090 万元，其中济麦 38 和济麦 70 各转化 500 万元。

二是虚拟研究中心实例：

山东省农业科学院"吨半粮虚拟研究中心"依托玉米研究所、作物研究所、山东省农业机械科学研究院，农业资源与环境研究所科研成果及研发能力，联合施可丰化工股份有限公司、雷沃重工股份有限公司、齐力新农业服务有限公司等山东省内龙头企业，聚焦小麦、玉米周年生产创新链的基础研究和应用研究，发挥以研发源头创新带动产业发展的杠杆作用，解决特定关键领域和产业战略发展中的技术瓶颈，服务于小麦和玉米主粮作物全产业链发展。

该中心自 2022 年 6 月成立以来，获得发明专利授权 6 项；制定地方标准 4 项，团体标准 2 项；发表论文 22 篇，其中 SCI 8 篇；获得山东省农业主推技术 5 项次，获得农业农村部主推技术 2 项次；获得全国农牧渔业丰收奖一等奖 1 项、二等奖 1 项，山东省农业技术推广成果单项类优选计划一等奖 1 项、三等奖 1 项，山东省农业科学院科技进步奖一等奖 1 项。通过中心建设，未来 3~5 年，创新完善小麦玉米周年高产高效关键技术 3~5 项，构建不同生态区小麦玉米周年"吨半粮"技术体系 2~3 套。建成的小麦玉米周年高产公关田小麦 700 千克/亩、玉米 900 千克/亩，小麦玉米周年"吨半粮"技术模式核心示范田周年产量

达到 1500 千克/亩，并进行规模化示范。培育带动新型农业经营主体 30 个以上，培训基层农技人员和新型职业农民 3000 人次以上。

三是科企创新联合体成效实例：

费县是家兔养殖传统大县，山东省农业科学院畜牧兽医研究所联合上下游企业组建费县兔产业链创新联合体。针对费县正宇兔业有限公司存在的肉兔生产水平低下、良种供应不足、设施环境控制落后、屠宰副产品附加值低等系列突出问题，为公司提供了从家兔生产到兔肉加工的全链条解决方案，科技助力企业奋发"兔"强。引进莱芜黑兔和闽西南黑兔，落地肉兔高效饲养管理技术、母兔同期发情技术、家兔人工授精技术、兔舍环境控制技术、替抗饲料配方技术等，帮助仔兔成活率提高 5%，饲料节本 20%；帮助企业延长产业链，将兔耳、兔爪、兔内脏等屠宰副产品研发生产成高端宠物食品，实现副产品由原来 300～500 元/吨提高到 7500～8000 元/吨，企业年产值增加 5000 万元。协助建立"科研院所+公司+农户"的家兔健康养殖合作新模式，带动 900 余养兔户年均增收 9 万元。正宇兔业王鹏总经理感慨地说："科企创新让我们肉兔生产水平得到了提高，让我们产品质量得到提升，让我们的兔副产品变废为宝，下一步我们还要带动周边村民发展养兔业，把'小产业'做出'大文章'，为打造费县特色养殖业的乡村振兴齐鲁样板发挥示范带动作用。"

四是产业技术研究院成效实例：

产业研究院启动建设以来，新上各类项目 144 项，立项总金

第四章 坚持世界眼光、中国视野、山东特色
——科研创新领域的改革

额 4.85 亿元。与共建方联合申请专利 107 项，选育新品种 27 个，获得名特优新产品 2 项，联合制定技术规程 14 项、标准 14 项，发表论文 46 篇，获得厅局级以上奖励 21 项，对促进产业高质量发展发挥积极作用。联合选育研发的小麦、玉米、花生、芝麻、猪疫苗、农机装备、冬枣、核桃等 20 项新品种、新装备实现了成果转移转化，转化金额超 600 万元，为合作企业直接增效 2500 万元以上。

农机装备产业技术研究院：农机装备产研院实体化运行后，农业机械科学研究院农业装备智能化技术创新团队于 2021 年 4 月正式入驻潍柴雷沃重工股份有限公司，双方团队瞄准市场与国际技术前沿，本着市场化、实用化和自主化研发目标与企业开展深度合作，双方联合立项各类项目 15 项，立项经费超 3 亿元。公司出资引进大量国际先进的农业装备智能化系统及先进测试仪器，山东省农业科学院智能化技术创新团队进行原理性技术的研究与创新开发应用，双方合作找到了契合点，推动合作不断深化。研究成果锻造了企业高质量发展新动能，创新团队也在双方不断深化合作中得到了锻炼和提升，实现了名利双收。

邹城食药用菌产研院：院资源与环境研究所牵头建立的（邹城）食药用菌产研院，围绕产业发展急需的关键技术难题，征集技术需求 21 项，经专家论证，围绕菌种生产、智能化生产、产品精深加工、菌渣综合利用四大领域立项"工厂化真姬菇基质精准化配置系统研发""香菇物流与保鲜技术研究及产业化示范""菌渣基质化利用及产品研发"等研发项目 12 项，立项经

费 360 万元，目前项目已取得初步成效，引进、推广香菇、灰树花等 20 多个名优种类，制定标准和技术规范 40 余项，累计推广栽培面积 1700 万平方米，助力邹城获得"全国食用菌生产示范市""中国食用菌工厂化生产第一县"等金字招牌。

二、科研组织方式改革

（一）如何改

一是坚持问题导向，聚力破解农业产业难题。自 2020 年 11 月面向全院对农业产业难题及重大科技需求进行广泛征集任务，通过在山东省开展"山东农业产业需求大调研"活动，共征集到农业"卡脖子"技术和重大关键技术、新兴交叉学科等两类"揭榜制"科研任务 100 余项，经全国产学研各方面知名专家论证评议和征求山东省行业主管部门意见，最终凝练出 29 项"揭榜制"科研任务。社会揭榜制也采取了广泛征集院属研究单位、产业技术研究院、"三个突破"县（市）政府、农业龙头企业等主体的方式，共征集到了 100 余项寻榜榜单，并顺利经过了院学术委员会专家的咨询论证。

二是严格规范揭榜程序。组织的院内、院外两种形式的寻榜揭榜均制定了严格规范的工作方案，对榜单遴选—发榜—揭榜—组织实施等全过程进行明确和规范。院内以创新工程科研任务揭榜制为试点，在实施过程中为确保揭榜取得实效，专门出台了《山东省农业科学院农业科技创新工程科研任务揭榜制管理暂行

第四章 坚持世界眼光、中国视野、山东特色
——科研创新领域的改革

办法》，为揭榜制的探索实践提供了制度依据。2021年创新工程揭榜制榜单论证确定后，于4月6日进行公开"张榜"，报名截止时，70名青年科研专家踊跃牵头申报29项任务。经过受理公示后通过形式审查、网络初评，最终确定58个团队入围本次揭榜评审。自2021年始，创新工程科研项目全部实行常态化揭榜挂帅制度，将科研组织方式的探索与实践走向深入。

三是认真组织发榜揭榜。任务揭榜是在院统一组织下，院科技管理处、纪检监督处、学术委员会等职能部门各负其责，认真实施发榜揭榜全过程。评审会前，学术委员会邀请的全体评审专家签署了专家承诺书。院监督审计处全流程参与评审过程，在揭榜答辩人抽签、评审现场纪律监督、分数核算等环节发挥了重要督查公证作用，确保了评审会议的风清气正。在新闻媒体的见证下，专家委员会主任现场宣布了所有科研任务揭榜申报人的评审分数，做到细致周到、程序严谨。

创新工程揭榜评审会

推倒四面墙　迎来八面风
——山东省农业科学院综合改革探索与实践

面向社会公开寻榜张榜揭榜农业科技难题评审会

山东省农业科学院文件

鲁农科发〔2021〕23号

山东省农业科学院
关于面向社会揭榜科研项目管理的
意　见

院属各部门、各单位：

为进一步激发科研人员服务地方农业产业发展的积极性，促进科技与经济的紧密结合，根据《国务院办公厅关于改革完善中央财政科研经费管理的若干意见》（国办发〔2021〕32号文）及其他国家、省科研项目管理办法精神，制定本意见。

第一条　本意见所指面向社会揭榜科研项目，是指院属单位通过公开揭榜竞争支持开展新品种、新技术、新产品等

—1—

《山东省农业科学院关于面向社会揭榜科研项目管理的意见》

四是扎实实施科研任务。院党委高度重视揭榜制任务工作实施，组织揭榜的创新团队扎实编制科研任务实施方案，认真填报任务书，就研究内容和年度绩效考核目标，特别是重大产出进行了约定。院分管领导在任务书签订后部署召开工作推进会，为揭榜制扎实稳妥推进奠定了基础。

五是切实开展考核评估。为确保揭榜制科研任务的实施取得实效，按照《山东省农业科学院关于面向社会揭榜科研项目管理的意见》《山东省农业科学院农业科技创新工程科研任务揭榜制管理暂行办法》规定，在任务执行完成后将严格开展任务考核评估，切实加强对揭榜制科研任务的诚信管理，强化揭榜方的诚信意识和依托单位的审核责任，对弄虚作假、揭榜后未完成任务指标的纳入院诚信体系管理，在项目、成果、人才称号等申报中不予推荐。

（二）改革成效

一是激发了科研人员创新创业活力。2021—2023年，创新工程科研任务"揭榜制"共设立了158项任务，项目支持经费近1.15亿元；面向社会揭榜制论证榜单两届最终成功揭榜项目230项，总经费达到2.8亿元。通过落实"破四唯"，突出创新不问出处，英雄不问出身，谁有能力、谁能破解问题就支持谁，充分激发和调动了全院科技人员的创新创业活力。揭榜评审会得到了社会和新闻媒体的广泛关注，《科技日报》《大众日报》《山东新闻联播》、闪电新闻等主流新闻媒体对揭榜评审会进行了重点宣传

推倒四面墙　迎来八面风
——山东省农业科学院综合改革探索与实践

报道，刊发新闻30余条。

《科技日报》报道《八分钟，大考试！直击国内农科系统首次项目揭榜现场》

二是搭建了一个"技术需求方"与"创新优势方"之间的对接平台。 重点破除原先项目小、团队散、解决实际问题效率低等问题，构建攥起拳头办大事、协同创新搞研发、支撑产业力度强的科研组织模式。科技对接平台的搭建，将科技创新工作主动融入山东省农业经济主战场，充分发挥山东省农业科学院学科齐全、人才资源富集、技术成果丰硕、创新条件配套的多方优势，更好地履行服务农业经济发展的社会责任，把论文写在祖国的大地上。

三是扎实促进科技创新成果转化落地。 科研任务"揭榜制"的有序实施，扎实促进了科技创新与产业需求直接对接，实现产业链、人才链、创新链和资金链的无缝对接，将创新成果直接转化为产业优势和产品价值，真正实现科技与经济的紧密结合。山

第四章 坚持世界眼光、中国视野、山东特色
——科研创新领域的改革

东省农业科学院首次面向社会公开征寻农业产业科技难题实施揭榜制重大科技项目，在全国也具有率先示范作用。

典型案例1：山东省农业科学院畜牧兽医研究所许晓晖研究员揭榜项目"畜禽粪污高负荷厌氧发酵与沼液脱氨技术研究"，立项经费1500万元。许晓晖研究员与山东启阳清能生物能源有限公司开展"科企协同"联合攻关，探索费县生态循环农业新模式。沼液消纳一直是企业头疼的问题，创新团队还通过推广沼液还田、沼液原位发酵杀灭设施农业病原微生物等厂外技术方法和措施，进一步帮助企业解决问题，通过院"三个突破"战略驻费县工作组和挂职人员，在企业周边的胡阳镇、上冶镇、薛庄镇、费城街道等多个乡镇开展了沼液应用示范，截至2023年11月，通过这一方法已经消纳沼液1万多吨，为企业生产赢得了利润空间，也为费县生态循环农业发展探索了可行的方法。许晓晖研究员帮助企业开发和优化高负荷低能耗机械搅拌、沼液固形物精脱和铵态氮脱除与沼气净化尾气碳化生产碳酸氢铵及提高甲烷回收3个系统，完成新开发工程单元的技术改造工作，产气量提升到改造前的一倍以上，仅此一项，每年可以为企业创造直接经济效益2000多万元。同时，全面梳理了企业在减少粪污处理的环境本底排放，可再生能源替代化石能源碳减排以及有机肥料替代化肥生产和使用碳减排，引导企业对接外部碳开发团队，顺利地将能源替代碳减排量这一部分碳指标推向欧洲市场，仅此部分每年可以增加企业收入400多万元。

典型案例2：果树研究所张琼副研究员揭榜项目"乐陵金丝

小枣现代高效栽培关键技术研究与产业化开发",立项经费200万元。筛选出适宜金丝小枣产区大面积推广的具有自主知识产权的枣新品种,目前已确定具有自主知识产权的"金丝4号"作为金丝小枣产区主推品种。研究提出并制定了《轻简化高光效树形修剪技术》《精准配方施肥关键技术》《病虫害生态防控新技术》3项技术标准。建立现代化标准示范基地,将新技术、新模式进行辐射推广,当前已建立示范基地2处,面积150亩,新品种新技术可使优质果率提高20%以上,生产成本降低30%左右,亩效益提高1000~2000元。通过此次揭榜,可有效促进乐陵30万亩金丝小枣产业的发展,同时带动周边沧州金丝小枣、无棣金丝小枣产业的发展,大力推动了枣产业的提升及乡村振兴建设。

典型案例3:山东省农业科学院农业机械科学研究所孙永佳高级工程师揭榜项目"电驱式高速作业玉米智能施肥播种机的研制",立项经费120万元。孙永佳与潍柴雷沃重工股份有限公司开展"科企协同"联合攻关,开发电机直驱无级调速排投种装置及控制系统、基肥精准控制系统和作业质量监测系统等核心零部件,集成研制电驱式高速作业玉米智能施肥播种机控制系统1套,并在潍柴雷沃18行电驱式高速作业玉米智能施肥播种机进行应用示范,目前各核心零部件已完成第一轮样件试制,开始进入样机整体试制阶段。该项目实施后,有助于实现高端播种装备关键部件国产化,可以大幅降低产品成本,以单套四行播种机为例,机具价格可以下降1万元左右,按山东省及东北地区每年播种机产量1万套计算,可为农民及企业节省成本1亿元以上;该

第四章 坚持世界眼光、中国视野、山东特色
——科研创新领域的改革

电驱式高速作业玉米智能施肥播种机的应用能够显著提高作业质量，作业效率较传统机具提高 40% 以上，节约人工和种肥成本，技术装备大面积推广后，对促进山东省主要农作物生产提质增效和保障粮食安全意义重大。

三、科研要素一体化改革

（一）如何改

一是强化顶层设计。出台《山东省农业科学院关于科研要素一体化改革的意见》，针对长期以来存在的科研要素碎片化问题，梳理源头创新—技术创新—成果转化的创新链条，注重科研要素配置的联动性，围绕创新主体开展创新活动的各个领域和环节，打出科研要素支持的"组合拳"，形成一体化推进强大合力，构建与山东省现代农业产业发展需求相适应，总体布局合理、资源相互匹配的科研要素保障体系。

二是强化产学研用协同创新。聚焦国家和山东省农业科技重大部署，"上接"国内顶尖农业高校和科研院所，争取承担一批国家重大科研项目；"横联"省内农业高校和科研院所，围绕制约山东省农业发展的重大关键共性问题开展协同攻关；"下合"各地分院、农业龙头企业和新型农业经营组织，建立区域科技示范网络。

三是强化科研平台体系建设。以学科群建设为依托，对研究方向相近、学科关联度较大的省重点实验室进行整合，以创新团

队为实施单元，形成研究领域协同创新、研究方向重点聚焦、研究内容分工负责的实验室运行机制，不断提升实验室的创新性、先进性和引领性。加强试验基地"一盘棋"统筹管理，提高基地建设水平和运行质量。

四是完善科研仪器共享与试剂耗材采购制度。以解决院属单位科研仪器设备"分布不均衡、重复购置、利用率低"等问题为目标，通过"制定一套共享制度、建设一支专业化队伍、搭建一个共享平台"，建立大型仪器设备开放共享的管理制度。按照"公开透明、公平竞争、计划采购、按需适量"的原则，建立山东省农业科学院科研试剂耗材采购管理制度，保障采购质量，提高服务效能。搭建试剂耗材采购平台，实现试剂耗材一站式采购，推进科研试剂耗材采购管理规范化、信息化。

五是强化重大科技成果的培育和挖掘。建立院科学技术奖年度评审机制，每年定期组织院科学技术奖的申报和评审工作，奖励在农业科技进步与技术示范推广中作出突出贡献的单位和个人。加强重大科技成果培育力度，制定重大科技成果培育办法，坚持目标导向、远近结合、择优支持的原则，重点培育成熟度好的重大科技成果和核心技术创新性强、应用前景广阔的苗头成果，加大培育项目资金支持力度，为争取国家和部省级科技奖励做好成果储备。

六是建立健全学术评价和交流制度。制定学术交流管理办法，不断推进学术交流活动常态化。全方位打造优质学术交流平台，实现学术交流的活水源头作用。完善学术委员会章程，强化

第四章 坚持世界眼光、中国视野、山东特色
——科研创新领域的改革

学术委员会对学术事务的咨询、评议、审议和决策职能，优化学术委员会机构设置，建立"内外联合、学科平衡"的学术委员会专家队伍，实现学术委员会实体化运行，充分发挥专家在重大学术决策中的作用。强化科研诚信制度建设，制定《关于规范科学技术活动加强科研诚信建设的意见》，大力弘扬科学家精神，营造追求真理、崇尚创新、鼓励探索、勇攀高峰的良好氛围。

《中共山东省农业科学院委员会关于印发〈关于科研要素一体化改革的意见〉的通知》

（二）改革成效

面向支撑引领现代农业产业发展需求，不断深化学科团队、科研计划、科研平台、科技成果、科研生态等科研要素改革，建立全链条、多层次的科研要素保障体系。

第一是立项项目实现重大突破，全年新立项科研项目，总经费突破7亿元，主持国家自然科学基金项目33项，创历史最好成绩；第二是平台争取实现历史性突破，2个全国重点实验室、1个国家技术创新中心获批建设，具有里程碑意义；第三是高水平论文实现重大突破，2022年我院影响因子10以上的SCI论文22篇，为历史最好成绩。

一是条件平台建设实现重大突破。 强化科研平台顶层设计，牵头申报的"养分资源高效利用全国重点实验室"、参与申报的"小麦育种全国重点实验室"已获批建设，实现了全国重点实验室零的突破。建立与学科群相匹配的创新平台体系，统筹科研要素资源，逐步实现了山东省重点实验室、农业农村部重点实验室和工程研究中心在学科群全覆盖。院新获批农业农村部学科群重点实验室5个，牵头承建的农业农村部学科群重点实验室达到13个，居省级农业科学院首位。

二是实验室管理更加科学高效。 开展全院易制毒危险化学品摸底调研，注册完成"易制毒化学品管理服务平台"备案工作，实现了全院实验室易制毒危险化学品的统一管理。协调专业化公司按月对实验室废弃物进行处理，实现了全院实验室废弃物的统

第四章 坚持世界眼光、中国视野、山东特色
——科研创新领域的改革

一处置，2022年处置总量累计达10.4吨。

三是加强仪器设备共享利用。 建成"山东省农业科学院大型仪器设备在线服务平台"，目前入驻平台大型仪器设备329台（套），实现了全院大型仪器设备的开放共享，2022年2家院属单位因共享服务获省"创新券"补贴支持。

四是实现科研仪器耗材统一订购。 建成"山东省农业科学院试剂耗材管理平台"，实现了全院试剂耗材的网上公开竞价采购，目前入驻的供应商达到584家，订单量超4400单。通过统筹推进科研要素一体化改革，优化创新平台资源配置，科技资源利用效率和管理水平不断提高，创新平台管理更加科学、高效。

四、科技成果评价改革

2022年6月，山东省科技厅等7部门联合发布《关于组织开展科技成果评价改革试点工作的通知》（鲁科字〔2022〕66号），山东省农业科学院作为省属科研院所牵头或参与5项试点工作。院党委成立院科技成果评价改革试点工作领导小组，明确分管院领导任组长，负责总体协调；院科技管理处、组织人事处、成果转化与推广处、山东省农学会等部门主要负责人为组员，由科技管理处牵头，各有关处室配合，具体负责改革事项的组织实施。2023年1月制定出台了《山东省农业科学院科技成果评价改革实施意见（试行）》，这是全国农业领域首个出台的科技成果评价改革实施意见，紧紧围绕解决农业科技成果评价"评什么、谁来评、如何评、如何用"的问题，创新了科技成果评价指标、方

式以及应用等，进一步激发科技人员积极性，推动高质量成果产出，促进创新链与产业链深度融合。

山东省科学技术厅
山东省教育厅
山东省财政厅
山东省人力资源和社会保障厅 文件
山东省卫生健康委员会
山东省人民政府国有资产监督管理委员会
山东省科学技术协会

鲁科字〔2022〕66号

关于组织开展科技成果评价改革试点工作的通知

各市科技局、教育局、财政局、人力资源社会保障局、卫生健康委、国资委、科协，各试点单位：

— 1 —

7部门联合发布《关于组织开展科技成果评价改革试点工作的通知》

第四章 坚持世界眼光、中国视野、山东特色
——科研创新领域的改革

附件

山东省科技成果评价改革专项试点名单

序号	试点任务	试点单位
1	建立科技成果五元价值评价标准、模型和方法	山东大学
2	开展科技成果五元价值评价试点，在全省开展科技成果五元价值宣讲和培训	山东大学、齐鲁工业大学（山东省科学院）、山东省农业科学院
3	按照不同科技成果类型建立分类评价标准	烟台市科学技术局、威海市科学技术局、齐鲁工业大学（山东省科学院）、青岛大学
4	在现代农业、医学、电子信息等领域建立科技成果评价标准	山东电子学会、山东省医学会、山东农学会
5	山东省技术成果交易中心实现实体化运行，制定《科技成果交易服务通则》地方标准	山东省技术成果交易中心
6	在山东省济青烟科技成果转移转化示范区开展多元化科技成果市场交易定价模式试点	济南市科学技术局、青岛市科学技术局、烟台市科学技术局
7	制定加强技术经纪人队伍建设的政策措施，建立以技术经纪人为主体的评价人员培养机制	山东人才发展集团、山东省技术成果交易中心
8	开发科技型企业信用评价模型和科技信贷、知识产权质押等产品和服务	中国建设银行山东省分行、齐鲁银行、山东人才发展集团、山东省技术成果交易中心

山东省科技成果评价改革专项试点名单

序号	试点任务	试点单位
9	探索外部投贷联动等金融模式,扩大科创企业知识产权、技术等轻资产的融资运用,探索制定科创企业认定标准和专项统计制度;引进一批品牌创投风投机构,完善创投风投与项目路演常态化对接机制,建立科技金融特派员融资对接服务机制	济南市科学技术局、青岛市科学技术局
10	组建科技成果评价第三方机构行业联盟,加强和规范第三方机构管理	威海市科学技术局、临沂市科学技术局,山东火炬生产力促进中心、山东科技咨询协会
11	制定山东省科技成果评价地方标准	山东火炬生产力促进中心
12	开展社会科技奖励改革	山东京博控股集团有限公司,山东省医学会
13	出台符合单位实际的人才、机构评价标准,在评价指标中增加科技成果转化绩效的权重	山东省农业科学院,青岛科技大学
14	建立"四库一体"科技成果转化综合服务平台	山东火炬生产力促进中心
15	制定科技成果转化资产评估管理办法并推广	山东省农业科学院,齐鲁工业大学(山东省科学院)、青岛大学
16	建立并推广科技成果评价与转化负面清单	青岛科技大学,山东省农业科学院

山东省科技成果评价改革专项试点名单(续)

第四章 坚持世界眼光、中国视野、山东特色
——科研创新领域的改革

中共山东省农科院委员会文件

鲁农科党发〔2023〕3号

关于印发《山东省农业科学院
科技成果评价改革实施意见（试行）》的
通　　知

院属各部门、各单位党委（总支、支部）：

《山东省农业科学院科技成果评价改革实施意见（试行）》已经院党委会会议研究通过，现印发给你们，请认真贯彻落实。

中共山东省农业科学院委员会
2023年1月10日

《关于印发〈山东省农业科学院科技成果评价改革实施意见（试行）〉的通知》

（一）如何改

一是着力解决"评什么"问题。

1.评价成果科学分类。按照成果性质和特点，分基础研究、应用研究和技术开发与产业化三类。基础研究成果突出科学价值，实行代表作评价，评价从"0到1"的原创性突破创新。应用研究成果突出技术价值，实行研究创新性、领先性及转化前景评价，评价从"1到100"的研发应用价值。技术开发与产业化成果突出经济价值，实行产业应用、实际贡献评价，评价从

"100到100万"的产业化程度。

2. 突出创新内涵评价。按照成果创新性、市场价值和实际贡献，实行主要指标定量评价，在成果评价中的权重占60%。基础研究成果突出论文代表作，以所发表期刊质量和引文水平为主要评价指标，只评价原创研究，原创性和科学发现价值受到国内外研究领域专家认可。对综述文章、书评等形式文章不做评价。期刊等级参考《山东省农业科学院"高质量论文"范围》。社会理论成果参考基础研究成果进行评价。应用研究和技术开发与产业化成果突出新品种、新技术、新产品等创新性及规模化应用。

3. 强化创新贡献评价。按照成果的文化价值和社会价值，实行主要指标定量/定性评价，在成果评价中的权重占20%。分文化贡献和社会贡献两个层次评价。文化贡献重点评价科技成果在推动学术交流开放共享、高层次科研人才培养、科研团队建设、弘扬科学家精神中发挥的作用。社会贡献重点评价科技成果在推动社会进步、生态文明建设、乡村产业振兴、绿色低碳高质量发展方面发挥的作用。

4. 综合创新影响力评价。按照成果影响力情况，实行"创新品牌影响力"定量/定性评价，在成果评价中的权重占20%。基础研究成果原则上应以我院或院属单位为第一产权单位发表代表作，且受到国内外研究学者广泛关注，主要评价国内外学术会议交流引用情况及主流媒体刊物发布的宣传报道中对我院科技创新的宣传影响力。应用研究成果、技术开发与产业化成果应以我院或院属单位为第一产权单位发表相关论文，获得相关专利、省级

第四章 坚持世界眼光、中国视野、山东特色
——科研创新领域的改革

以上审定/登记/鉴定证书、省级以上地方标准、省级以上主推技术、新兽药注册证书、新产品鉴定证书、农药登记证等支撑材料，且受到国内外研究领域专家和产业用户的广泛认可，主要评价转移转化应用情况，带动产业规模和效果，相关技术示范/产品推广活动的举办范围和次数，在我院"三个突破""突破黄三角战略"等工作中的实际贡献，以及在主流媒体发布的宣传报道中对我院科技创新的宣传影响力。

二是科学解决"谁来评"问题。

1. 评价主体采用"谁用谁评价"原则。申报国家级科技计划、人才、平台项目和科技奖励，由院科技管理处向成果所有人（单位）提供指导，建议委托国家级学会/协会或有资质的高校院所评价。申报省级科技计划、人才、平台项目和科技奖励，由院科技管理处向成果所有人（单位）提供指导，建议委托省级以上学会/协会或有资质的高校院所评价。申报院内科技计划、人才、平台项目和科技奖励，由院相关部门负责组织实施科技成果评价工作。进行成果转让、技术转移、实施许可、作价出资的成果，由成果转化与推广处向成果所有人（单位）提供指导，成果所有人（单位）与涉农企业、家庭农场、农业合作社等意向方共同商讨决定评价主体。

2. 评价团队采用"依据成果类别定专家"原则。基础研究成果采用同行专家评价，应用研究成果、技术开发与产业化成果均采用同行专家和行业用户共同评价。根据成果具体情况需要，增加第三方评价（检测）机构人员。

三是明确解决"如何评"问题。

1. 成果评价院内使用。院科技管理处负责组织实施院内科技成果评价工作，第一阶段，组织完成对成果评价材料的齐全和符合性审查。第二阶段，明确成果类别和评价要求，确定评价指标，组建评价团队，制定评价工作方案。第三阶段，以会议评议、现场考察等形式开展评价，形成科技成果评价报告。

2. 成果评价院外使用。由院科技管理处及相关部门向成果所有人（单位）提供指导，第一阶段，协助成果所有人（单位）对成果评价材料进行齐全和符合性自查。第二阶段，根据成果类别和评价用途，协助成果所有人（单位）委托各级农业学会/协会或有资质的高校院所完成科技成果评价，取得科技成果评价报告。

四是充分解决"如何用"问题。

1. 科技成果评价结果作为项目申报、人才评价、学科团队建设、奖励推荐等方面工作开展的重要参考。

2. 科技成果评价结果作为成果转移转化过程中技术筛选、技术交易、实施许可、作价出资及其他决策的参考依据。

3. 为通过评价筛选的成果建立院评价成果库，优先进入"揭榜挂帅"项目清单，优先进行转移转化，加快促进产学研融合，推动农业产业高质量发展。

（二）改革成效

山东省农业科学院在以科技成果评价为基本单元的评价体系

第四章 坚持世界眼光、中国视野、山东特色
——科研创新领域的改革

下，进行了一系列的综合改革探索与实践，在人才评价、成果转化、科研组织模式改革方面取得了显著的成效，2023年初被山东省科技厅选为改革典型推荐至科技部，并被科技部纳为科技评价改革十大典型案例，其中"分类评价""评什么""谁来评"等主要内容作为"破立并举"的"立"面进行了肯定和推介。

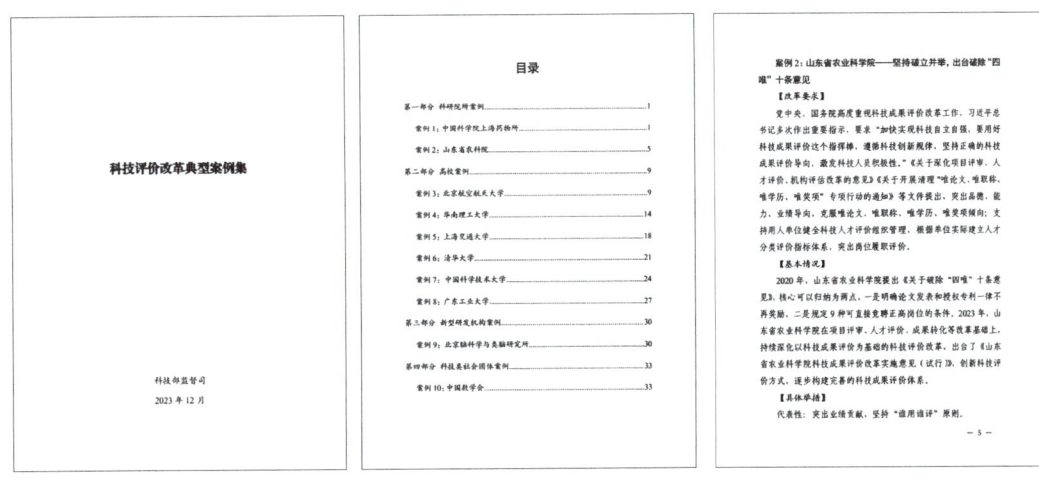

相关做法被科技部纳为科技评价改革十大典型案例

一是在现代农业领域建立了科技成果评价标准。进一步明确了现代农业领域科技成果评价的适用范围，同时制定了科技成果评价程序、分类评价的具体内容和定量评价的赋分标准、认可备案结论等。完成了农业科技成果评价团体标准的制定实施。充实学会科技成果评价专家库，实行分类科学管理。目前专家库1000余人（院士24人），并进行了专业、层次分类，建立了动态管理机制，确保用好、用活专家资源。

二是在评价指标中增加科技成果转化绩效的权重。出台符合单位实际的人才、机构评价标准，结合岗位竞聘制度改革，将科

学研究类岗位按照基础研究、应用研究、支撑服务三个类别分别制定岗位竞聘标准，修订完善量化评分标准。特别是对于应用研究岗位，突出了科技成果转化应用实绩导向和市场评价导向，对单项到位经费50万元以上的横向课题视同省级以上项目予以认定和量化赋分，加大对科技成果、地方标准、主推技术等应用技术成果类代表作的量化评分，进一步提高品种、专利、新产品等科技成果转化后的量化分值。首次将服务基层业绩纳入岗位评价体系，规定具有基层帮扶工作经历的优先支持，鼓励科研人员真正把论文写在齐鲁大地上。

三是首次将科技评价改革用于院奖评审。按照改革中"评什么"的要求，在奖励评审标准中突出评价申报项目中支撑成果的创新本质，综合评价院内外贡献以及创新影响力。按照改革中"谁来评"的要求，首次在技术发明奖、科技进步奖、成果推广奖三个类别项目评审中，引入"推广专家"和"产业用户"作为评审组成员，探索解决科研和生产"两张皮"的难题。在院科技奖评审中坚持分类分组分评审形式，评审流程"公开、公平、公正、透明"，保证科技奖励的"怎么评"经得住考验。此次通过改革意见指导评审出的获奖成果，其技术价值和经济价值更加突出，对促进持续的成果培育和后续的成果转化都更具有实际参考应用价值。

五、试验基地管理一体化改革

现有基地主要突出试验和示范等基本功能，成果转化、产业

第四章 坚持世界眼光、中国视野、山东特色
——科研创新领域的改革

孵化、合作交流、职业培训和科普教育等功能发挥不足，服务地方区域经济发展作用不强。缺乏统筹规划和管理，信息化、智慧化及现代化设施建设滞后，缺少代表农业最高水平的应用场景展示，"有讲头没看头"。急需加快构建以综合试验基地为核心、专业试验基地为骨干，形成"布局合理、功能完备、装备先进、管理科学、运转高效、开放共享"的现代化试验基地网络。

中共山东省农科院委员会文件

鲁农科党发〔2021〕49号

中共山东省农业科学院委员会
关于试验基地建设和管理改革的意见

院属各部门、各单位党委（总支、支部）：

试验基地是科研创新和成果培育的重要支撑平台，是农业科技创新体系的重要组成部分，在推动我院科研创新、示范推广、成果转化、产业孵化、教育培训等方面发挥了不可替代的重要作用。为贯彻落实"给农业插上科技的翅膀"总战略，助推我院"十四五"事业发展规划实施，打造同我院强院目标相匹配的一流试验基地平台，现就推进我院试验基地管理一体化改革，提出以下意见。

—1—

《中共山东省农业科学院委员会关于试验基地建设和管理改革的意见》

推倒四面墙 迎来八面风
——山东省农业科学院综合改革探索与实践

院基地管理一体化改革座谈会

（一）如何改

试验基地管理一体化改革的总体目标是构建"管理科学、运行高效、保障有力"的试验基地管理体制，建立"系统完备、科学规范"的试验基地管理制度，建成"布局合理、功能完备、装备先进、管理科学、运转高效、开放共享"的全院试验基地网络，为实现"打造一流农科院、走在全国最前列"的总目标提供坚实的基础保障。

总的原则是**统一管理、分类授权**，综合试验基地由基地管理中心直接管理或授权为主的研究所进行管理，专业试验基地由院授权相关的研究所进行管理；**科学规划、统筹使用**，在现有基础上，面向全省农业主产区、典型农业生态生产区、重要农产品生产保护区和特色农产品优势区，新布局选址、规划建设一批试验

第四章 坚持世界眼光、中国视野、山东特色
—— 科研创新领域的改革

基地,适应农业科研的综合性、区域性、长期性规律,提升基地支撑、服务科技创新和产业发展的服务能力,促进试验基地作用发挥;**着眼长远、突出重点**,充分考虑科研需求及省区域产业发展实际,对试验基地进行中长期统筹布局规划,重点对现有试验基地进行提质、扩建、改建,新建一批试验基地,启动一批试验基地的筹建工作;**科学定位、注重实效**,按照"高起点规划、高标准建设、高水平运行、高效率使用"要求,合理调配各类建设资金,做好基地建设与基地规划有机衔接,满足科研实际需求;**创新机制、提高效能**,探索新的基地建设与管理模式,鼓励院所、所所、院地、院企之间共建共享,着力解决建设资金缺乏、管理人员不足、资源统筹难度大等方面的问题。积极探索"新型研发机构+配套国有企业"的新型管理模式,实现试验基地管理机构属地化、人员本地化。

一是推进基地管理体制机制改革。

1. 建立基地一体化管理体系。院基地管理中心按照"分级负责、权责清晰、共享共用、有偿使用"的原则,统筹管理全院各级各类试验基地,其中,综合性试验基地由院基地管理中心直接或授权相关单位负责建设和管理,专业性试验基地授权相关单位进行建设与管理,示范推广类试验基地由各相关单位具体管理。院基地管理中心组织制定院试验基地建设与管理办法,明确管理机制、管理任务和工作流程等,各相关单位遵照执行。建立试验基地信息报送制度。

2. 探索新型运行机制。鼓励各试验基地积极探索科研服务商

业化运行、试验托管、科企合作等多种模式，以解决管理人员、运行经费和功能发挥"三不足"等问题，增强科研服务保障能力、减轻科研人员负担；支持有条件的试验基地建立新型研发机构，集聚创新创业资源，促进我院技术成果转移转化，重点开展技术组装集成、中试孵化和转化应用等工作，以提升服务地方经济发展的能力；支持东营基地探索建立新型管理体制。

3. 明确院所两级管理主体责任。院基地管理中心负责全院试验基地的统一规划和统筹管理工作，直接管理部分试验基地；院有关单位经院授权负责部分综合试验基地、专业基地管理和示范推广类试验基地。各试验基地都要组建管理团队或专门管理机构，具体负责基地的建设与运行管理，根据院试验基地管理办法和基地自身实际，建立完善的制度体系。

4. 建立审核审批机制。各单位依据院试验基地"十四五"发展规划，向院基地管理中心提出新建试验基地申请（院综合性试验基地可由院基地管理中心直接提出）。符合规划的综合性试验基地由院基地管理中心审核后报院党委研究审批，未纳入规划的新建综合试验基地，由院学术委员会论证通过后方可进入审批程序，审批的综合性试验基地准予挂"山东省农业科学院＋地名＋专业名称＋综合试验基地"铭牌。符合规划的专业性试验基地由院基地管理中心负责审批，未纳入规划的新建专业性试验基地，由院学术委员会论证通过后再由院基地管理中心审批，审批的专业性试验基地准予挂"山东省农业科学院＋地名＋专业名称＋试验基地"铭牌。示范推广类试验基地由各相关单位提出申请，院

第四章 坚持世界眼光、中国视野、山东特色
——科研创新领域的改革

基地管理中心根据拟建基地业务类型和性质与相关部门会商后审批，准予挂"山东省农业科学院＋地名＋专业名称＋试验示范基地"铭牌。

5. 推动资源共享共用。鼓励各试验基地资源共享共用，建立院试验基地资源共享调度平台；支持各试验基地在满足自身需要的基础上，面向院内外单位开放共享、有偿使用；院属各单位依托试验基地实施的建设类项目所形成的资产纳入所在基地共享共用，各试验基地在管理办法中要明确鼓励资产共享共用的政策措施。

6. 推进标准化体系建设。按照标准化、规范化、专业化要求，明确运行服务岗位职责和目标任务，将有关责任落实到人；加强科研设施建设、试验服务、成果转化、农资供给、科研副产品处置、安全生产、设施设备维修维护、后勤保障、社会服务、信息报送、示范展示等标准化体系建设。

7. 建立绩效考评制度。针对不同类型的试验基地制定差异化考核评价指标，并结合各试验基地资源利用、开放共享、试验项目承接、服务保障、承建平台以及社会影响等情况，建立科学的试验基地考核评价体系；由院同各试验基地管理单位签署考核任务书，考评结果同绩效发放、管理人员岗位竞聘、职务晋升、先优评选等相关联，将基地考核结果纳入各单位年终考核指标加减分项，实行安全事故一票否决制；建立试验基地考核管理奖励制度，对考评优秀的单位给予奖励，对管理工作落后、问题整改不力的单位给予通报，减少资金支持；违反院基地管理办法，违规

商业宣传或虚假宣传给我院造成不良影响的示范推广类基地予以摘牌处理,情节严重的追究合作方法律责任,主管单位监管不力的给予通报批评。

二是科学规划基地网络布局。

1. 系统谋划基地网络。坚持系统性重构、创新性变革,编制《全院试验基地"十四五"发展规划》。以服务科研创新和支撑产业发展为导向,面向山东省农业主产区、典型农业生态生产区、重要农产品生产保护区和特色农产品优势区,采用提质、扩建、改建、新建等多种方式,整体推进试验基地建设,加快布局形成全院试验基地网络。

2. 提质升级一批试验基地。"十四五"期间,重点改善现有基地田间道路、安全防护、灌排系统、通信、电力等基础条件;开展"基地管理提升专项行动",积极探索建立基地管理新模式,激发基地管理人员服务活力,在科研试验服务质量和基地功能拓展以及提升基地智慧化水平方面实现较大提升。

3. 规划建设一批试验基地。"十四五"期间,重点建设泰安综合试验基地、海南作物育种基地和畜禽综合试验基地等院级综合性试验基地及部分优势农产品主产区的专业性试验基地。优先在"三个突破"县建设一批试验示范基地。积极探索院企合作、院地合作等多种建设模式,充分调动基地所在地政府和市级分院积极性,开创多方融合发展的新局面;新建基地要坚持高标准规划设计,把农业现代化理念充分融入基地建设,综合性试验基地原则上要建成集科研试验、示范推广、成果转化、产业孵化、宣传

第四章 坚持世界眼光、中国视野、山东特色
——科研创新领域的改革

展示和观光旅游于一体的现代化农业园区，带动地方经济发展。

4.超前谋划一批试验基地。对与所在地城市建设和地方发展规划存在冲突的试验基地，要超前谋划，做好迁建准备；对"十四五"期间暂不具备开工建设条件的试验基地，提前做好规划选址和前期筹备工作，重点做好东盟南繁试验基地、西北制种试验基地及鲁南、鲁中、鲁东试验基地的选址筹建工作。

三是促进基地功能发挥。

1.强化成果示范展示。在确保各基地服务科研创新职能的基础上，强化院相关科研成果在试验基地的示范展示功能，发挥其成果推广和宣传窗口作用，解决"有讲头没看头"的问题。设立试验基地示范专项用于院科技成果在各试验基地的示范展示。各试验基地根据自身条件，可选择设立示范展示区，或在试验规划布局中兼顾成果示范功能；获省级以上奖励的科技成果原则上要在试验基地进行2年以上的应用场景示范展示；试验基地绿化美化应优先应用我院品种、技术成果，通过定制研发等形式优先配备院自主研发农机装备，鼓励先进技术成果在试验基地应用推广，增加科技元素；鼓励有条件的试验基地开展科普宣传、游学、文旅以及举办文化节、宣传周、开放日等活动。

2.加强成果转化、产业孵化。鼓励各试验基地建立农业投入品生产、农产品加工、废弃物资源化利用等成果中试平台，加强科技成果的中试熟化和"商品化"发展；鼓励创立实体法人载体开展成果转化和产业孵化工作，建立农业产业孵化器；各试验基地制定鼓励科研人员依托基地开展创新创业活动的相关支持政

策，促进农业科技成果转化和产业孵化。

3. 发挥人才培养功能。对确定的高层次人才，在科研经费不足的情况给予缓收、减收或免收资源使用费，并优先保障高层次人才用地需求；建立新招聘工作人员到试验基地实践锻炼制度，深度参与试验基地科研服务和管理工作；探索与农业高校建立教学实习、研究生代培等合作机制；支持研究所在试验基地设立博士后创新创业实践基地；科研人员到试验基地开展科研活动，应根据出差或野外工作补贴等规定发放补助；对长期在试验基地蹲点工作的科研人员和基地管理服务人员，在基地工作的时间计入基层工作经历。

（二）改革成效

一是建立起全院基地管理体系。制定了《山东省农业科学院"十四五"试验基地发展规划（2021—2025）》，各专业基地管理单位也分别编制了各专业基地的发展规划，为今后全院基地建设与运行管理提供思路和依据。对全院已有试验基地进行备案登记，新审一批新建试验基地，试验基地有关情况在院网站进行及时更新公示。《山东省农业科学院试验示范基地管理暂行办法》和3个院直管综合性基地、9个专业基地的管理办法组成了全院试验基地管理制度体系，为全院试验基地管理一体化改革提供政策支撑。完成全院21家研究单位试验基地管理人员信息的摸底调研，组建起140余人的全院试验基地管理队伍，进一步完善了全院试验基地的组织体系。

第四章 坚持世界眼光、中国视野、山东特色
——科研创新领域的改革

山东省农业科学院文件

鲁农科办发〔2021〕67号

关于印发《山东省农业科学院"十四五"试验基地发展规划（2021-2025）》的通知

院属各部门、各单位：

《山东省农业科学院"十四五"试验基地发展规划（2021-2025）》已经院党委会会议研究通过，现印发给你们，请遵照执行。

山东省农业科学院
2021年12月31日

《关于印发〈山东省农业科学院"十四五"试验基地发展规划（2021—2025）〉的通知》

二是东营基地运行体制机制改革取得阶段性成效。确定东营基地作为探索"新型研发机构＋配套国有企业"的新型管理体制机制改革试点。成立山东省农业科学院黄河三角洲现代农业研究院（以下简称黄三角研究院），于2022年6月获山东省政府批复设立，并于同年11月完成省新型研发机构事业法人登记。启用山东省农业科学院农业科技服务有限公司，2022年共承接各类科研试验54项，协助70余个科研团队在园区开展试验，为入驻科研团队提供坚实的科研和后勤服务保障。与此同时，积极探索科研平台商业化运行模式，由山东省委省直机关事务管理局对东

营基地土地、房屋、温室大棚等国有资产进行评估,并完成向农科服公司定向租赁。东营基地通过"新型研发机构+配套国有企业"的新型管理体制机制,经过近一年时间的实践,目前已取得明显成效,并在黄河三角洲区域树立示范典型,助力山东省在黄河流域生态保护和高质量发展上走在前列。

第五章　让科研人员"名利双收"
——成果转化领域的改革

党的十八大以来，习近平总书记围绕深化科技体制改革，就促进科技成果转化提出了一系列要求。习近平总书记在中国科学院考察工作时指出，要深化科技体制改革，坚决扫除阻碍科技创新能力提高的体制障碍，有力打通科技和经济转移转化的通道，优化科技政策供给，完善科技评价体系，营造良好创新环境。习近平总书记在参加十二届全国人大三次会议上海代表团审议时强调，科技成果转化不顺不畅问题突出，一个重要症结是科研成果封闭自我循环比较严重，必须面向经济社会发展主战场，围绕产业链部署创新链，消除科技创新中的"孤岛现象"。2015年以来，中央密集出台了一系列关于科技成果转化改革措施，修订了《中华人民共和国促进科技成果转化法》，明确了科技成果转化的处置和收益权。随后，国务院颁布《实施〈促进科技成果转化法〉若干规定》，进一步明确细化了相关制度和具体操作措施。2016年11月，中共中央办公厅、国务院办公厅联合印发《关于实行以增加知识价值为导向分配政策的若干意见》，明确建立体现增加知识价值的收入分配机制，加强科技成果产权对科研人员的长期激励。山东省委、省政府围绕科技成果转化工作作出了一系列部署要求，制定了《山东省促进科技成果转化条例》《关于进一步促进科技成果转移转化的实施意见》《关于加快全省技术转移体系建设的意见》《关于改革省属高校科研院所科技成果使用处置和收益管理制度的意见的通知》《关于进一步推进高等学校专业化技术转移机构建设发展的实施意见的通知》《关于印发省属高校、科研院所科技成果转化综合试点实施方案的通知》等一系列政策措施。

山东省农业科学院的成果转化工作起步相对较早，2016年即出台了科技成果处置与收益管理办法，申请了山东省第一批技术合同登记认定机构，实现了"四技合同"登记认定信息化、网络化，科研人员也获得了转化收益。但与江浙沪等发达地区相比，成果转化工作中还存在一些问题：一是成果转化效率不够高。2016—2019年，共争取科研项目2594项，立项经费达17.39亿元，但成果转化仅为2.98亿元。审定品种和新品种权数量不少，有271个，只转让出去65个，转让率23.99%。获得授权专利1608项，转让仅有29项，转让率1.80%。认定标准518项，申请软件著作权1772项，只转让1项。二是高价值成果供给不够多。全院缺少能够影响产业发展的大成果，4年来全院超1000万元的成果仅有4项。三是转化收入结构不够均衡。成果转化收入主要集中在技术服务和咨询上，占75.90%，而代表创新水平的转让许可类（品种、技术）仅占15.06%，对接产业需求的技术开发类仅占9.04%。四是转化服务体系不够完善。缺乏专业的转移

第五章 让科研人员"名利双收"
——成果转化领域的改革

转化平台,没有形成全院"一盘棋"的转化合力,没有形成全流程全链条的服务体系,没有充分挖掘出"山东省农业科学院"的品牌价值和市场影响力。五是成果转化队伍不够健全。从院层面看,原国资处作为成果转化业务部门,承担着国有资产管理、成果转化、政府采购、企业监管四项职能,负责成果转化工作的专职人员仅有2人(其中1人长期在外挂职)。从所层面看,全院仅6家单位成立了成果转化机构,配备了专人,大多还是兼职,而其余单位均为其他科室人员兼职。六是转化收益分配比例不够清晰。虽然进行了3次转化收益分配,但分配金额与实际到账金额差距较大。原有的管理办法中没有明确成果完成人和为成果转化作出贡献人员之间的具体分配比例,由各所自行决定分配,造成各研究所之间差异较大。因此,急需破除科技成果转化障碍,着力解决科技成果转化不力、不顺、不畅的问题,不断提升科技成果供给质量与转化能力。本章主要涉及成果转化制度改革、收入分配制度改革。

一、成果转化制度改革

(一)如何改

一是转理念。坚持目标导向,紧扣经济社会发展与"三农"急需,立足科技服务新型农业经营主体,畅通科技成果转移转化通道,激发释放科技人员创新创业活力,提高科技对农业高质量发展的贡献度。**坚持问题导向**,针对科技成果转化机制不活、运转不顺等问题，加强顶层设计和制度创新，搭建有利于科技成果转化的政策框架和制度体系，提升科技成果转化的动力活力。**坚持结果导向**。建立"职责明确、流程清晰"的转化机制，健全"对接市场、效率突出"的专业化人才队伍，建设"功能完善、开放协同"的平台载体，打造"优势突出、特色鲜明"的品牌体系，形成科技成果转化工作"一盘棋"、服务"一条龙"、收益"一本账"，开创科技成果转化新格局。

二是转思路。坚持"四统一"原则，即**坚持统一指挥**，实现有组织有领导。建立院党委领导下的科技成果转化工作体系，把成果转化作为院"一把手"工程，成立院科技成果转化工作委员会，进行统一研究、统一部署、统一调度，形成全院科技成果转化的强大合力。**坚持统一规划**，实现有计划有目标。健全完善科技成果转化管理体系，顶层设计院所成果产出和转化规划，处理好当前和未来、重点和一般、整体和单项的关系，彻底改变短期逐利、成果碎片的"小散浅"转化模式。**坚持统一运营**，实现有规范有标准。搭建全院统一的科技成果转化平台，建立统一的市场运营机制，规范科技成果转化流程，创新服务方式，提升业务能力。对外转让坚持一个出口，各单位不准私自转让。**坚持统一管理**，实现有监督有考核。明确科技成果转化量化考核指标，完善科技成果转化工作监督体系及收益管理分配机制，统筹兼顾不同类型人员收益，调动全员积极性。

三是转体制。所有转让许可类成果，由院委托第三方公司进行专业化、市场化运作，对品种、技术等采取协议定价、公开

第五章 让科研人员"名利双收"
——成果转化领域的改革

拍卖、作价入股等方式转让，目的就是使山东省农业科学院科研成果转化实现利益最大化。要实现成果的收集、发布、推介、谈判、转让、拍卖、入股一条龙的流程。

四是转机制。围绕成果转化全过程、全流程、全周期，重塑成果转化工作体系，形成科技成果转化新格局。

1. 摸清科技成果"需求侧"底数。**对接重大战略需求**，深入研究创新驱动发展、乡村振兴、"一带一路"、新旧动能转换等重大战略和工程部署，开展现代农业发展趋势研判，探索新技术、新产业、新业态、新模式等科技策源点，编制年度"重大科技需求清单"，并适时向政府及主管部门建言献策。**对接市场主体需求**，建立农业产业发展会商制度，创办齐鲁农科产业论坛，定期邀请省内外知名企业家进行产业交流，发布产业需求。深入龙头企业、新型农业经营主体、地方农技推广部门等农业农村生产一线，围绕山东省现代农业产业发展的关键问题与技术瓶颈，编制年度"行业科技需求清单"，并及时在转化平台公开发布。

2. 提升科技成果"供给侧"质量。**围绕需求组织科技创新**。建立"揭榜制"科技创新立项机制，鼓励院属单位重点围绕"两个需求清单"组织重大科技攻关与关键技术研发，倒逼科技创新质量提升。引导面向产业需求组建跨学科、跨单位协同创新团队，将科技成果产出与转化效益列为主要评价指标。**加强产研用协同创新**。支持院属单位与市场主体联合开展科研项目实施、成果中试熟化，推动创新目标与产业需求接轨。推动现有学科与智慧农业、循环农业、大数据、智能装备制造等领域融合，构建与现代农业产业形势相适应的创新体系,形成"产业链"拉动"创新链"、"创新链"支撑"产业链"的创新局面。**开展高价值成果培育**。建立科技成果信息汇交与发布体系,编制"高价值科技成果转化目录",对潜力大、市场前景好的成果给予资金支持。将高价值成果培育融入科研立项、实施、管理全过程,组织专业知识产权团队协助做好知识产权的设计、申请和保护,形成一批具有重大经济效益潜力和产业支撑力的成果。

3. 推进服务支撑体系建设。**规范转移转化程序**。明确"公告推介—供需对接—价值评估—交易实施"的转化流程,科技成果转化交易需进行公告、公示和技术合同登记认定。建立科技成果转化收入认定制度,为考核评价提供依据。严格执行科技成果转化年度信息报送制度。涉及国家秘密、国家安全及关键核心技术的,按保密制度规定审批。**创新协同联动机制**。建立院、所、团队三级联动科技成果转化工作体系,明确各单位、各部门工作职责,明晰各环节工作界限,创新工作机制,强化协作沟通,确保各项工作有序推进,形成强大合力。**界定转化收益范畴**。建立"成果转化收益分配目录",将成果转化收益分为转让类和服务类两种类型。通过协议定价、挂牌交易、竞价拍卖、作价入股等方式获得的收益为转让类收益;通过技术开发、技术服务、技术咨询等方式获得的收益为服务类收益。

4. 推进人才支撑体系建设。**建立专业化人才队伍**。坚持"外部引进与内部挖掘"相结合,打造专兼职科技成果转化队伍,组建专家库。引进一批具有工业化、商业化思维的复合型现代农业

第五章 让科研人员"名利双收"
——成果转化领域的改革

人才，聘用一批职业化、专业化的技术经理人和经纪人，聘请一批企业高层次人才作为产业研究员，培育一批熟悉农业科研、了解市场行情、具备专业技能的院所两级转化人才。为达到一定标准的团队或科学家配置专职成果转化助理，协助做好成果培育、推介和转化。**鼓励专业技术人员创新创业**。鼓励专业技术人员到农业企业、新型农业经营主体、社会组织开展兼职创新；利用与本人从事专业相关的创业项目在职创办企业或离岗创业；鼓励各单位选派科研人员到企业工作或参与项目合作。强化规范管理，派出单位、专业技术人员、相关企业签订协议，约定工作期限、成果归属、权益分配、绩效考核、违约处理等。**完善人才评价与分配激励机制**。按照"干什么、评什么"的原则，对科技成果转化人才，重点评价推动转化的效率、成果应用的效果及转化产生的效益，突出"效率、效果、效益"三效指标。建立职务科技成果确权机制，将"先转化，后奖励"改变为"先赋权，后转化"，探索赋予科研人员职务科技成果所有权或长期使用权。鼓励科技成果作价入股，协商确定持股比例，依法享受分红。强化收益激励，科学界定收益分配权限与比例，成果完成人分配比例为70%。

5. 推进平台支撑体系建设。**建设网格化转化体系**。建设"山东省农业科技成果转移转化中心"，依托地市农业科学院或区域技术转移中心建设区域分中心，依托县（市、区）科技局、农业农村局或农业龙头企业建设县域工作站，实现纵向联动、横向联通的省市县三级网格化工作格局。探索市场化运营机制，构建"投资主体多元化、运行模式实体化、业务服务专业化"新模式。拓宽服务范围，围绕科技成果转化全流程全链条，开展"一站式""专业化"服务。**建设中试熟化平台**。坚持以需求为导向，联合地方政府、龙头企业等建设科技成果中试熟化基地，重点开展科技成果熟化、集成与组装，不断推出先进实用的新技术、新工艺、新产品。试点建立科学家与企业家"双家对挂"机制，形成的成果优先在对挂企业转化应用。**建设推广展示平台**。根据现代高效农业发展需求，建设特色产业工作站、成果示范基地、农科信息服务站等公益服务平台，在济阳、东营基地建设成果展示孵化中心，开展科技成果推广与示范，打造成果应用展示样板，提升科技成果的社会认知度和认可度。**搭建国际交流平台**。围绕国家"一带一路"倡议，充分利用院所对外合作机构和实验室，创新合作形式，拓展转化渠道，输出优秀成果，引进国外先进技术，实现合作共赢、开放共享。

6. 推进品牌支撑体系建设。**建立品牌保护使用体系**。建立院名、院徽、商标等无形资产保护使用机制，规范使用流程，切实维护山东省农业科学院形象及权益。注册"鲁农科"市场品牌和"舜耕科技"公益服务品牌，设计制作院所品牌图文方案和LOGO，实施授权许可管理。建立院所两级协同保护模式，指导院属单位注册子品牌，形成"1+N"品牌保护体系。**做好品牌运营管理**。依托院人才成果优势，打造一批特色鲜明、优势突出的品牌农产品，启动"明星科学家+农业黑科技+品牌产品"培育计划，打造"品牌专家团"。多方式、多渠道提升院品牌产品知名度和市场占有率。

第五章 让科研人员"名利双收"
——成果转化领域的改革

7.建立完善的保障措施。**加强组织领导**。科技成果转化工作由院党委统一领导,设立院科技成果转化工作委员会,负责全院成果转化工作的顶层设计与统筹部署。成果转化与推广处负责成果转化工作的组织实施。院属单位应设立科技成果转化机构,完善组织体系,配齐配强工作力量。**强化考评激励**。将科技成果转化工作实绩纳入考核体系,加大对转化绩效突出单位的表彰奖励力度,对取得重大业绩的单位实行"一票肯定",充分调动院所推动科技成果转化的积极性。成果转化收益作为岗位聘任、年度考核、绩效发放的重要依据。**设立引导基金**。设立院科技成果转化引导基金,争取国家、省科技成果转化资金,支持导向性重大科技成果培育、中试熟化、集成组装,支持科技成果转化平台、人才队伍建设和知识产权保护。**拓宽宣传渠道**。建立科技成果新闻发布制度,充分利用院网站、转化平台、自媒体,及时推介院新成果、新技术、新做法。加强与报纸、电视、广播等媒体合作,挖掘、总结、提炼转化新模式、新经验。**营造良好环境**。强化"廉洁院所"和科研诚信建设,确保科技成果转化依法合规、公开透明。建立容错纠错机制,相关人员根据法律法规等履行了勤勉尽责义务,未牟取非法利益的,免除其在科技成果定价中因科技成果转化后续价值变化而产生的决策责任。

(二)改革成效

院党委将"转化富院"作为"十四五"期间五大发展战略之一,探索建立符合农业科技成果特点和转化规律的转化模式,畅

推倒四面墙 迎来八面风
——山东省农业科学院综合改革探索与实践

通科技成果与产业发展的通道。全院成果转化的意识逐步加强，构建起"两侧四体系一保障"的转化体系，营造出有利于"出好成果、出大成果、搞大转化、见大效益"的良好氛围。成果转化到账收入总额达 4.58 亿元，比 2019 年同口径增长 141%。成果转化个人分配总额达 1.87 亿元，年人均分配额达 3.08 万元，比 2019 年增长 90%。

一是政策体系不断完善。 2020 年 7 月在全国农科系统中率先形成了"1+7"改革制度体系。"1"即《中共山东省农业科学院委员会关于科技成果转化制度改革的意见》，这是成果转化制度改革的总纲，对成果转化工作进行了顶层设计和系统部署。"7"

《中共山东省农业科学院委员会印发〈关于科技成果转化制度改革的意见〉的通知》

第五章 让科研人员"名利双收"
——成果转化领域的改革

即《科技成果转化及收益管理办法》《科技成果价值评估管理办法》《科技成果转化收入认定管理办法》《技术经理人管理办法》《技术经纪人管理办法》《科技成果转化专家库管理办法》《品牌保护与使用管理办法》,是对《中共山东省农业科学院委员会关于科技成果转化制度改革的意见》的深化落实,是成果转化工作的实施准则和操作指南。在"1+7"成果转化意见出台的基础上,又配套出台了一系列成果转化方面的办法。如《山东省农业科学院知识产权管理办法(试行)》,进一步规范了成果的创造、保护、运用、管理和服务,为成果转化保驾护航。《山东省农业科学院国有资产管理办法》,明确规定了无形资产的管理、使用、

山东省农业科学院办公室文件

鲁农科办发〔2021〕66号

关于印发《山东省农业科学院知识产权管理办法(试行)》的通知

院属各部门、各单位:

《山东省农业科学院知识产权管理办法(试行)》已经院长办公会议研究通过,现印发给你们,请遵照执行。

山东省农业科学院办公室
2021年12月29日

—1—

《关于印发〈山东省农业科学院知识产权管理办法(试行)〉的通知》

处置等操作规范。《关于容错免责激励改革创新的十条意见》，对在成果转化、资产处置、收益分配过程中出于公心、大胆履职的，给予容错免责，营造改革创新、敢于担当、积极履职的良好氛围。随着院成果转化相关政策不断制定完善，逐步形成了覆盖成果转化全过程、全链条的制度体系，初步搭建起农业科技成果转化工作体系的"四梁八柱"。

山东省农业科学院文件

鲁农科发〔2022〕22号

关于印发《山东省农业科学院国有资产管理办法》的通知

院属各部门、各单位：

《山东省农业科学院国有资产管理办法》已经院长办公会议研究通过，现印发给你们，请遵照执行。

山东省农业科学院
2022年6月16日

—1—

《关于印发〈山东省农业科学院国有资产管理办法〉的通知》

二是成果供给质量不断提高。

1. 选题立足生产。构建了企业为主体的技术创新体系，与地方政府和企业共建75家产业技术研究院、26家创新联合体，边

第五章 让科研人员"名利双收"
——成果转化领域的改革

创新、边转化,边研究、边推广,加快创新链产业链融合。赵振东院士所在的小麦创新团队与鲁研公司深化科企合作,累计推广济麦系列小麦5亿多亩,助推鲁研公司成长为江北规模较大、实力较强的种业企业,小麦良种市场份额占全国1/10,年销售额超过10亿元。多学科集成、全产业链支撑滨州中裕食品有限公司,成长为农业产业化国家重点龙头企业。

2. 培育重大成果。围绕种子、耕地等要害问题和"卡脖子"技术组织重大科技攻关与关键技术研发,提升了科技创新质量,形成了一批突破性创新成果,其中,'济麦22'种植面积11年全国第一,累计推广3.5亿亩;2021年10月习近平总书记视察黄河三角洲尝过的那粒大豆——齐黄34,以亩产353.45千克和302.6千克创我国夏大豆高产纪录和盐碱地单产纪录,并以1800万元价格转让给企业。

3. 强化知识产权保护。建立院名、院徽、商标等无形资产保护使用机制,规范使用流程,注册"鲁农科"市场品牌和"舜耕科技"公益服务品牌,设计制作院所品牌图文方案,实施授权管理。建立院所两级协同保护模式,指导院属单位注册子品牌。征集、梳理全院待转化植物新品种权、专利权、著作权等2054项,对待转化专利评星定级,形成专利技术评价报告969份,梳理高价值专利337项。争取到全省首批专利导航服务基地单位。实施专利"上网"工程。2022年,在山东省技术成果交易平台分阶段、分领域挂牌推出我院待转化专利共21场次1027项专场征集招商,在山东省质监局专利转化专项平台推介我院待转化专利506

项，实现转让、许可植物新品种权、专利权等知识产权110项。

三是建立多层次、多领域的成果转移转化人才队伍。结合农业科技成果转化发展趋势，积极调整部门职能，成立成果转化与推广处，承担全院科技推广、成果转化、知识产权保护等职能。在院属各研究所设立成果转化科专职服务成果转化工作，目前院所成果转化专职工作人员达84名，形成了院所两级共同推进成果转化的队伍体系。积极与山东种业集团合作，公开招聘3名专职技术经理人，吸纳24名技术经纪人，打造兼职转化队伍，通过溢价收益分成和佣金提取方式，激励协助院所做好转化工作。建立了16地市分院229人成果转化与推广联合队伍。面向山东省内农业龙头企业，聘请50名企业高层次人才作为我院产业研究员，助推成果与产业的紧密衔接。鼓励全院28名科技特派员与农业企业、农业合作社建立起利益共同体，形成"利益共享、风险共担"机制，加快推动成果转化。

四是优化成果转化业绩在绩效考核和职称评聘中的权重。

1.将成果转化工作实绩纳入院考核体系。各单位年转让类资金到账2000万元以上的，技术服务类4000万元以上的，以及单个成果转让到位经费1000万元以上的，可直接"一票肯定"评为优秀等次。设立院成果转化单项奖，对转化绩效突出的单位进行表彰奖励。

2.将成果转化收益作为岗位聘任的重要依据。在"破四唯"十条意见中，明确单项科技成果转化到账经费3000万元以上直接聘为三级岗，1000万元以上的直接聘为四级岗，100万元以上

第五章 让科研人员"名利双收"
—— 成果转化领域的改革

或500万元以上前三位可直接聘为七级岗。

3. 实施分类评价制度改革。首次增设转化推广类职称，将成果转化到账收入、转化服务、科技成果推广应用等列为主要评分指标，最高可评至三级。2022年，有18名成果转化和推广专职人员申报了该类职称，经过个人申报、单位同意、定性评价、院内院外"两定量"评价等相关程序，经专家评审，有4人成功竞聘正高级岗位、4人成功竞聘副高级岗位。在科研序列职称中，增加了成果转化收入的权重，将成果转化到位经费列为重要的申报条件和评价指标。

4. 制定"721"分配比例，明确成果转化收益70%归团队成员，分配到个人的比例高达94%。通过成果入股、专利转让等形式，实现转化收益大幅提高，2020—2022年院成果转化合同额7.56亿元，到账收入4.58亿元，实现科研人员"名利双收"。

五是加快成果中试熟化，科技成果产业化程度不断提高。 结合院现有科研基地建设，在承担各项科研任务的同时，有针对性地组织各基地开展成果熟化、集成与组装等中试任务。围绕耐盐类科研成果的集成、中试、熟化，在院东营基地开展盐碱地中草药高效种植技术、盐碱地橡胶草种植及初加工等技术集成和中试。在院济阳基地建设成果转化孵化中心，围绕葡萄酒、果酒加工，玫瑰精深加工，鲜食玉米标准化生产，乳酸菌筛选与产业化关键技术等，建设中试加工生产线。依托院属单位开展中试熟化工作。农产品研究所依托承建的"农业农村部花生加工综合利用技术集成基地建设项目"，购置了加工配套仪器设备，布局了花生原料预处理、花生低温压榨、花生蛋白制备、植物蛋白饮料制备、花生复合蛋白粉制备5个加工模块。经济作物研究所在聊城临清试验站，开展了棉花、特色经济作物等品种的展示熟化。

六是打造科技成果拍卖品牌。创新丰富农业科技成果转化模式，通过举办农业科技成果拍卖会，对具有市场应用价值和转化前景的成果进行公开竞价拍卖。2020—2022年，连续3年成功举办农业科技成果秋季拍卖会，实现了成果拍卖的常态化。三届拍卖会组织遴选院属研究单位和16个地市分院的107项标的参与竞拍，446家企业及自然人报名参与，总成交金额2.74亿元。拍卖会按照"成果筛选—宣传推介—价值评估—展厅布置—组织实施"等重点环节，精心部署安排。参与竞拍的成果涵盖了作物、检测、农产品加工、农机、农药等多个领域。小麦新品种"济糯116"、玉米新品种"鲁单513"、大豆新品种"齐黄39"、猪链球菌、副猪嗜血杆菌、猪圆环病毒2型三联灭活疫苗，"布鲁氏菌活疫苗"生产经营权、甜樱桃矮化砧木新品种"矮杰"等9项成果均以超千万元的价格成交，其中，"布鲁氏菌活疫苗"生产经营权，以6000万元的价格成为拍卖会最高标的，刷新院单项成果转化成交金额纪录。拍卖会上，同时举办了农业科技成果展览，对山东省农业科学院和16个地市分院取得的科技成果、获得的成就进行了集中展示。公开竞拍成果的方式让科技成果与市场和产业直接"面对面"，提升企业参与市场竞争与成果转化的积极性，有助于科技成果的价值提升和收益最大化，有利于发挥科技创新在现代农业产业转型发展中的支撑作用。

第五章 让科研人员"名利双收"
——成果转化领域的改革

山东省农业科学院首届科技成果秋季拍卖会

山东省农业科学院第二届农业科技成果秋季拍卖会

推倒四面墙 迎来八面风
——山东省农业科学院综合改革探索与实践

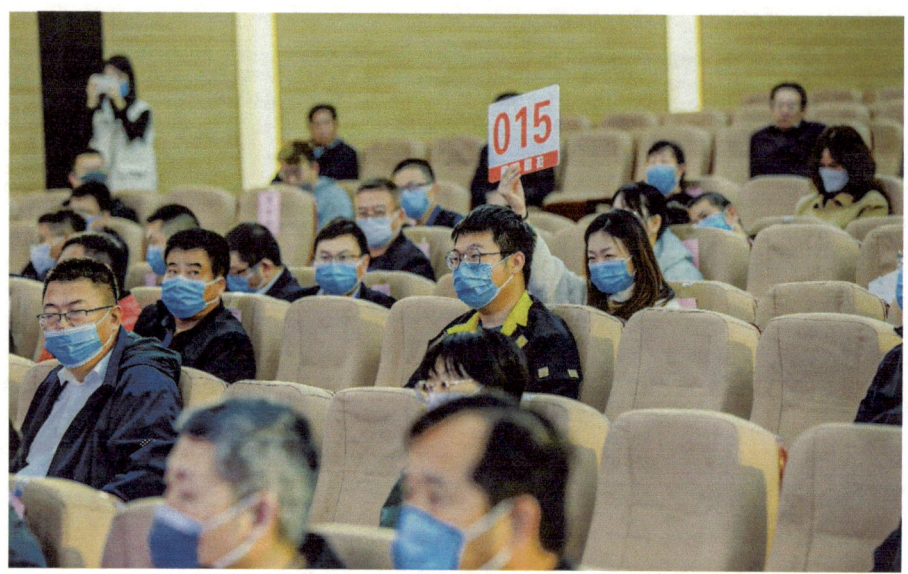

山东省农业科学院第三届农业科技成果秋季拍卖会

科技日报

www.stdaily.com

综合 COMPREHENSIVE NEWS

缝合科研生产"两张皮" 还需更多"拍卖会"

深化科体改革 激发创新动能

本报记者 王延斌
通讯员 李才林

一支可用于我国牛羊布鲁氏菌病的防控和净化的布鲁氏菌活疫苗价值几何？经过15轮激烈竞拍，这支疫苗以6000万元的价格成交。11月1日，发生在山东省农科院第二届农业科技成果秋季拍卖会上的上述一幕指向了农业企业对科技成果的热烈追捧。

当日，山东省农科院通过了全院16家单位的38项品种和技术参与竞拍，171家企业及自然人报名参与，最终成交37项，总成交金额1.11658亿元。而布鲁氏菌活疫苗（粗糙型）从众多重量级成果中脱颖而出，成为本届拍卖会的"标王"。

这一幕似曾相识。

去年，在山东省农科院举办的首届科技成果秋季拍卖会上，"猪繁殖与呼吸综合征新型弱毒疫苗"不同凡响，三十二轮拉锯下来，"神秘"买家竞到了最后，4050万元的落槌价格，让这支疫苗成为首届拍卖会上的"标王"。

科技日报记者在现场了解到，第二届拍卖会参与竞拍的成果涵盖了作物、果树、疫苗、兽药、农机、农药等多个领域。值得注意的是，连续两届拍卖成交金额均超亿元。

现场有专家表示：市场主体对农科成果的需求强烈，而这批成果完美地契合着田间需求，可谓"一拍即合"。推动着拍卖价格的持续高企。对此，山东省农科院成果转化与推广处副处长周起先表示：本次拍卖会的目的是拉近科研专家与企业家之间的联系，构建一种更加畅通、更加直接的合作关系。通过这种形式，让好的科技成果能够跟企业加快结合。

如今看来，利用拍卖会这种形式拉近科学家与企业家的距离，他们的目的达到了。

13年持续科研，"标王"是如何产生的？

不过，相对于近二百家企业对37项品种和技术的追求，外界的好奇心更多放在一个问题上，即"标王"是如何产生的？

科技日报记者了解到，布鲁氏菌活疫苗（粗糙型）是山东省农科院畜牧兽医研究所种食家畜疫病团队联合有关单位研发成的。该疫苗是目前已知唯一可以采用注射途径免疫怀孕动物（牛/羊）的布病疫苗。对人畜的安全性大大提高，并且不干扰布病临床诊断。目前该疫苗已经完成新兽药注册复审。

但"标王"并非一日炼成的。

上述疫苗历经13年研发而成，科研人员首次成功筛选获得一株稳定的粗糙型布鲁氏菌。经工艺优化研制成菌活疫苗（粗糙型）。小鼠安全性试验显示，该疫苗株比传统疫苗S2株提高了40倍。攻毒试验证明，该疫苗对黄牛单次免疫保护率为60%，加强免疫保护率为80%；对绵羊单次免疫保护率可达83.3%，对山羊单次保护率为66.7%。

实际上，37项成交的成果，每一项背后的研究故事并不缺乏时间、精力、智慧、资金等复杂因素。一句话，它们是协同发力的结果。

站在镜头前，山东省农科院家禽所助理研究员衣云鹏略显拘谨。但刚刚，他和同事们刚完成的"新型多靶点动物专用抗炎药合作开发与生产经营权"，凭借在临床可代替抗生素、对细菌性肠炎治疗效果好等独特功效，最终以3200万元的价格成交。

在衣云鹏看来，外部资金的注入只是科技成果走向市场的一个重要节点。他说："如果只靠我们单位投入的话，这个持续时间会非常长。甚至超过10年；但外部资本进入会将时间缩短到7年左右；同时，我们与企业联手，极大利于成果后期推广。"

科技成果充分应用到田间地头

通过拍卖会推广农科成果，这是山东省农科院的首创，包含着山东省农科院党委书记李长胜对"给农业插上科技的翅膀"的深刻理解。

"如何解决好科研和生产'两张皮'问题，真正让农业插上科技的翅膀。就是要大力推动科技成果转化和产业化，让更多的科技成果落地、产生社会价值。"李长胜向科技日报记者表示，通过创新成果交易方式，实现拍卖活动的常态化、规范化，打造成果转化活跃对接，加快科研成果从样品到产品到商品的转化，把科技成果充分应用到田间地头，把论文写在大地上。

科技日报记者长期关注山东省农科院的改革，其独特做法值得关注。

作为国家科技成果转化综合试点单位，该院围绕职务科技成果所有权和长期使用权，建立职务科技成果确权机制，将"先转化，后奖励"变为"先赋权，后转化"，保证科研人员的成果所有权及收益分配权。围绕专利转化在全省范围内先行先试。该院起草制定确权及作价入股工作流程，探索科技成果赋权、成果完成人在专利作价入股等方面的路径与模式；同时，该院构建"权益共享、风险共担"的乡村振兴科技共同体，激励科研人员扎根一线，服务产业发展，促进科技与经济相结合，促进科技成果转化及现实生产力。

科技日报记者了解到，"十三五"期间该院成果转化收入到账经费4.36亿元，超千万元成果10项。（科技日报济南11月1日电）

《科技日报》报道：《缝合科研生产"两张皮"还需更多"拍卖会"》

第五章 让科研人员"名利双收"
——成果转化领域的改革

七是赋权科研人员成果所有权。 建立职务科技成果确权机制,将"先转化,后奖励"改变为"先赋权,后转化"。院农作物种质资源研究所的花生苗期专用生长调节剂、花生结荚期专用生长调节剂、花生饱果期专用生长调节剂、一种玉米花生间作的花生专用肥及其制备方法、一种盐碱地花生专用缓释肥、一种利用花生秸秆制备的花生专用肥及其制备方法、高产田花生专用包膜控释肥及其制备方法7项专利顺利完成了科技成果赋权和作价入股。

按照"成果完成人(团队)内部协商—书面申请—研究所初审—第三方专业机构价值评估—职能处室复审—院长办公会决策"的赋权流程开展了赋权工作。赋权前,7项专利的所有权人为山东省农业科学院生物技术研究中心,赋权后,山东省农业科学院与成果完成人(花生栽培与生理生态创新团队)为共同所有权人。经过第三方专业机构评估,7项专利评估总价298万元。院享有30%所有权,成果完成团队享有70%所有权。按照所有权分配比例,团队明确1人作为代表,持有成果完成团队70%的股权,并代持单位30%的股权。

按照"成果完成人(团队)内部协商—书面申请—研究所初审—职能处室复审—院长办公会决策"流程开展了作价入股。根据第三方机构评估结果,与投资合作企业协商一致,合资成立新的公司,7项专利作价金额300万元,占拟投资公司股份的30%。专利作价入股取得的收益分配依据《中共山东省农业科学院委员会关于科技成果转化制度改革的意见》(鲁农科党发〔2020〕27

号）执行。收益中归属成果完成人（团队）支配部分，由成果完成人（团队）协商确定其用途以及分配比例；归成果完成单位支配部分，上交院财政，用于单位事业发展基金和人员奖励。成果完成人（团队）定期上报作价入股后续收益情况，院职能处室做好审核备案工作。

二、收入分配制度改革

（一）如何改

推动收入分配制度改革是一个庞大且系统的工程，要注重整体设计，全面发力，多点突破。分配制度不同层次、不同环节相互配合，才能更好促进分配功能的系统化协调与互补，形成做大"蛋糕"与分好"蛋糕"的良性循环。从改革启动到制度成果形成，历经调查研究、摸清底数、起草撰写、系数测算、持续调整和征求意见6个阶段，形成了《山东省农业科学院关于收入分配制度改革的意见》，从全面落实财政保障政策、积极拓展各类收入渠道、加强高层次人才奖励激励、完善服务保障措施四个方面推动收入分配制度改革。同时，配套制定了《山东省农业科学院创新人才突出贡献奖励办法》《山东省农业科学院绩效工资分配管理办法》《山东省农业科学院科技成果转化收益分配管理办法》《山东省农业科学院财政科研项目人员绩效分配管理办法》《关于加强职工带薪年休假管理的意见》。

第五章 让科研人员"名利双收"
——成果转化领域的改革

中共山东省农科院委员会文件

鲁农科党发〔2021〕47号

山东省农业科学院
关于收入分配制度改革的意见

院属各部门、各单位党委(总支、支部):

为在全院营造尊重劳动、尊重知识、尊重人才、尊重创造的干事创业氛围,充分发挥薪酬激励作用,建立以知识价值为导向的收入分配制度,根据《关于山东省事业单位高层次人才收入分配激励机制的意见(试行)》(鲁人社发〔2018〕59号)、《关于实施创新人才薪酬激励若干措施的通知》(鲁人社发〔2020〕8号)等文件精神,现结合我院实际,对推进收入分配制度改革提出以下意见。

一、总体要求

1. 指导思想

—1—

《山东省农业科学院关于收入分配制度改革的意见》

收入分配制度改革紧扣"稳定面上、激励一线、盘活关键"工作思路。"稳定面上",即总体收入要提升,成果转化要翻两番。"激励一线",即奖金、收入要向一线研究所、一线科研人员倾斜。"盘活关键",即允许正职持股、入股企业。明确"五个坚持"基本原则,**即坚持价值导向**。根据事业发展需求,将科研人员的收入与其创造的科研价值、经济社会价值紧密结合,引入市场化调节机制,明确股权激励等对科研创新具有长期激励作用的制度办法,稳定聚集高层次人才队伍。**坚持优绩优酬**。搞活院内绩效工资分配激励机制,破除"干与不干一个样""干多干少一个样""干好干坏一个样"的痼疾,杜绝平均主义和"大锅饭",

向在不同岗位上作出突出贡献的人员倾斜。**坚持分类施策**。充分考虑科研创新、成果转化、管理服务不同岗位职责任务,基础研究、应用研究等不同领域、环节的智力劳动特点,以及公益一类、公益二类事业单位不同收入来源,分别实行有针对性的分配办法。**坚持兼顾公平**。建立"限高、稳中、托低"的动态调控机制,合理调控科研创新、成果转化与管理服务三支队伍之间,院机关与研究所之间,不同研究所之间收入水平差距。**坚持规范透明**。盘活全院各类收入来源渠道,明确可参与分配人员范围,规范分配流程,使各项分配合理合规、公开透明,确保改革创新的激励措施与国家规范收入分配秩序要求一致。

一是聚焦"价值导向",建立创新人才突出贡献奖。山东省《关于实施创新人才薪酬激励若干措施的通知》中明确提出,允许事业单位建立和发放突出贡献奖,这为在院内设立创新人才贡献奖畅通了政策渠道。在对标对表江苏省农业科学院等兄弟单位相关奖励办法的基础上,制定了《山东省农业科学院创新人才突出贡献奖励办法》,对于获得国家和省重大项目、重大成果,取得重大科研产出的高层次人才,给予突出贡献奖励。奖励突出成果的质量、贡献、影响,把研发成果的原创性、成果转化效益等作为重要指标。提高了奖励门槛标准,论文发表和授权专利一律不再奖励。重视决策咨询,将省决策咨询奖突出贡献奖、省部级社会科学优秀成果奖一等奖纳入奖励范围。注重引导激励,对国家和省最高奖保持奖励金额不降低,适当调整国家和省部级科技奖励金额和标准的奖励额度。补齐短板、强弱项,将基金类项目

第五章 让科研人员"名利双收"
——成果转化领域的改革

纳入奖励范围。鼓励和引导全院科研人员积极开展应用基础研究，提升基础研究水平。兼顾学科平衡，设立科研进展奖励。为综合平衡各个学科的科研业绩奖励，特别是调动从事基础研究和应用基础创新的科技人员工作积极性，由院学术委员会每年评选10项重大科研进展，20项重要科研进展进行奖励。

> 附件1
>
> **山东省农业科学院**
> **创新人才突出贡献奖励办法**
>
> **第一章 总则**
>
> **第一条** 为进一步完善我院人才奖励激励机制，充分调动各类人才的积极性、主动性和创造性，根据国家、省关于深化人才发展体制机制改革的意见、《关于山东省事业单位高层次人才收入分配激励机制的意见（试行）》（鲁人社发〔2018〕59号）、《关于实施创新人才薪酬激励若干措施的通知》（鲁人社发〔2020〕8号）等有关文件精神，结合我院实际，制定本办法。
>
> **第二条** 本办法奖励范围是我院取得重大业绩和作出突出贡献的创新人才。
>
> **第三条** 奖励每年进行一次，奖励周期为1月1日至当年12月31日。
>
> **第二章 奖励类别及标准**
>
> **第四条** 以我院为第一完成单位获得重大科技成果的科研团队，给予以下奖励：
>
> （一）国家、省最高科学技术奖，分别奖励200万元、50万元。
>
> （二）国家科学技术奖特等奖、一等奖、二等奖，分别奖
>
> —8—

《山东省农业科学院创新人才突出贡献奖励办法》

二是聚焦"优绩优酬"，充分发挥薪酬激励作用。 制定《山东省农业科学院绩效工资分配管理办法》，统筹全院奖励性绩效

的分配，月发岗位绩效标准由院统一确定，保障院属单位同类人员月发待遇水平一致，解决公益一类单位之间绩效工资分配比例不平衡问题。明确提出单位奖励性绩效减去月发岗位绩效部分由单位自主分配给承担重大工作任务、作出突出贡献的人员，杜绝平均主义和"大锅饭"，体现个人收入与岗位价值相匹配，发挥奖励性绩效的激励作用。引入市场化调节机制，可对高层次人才实行协议工资制、年薪制、项目工资制等灵活多样的分配办法。在核定单位绩效工资总量时，充分考虑高层次人才聚集情况，对

附件2

山东省农业科学院
绩效工资分配管理办法

第一章　总则

第一条　为规范全院绩效工资分配秩序，充分发挥绩效工资的激励作用，根据《进一步完善省属事业单位绩效工资管理办法》（鲁人社发〔2018〕58号）文件精神，结合我院实际，制订本办法。

第二条　本办法适用于单位正式聘用的编制内工作人员的分配。绩效工资不得用于发放借调人员、返聘退休人员以及其他非正式在编人员的工作报酬。

第三条　坚持"总量控制、分类调控、优绩优酬、兼顾公平"的原则，加大绩效工资分配调节力度，完善分配调节机制。

第二章　总量管理

第四条　绩效工资实行总量管理，一年一核，不可跨年度使用，也不得突破核定的绩效工资总量发放。

第五条　院在上级部门核定的绩效工资总量内，综合考虑评价考核结果、事业发展需要、人员数量结构等因素，确定院属各单位绩效工资总量，并向省人力资源社会保障厅备案。

第六条　绩效工资由基础性绩效、奖励性绩效两部分构成。

—12—

《山东省农业科学院绩效工资分配管理办法》

第五章 让科研人员"名利双收"
——成果转化领域的改革

高层次人才集中、承担重大任务的给予倾斜,允许突破一般事业单位绩效工资调控水平,适当高定绩效工资总量。对聘用的两院院士以及国家级人才项目人选等高层次人才所需绩效工资总量,可在核定时单列。按程序引进的急需紧缺人才和高水平博士,可根据引进人才层次合理确定薪酬水平,申请核批所需绩效工资总量。

三是聚焦"分类施策",大力营造干事创业氛围。 2020年9月,山东省委组织部等六部门将山东省农业科学院作为薪酬管理试点单位。公益一类单位实行统一分配政策,单位可根据年度收支实际,在核定的收支结余中提取一定比例用于人员激励,提取的激励资金纳入绩效工资总量管理。公益二类单位自主制定绩效工资分配政策,根据自身行业特点、年度收支等因素,可申请绩效工资总量一定比例上浮(最高可达1.8倍),并在核定的总量内,自主设立绩效工资具体项目、标准及发放办法,搞活内部分配。单位利用技术和设备资源等取得的相关收益可提取不高于本单位年度绩效工资基准线60%的比例,用于人员激励,不纳入绩效工资总量管理。制定《山东省农业科学院财政科研项目人员绩效分配管理办法》,加大对科研人员绩效激励力度,形成合理的智力劳动补偿激励机制。科研人员承担的财政科研项目,在完成既定任务目标前提下,可按规定分配用于科研人员绩效支出部分。落实"五权下放"要求,赋予项目负责人分配自主权。科研项目绩效分配应以参加人员的实际贡献为依据,确实对项目完成作出实际贡献的其他人员,经项目负责人同意可参与项目绩效分配。

附件4

山东省农业科学院
财政科研项目人员绩效分配管理办法

第一条 为进一步规范和加强科研项目人员绩效分配管理，调动科研人员工作积极性，赋予团队充分自主权，根据国家、地方科研经费管理的相关政策法规，结合我院实际，制定本办法。

第二条 本办法适用于院属单位承担的国家、地方财政专项科研项目中的人员绩效分配。

第三条 科研绩效的发放根据项目预算情况和科研推进情况，充分借鉴和使用科研工作绩效考核结果。考核不合格的不予发放项目绩效。

第四条 按照贡献与回报匹配的原则。项目负责人结合科研人员实绩，对项目任务执行中做出突出贡献的人员，要合理增加绩效，体现优绩优酬。

第五条 人员范围原则上为项目合同（任务书）中明确的项目成员。为落实项目经费"支配权"下放，项目实施过程中，项目负责人可以根据项目需要进行人员调整，确因直接参与研究、管理、辅助工作且实质贡献的人员，由项目负责人确认后参与分配。

—19—

《山东省农业科学院财政科研项目人员绩效分配管理办法》

四是聚焦"兼顾公平"，合理调控不同渠道收入水平。 落实"转化富院"战略，制定《山东省农业科学院科技成果转化收益分配管理办法》，赋予成果首位完成人团队内部收益分配权，通过明确成果转化服务人员分配系数，解决个别领导干部与单位职工成果转化收益收入水平差距较大的问题，探索知识、技术、管理等生产要素参与分配的有效途径。鼓励成果主要完成人或对成果转化作出重要贡献的人员，以技术入股、现金入股、成果作价入股等多种方式，对成果转化的股权或股权收益进行二次分配。

第五章 让科研人员"名利双收"
——成果转化领域的改革

通过改革使一部分人员特别是创造较大价值、取得突出业绩的人员先富起来。分配环节更注意以权衡促和谐，既反对平均主义，又防止两极分化。建立领导人员收入与单位业绩的协调机制。单位领导班子成员奖励性绩效最高不能超过职工平均水平的2倍；领导干部按规定作为贡献人员参与成果转化收益分配获得的现金奖励，控制在单位作出贡献人员当年平均水平的一定倍数以内。鼓励单位有序开展"双创"活动，通过兼职或"双创"活动获得的报酬、奖金、股权激励等收入归个人支配，不纳入单位绩效工

附件3

山东省农业科学院
科技成果转化收益分配管理办法

为充分发挥收益分配对院属单位和广大科研人员积极转化科技成果的激励作用，促进分配落实落地，根据《山东省农业科学院科技成果转化及收益管理办法》，结合我院实际，提出成果转化收益分配办法。

一、分配原则

坚持贡献优先、公开透明、依法依规的原则，根据实际贡献分级分类拉开差距。

二、人员范围

单位科技成果完成人和在成果形成和转化过程中做出贡献的其他管理和服务人员均可参与分配。既是科技成果完成人又是成果转化相关贡献人员的，按就高原则参与分配，不重复分配。

三、额度核定

院成果转化与推广处负责审核认定成果转化收益额度，院属单位在额度内有序开展分配活动。

四、分配办法

（一）成果完成团队

—16—

《山东省农业科学院科技成果转化收益分配管理办法》

资管理。

五是聚焦"规范透明",坚定维护收入分配秩序。发展成果"蛋糕"的做大与分好,过程的规范透明是公平正义的必要保障。各单位自主分配项目充分发扬民主,广泛征求意见,经单位集体研究、公示、院审核备案等程序,确保分配公开透明、公平公正。对绩效工资、成果转化收益、突出贡献奖的分配,由组织人事处分别会同成果转化与推广处、科技管理处、计划财务处等部门审核。明确各类收入纳入绩效工资总量管理的要求,协议工资、年薪所需经费在绩效工资总量中单列,不作为绩效工资调控基数。单位按规定取得的科技成果转化现金奖励,计入所在单位绩效工资总量,不作为调控基数,不作为社会保险缴费基数,但不受总量限制。科研项目绩效支出纳入单位绩效工资总量管理,但不作为绩效工资调控基数。同时,允许单位在合作、兼职中获取一定的技术服务经费,反哺自身人才引进培养工作,单位自主支配使用,用于职工激励分配部分不纳入工资总量管理。领导人员参与"双创"活动的,须符合干部管理相关规定。获得股权的领导人员不得利用职权为所持股企业谋取利益。

(二)改革成效

通过改革收入分配制度,突破利益固化的藩篱,树起激励担当的风向标,激发各类人员创新、创业、创造的积极性、主动性,通过政策支持、制度支持,让真正创造价值的科学家富起来,在全院形成价值创造者得实惠、实干者得实惠的良性收入分

第五章 让科研人员"名利双收"
——成果转化领域的改革

配机制。

一是健全人力资本要素参与分配的制度体系。以增加知识价值为导向的收入分配制度改革符合创新驱动发展的国家战略,与本单位具体战略使命结合,达到本轮改革的基本预期目标。注重各分配渠道配套政策同步改革,填补政策衔接空白,全面树立薪酬激励导向标,健全了创新激励和保障制度,构建充分体现知识、技术等创新要素价值的收益分配机制。建立创新人才突出贡献奖励制度,落实落细职务科技成果转化现金奖励政策,完善财政科研项目人员绩效分配管理制度,明确职工带薪年休假管理。明确各分配渠道"向什么人倾斜",建立科研创新、成果转化、管理服务三支队伍薪酬激励目标,保持职工收入水平总体稳定、持续增长。

二是完善与绩效贡献挂钩的薪酬分配激励机制。收入分配制度改革的实质是利益调整,本次改革在干部职工最大接受范围内稳妥推进,坚决破除"干与不干一个样""干多干少一个样""干好干坏一个样"的痼疾,向各岗位作出突出贡献的人员倾斜。在保障现有职工绩效工资水平逐年增长的基础上,通过高层次人才绩效工资倾斜与单列政策,有效兑现高水平引进人才年薪待遇和现有人才岗位激励。通过科研业绩产出奖励和依法依规的"双创"活动等,拓宽科研创新队伍收入渠道,吸引和保留优秀的科研队伍为我院所用。以科技成果转化收益分配为基础,切实增强成果转化团队和参与贡献人员收入"获得感"。按照不同单位、岗位价值创造和管理责任等因素差别,引导干部职工聚焦专业、提升业绩。

三是促进各渠道收入分配实践更加合理有序。围绕价值导向、优绩优酬、分类施策、兼顾公平、规范透明的原则,以调节、控制、规范等政策手段分级分类融入院属单位收入分配实践中。改革后,遵循规范收入分配秩序,调节不合理收入的要求,对单位负责人的薪酬按照"水平适当"的原则进行规范。以统一院属驻济一类单位岗位绩效标准为契机,协助提升院属单位内部分配管理能力,监督指导各单位根据工作人员实际贡献和考核情况自主分配年发考核绩效,落实分配向承担重大工作任务倾斜、向作出突出贡献的人员倾斜的"两倾斜"基本原则。进一步优化调整突出贡献奖励政策,对作出突出贡献的团队和个人做到精准激励。科研项目人员绩效分配以参加人员的实际贡献为依据,经项目负责人同意可参与项目绩效分配。既是科技成果完成人,又是成果转化相关贡献人员的,就高参与转化收益分配,不重复分配。严格收入分配纪律,明确不可触碰的政策红线,保持充满活力又规范有序的分配秩序。

四是通过"双创"活动打造科企合作强劲引擎。为了让更多优秀科研成果从实验室走出来,加快科技成果的落地转化,真正让科研人员富起来,让科技成果用起来,让企业市场动起来,支持和鼓励科研人员在保证保质保量完成本职工作的基础上,到与本单位业务领域相近的企业兼职创新,或者利用与本人从事专业相关的创业项目在职创办企业;支持和鼓励科研人员离岗创办企业;单位可采取选派科研人员到企业工作或参与项目合作的方

第五章 让科研人员"名利双收"
——成果转化领域的改革

式,参与研发平台建设、开展创新项目合作、技术攻关和科技成果转化等,通过多种渠道搭建不同形式的科企合作平台,充分发挥院高层次人才和科技资源优势,支撑现代农业企业转型升级,实现合作共赢新局面。全院450余人次科研人员通过企业兼职创新、在职创办企业、离岗创办企业,以及到院产业技术研究院、山东种业集团等工作或参与项目合作。

五是推动落实带薪休假制度。 通过改革进一步推动带薪休假制度落实,保障职工依法享受休假权益。由院统一安排集中休假转变为单位自主安排,结合工作实际和科研特点,引导职工错期休假,可固定选择春节假期后至正月十五安排一周、半年工作会结束后第二周开始安排两周集中休假,也可根据科研生产实际情况灵活选择其他时间分段安排假期。院属单位通过健全完善本单位内部请销假流程和年休假台账管理制度,领导干部带头支持休假制度落实,为干部职工休假提供便利。落实年休假公示制度,保障确因工作需要且按规定调休后仍无法休假的职工,获得年休假工资报酬。

六是稳步推进试点工作。 2022年,山东省人力资源和社会保障厅、山东省财政厅、山东省教育厅、山东省科学技术厅将山东省农业科学院三个院属单位作为自主确定高层次人才收入分配激励范围的试点单位,进一步激发高层次人才的创新创造活力。为落实加强和改进新时代山东人才工作的相关规定,结合试点政策的施行,将关注重点转移到提升收入分配制度激励实效上来,发挥自主认定的高层人才在各项事业发展中的引领与支撑作用。申报 2022 年绩效工资总量时，结合院人才引育现状，指导试点单位制定《关于自主确定高层次人才薪酬激励范围的实施方案》，明确考核评价发放和激励经费管理等实施细节，自主确定 10 名高层次人才给予绩效工资倾斜激励。

第六章　到生产主战场上去
——科技推广服务领域的改革

党的十九大报告首次提出实施乡村振兴战略。2018年3月8日，习近平总书记在参加十三届全国人大一次会议山东代表团审议时，要求山东"充分发挥农业大省优势，打造乡村振兴的齐鲁样板"。2018年6月14日，习近平总书记在视察山东发表重要讲话时又提到，要发挥农业大省优势，扛起农业大省责任，全力做好"三农"工作，打造乡村振兴的齐鲁样板。这是习近平总书记对山东农业寄予的厚望，山东在乡村振兴方面蹚出路子、示范引领上任重而道远。作为山东省唯一的省级综合性、公益性农业科研机构，落实好打造乡村振兴齐鲁样板的重大任务，为现代农业发展提供科技支撑，是责无旁贷的历史使命，就是要加快打通科技进村入户的通道，推动更多科技成果应用到田间地头。本章主要包括深入实施"三个突破"战略和打造"舜耕科技"服务品牌。

一、深入实施"三个突破"战略

自2020年6月起，山东省农业科学院立足地理区位、资源禀赋、产业基础等因素，经过深入思考、实地调研和反复论证，

推倒四面墙　迎来八面风
——山东省农业科学院综合改革探索与实践

建设乡村振兴科技支撑型齐鲁样板示范县（市）动员大会

中共山东省农科院委员会文件

鲁农科党发〔2020〕24号

中共山东省农科院委员会
印发《关于在我省东中西部建设三处
乡村振兴科技支撑型齐鲁样板示范县（市）的
实施意见》的通知

院属各部门、各单位党委（总支、支部）：
　　《关于在我省东中西部建设三处乡村振兴科技支撑型齐鲁样板示范县（市）的实施意见》已经院党委研究通过，现印发给你们，请认真贯彻执行。
　　附件：山东省农业科学院"三个突破"指挥部组成人员名单

中共山东省农业科学院委员会
2020年6月18日

—1—

《中共山东省农业科学院委员会印发〈关于在我省东中部打造三处乡村振兴科技支撑型齐鲁样板示范县（市）的实施意见〉的通知》

第六章 到生产主战场上去
——科技推广服务领域的改革

通过综合评比，选定烟台招远、临沂费县、菏泽郓城三个示范县（市），启动实施"三个突破"战略，改变以往"撒芝麻盐"式科技服务为握指成拳、重点突破，创新实践了习近平总书记"给农业插上科技的翅膀"的重要指示，形成了以"科技帮、合伙干、产业兴、农民赚"为内涵的"乡村振兴科技合伙人"模式。

《中共山东省农业科学院委员会关于印发
〈关于深入推进"三个突破"工作的意见〉的通知》

（一）如何改

一是建立"第一系列"人才挂职机制，推进新时代农业创新体系建设。结合示范县（市）农业产业的发展需求和"三个突

推倒四面墙 迎来八面风
——山东省农业科学院综合改革探索与实践

中共山东省农科院委员会文件

鲁农科党发〔2022〕44号

关于印发《中共山东省农业科学院委员会"三个突破"攻坚年实施意见》的通知

院属各部门、各单位党委（总支、支部），"三个突破"县级指挥部党支部：

《中共山东省农业科学院委员会"三个突破"攻坚年实施意见》已经院党委会会议研究通过，现印发给你们，请认真抓好贯彻落实。

中共山东省农业科学院委员会
2022年9月7日

《关于印发〈中共山东省农业科学院委员会"三个突破"攻坚年实施意见〉的通知》

破"的工作实际，山东省农业科学院与三个示范县（市）有关部门协商确定挂职需求岗位，按照"既锻炼人、又使用人"的原则，选派政治过硬、素质过硬、本领过硬的管理和科研人员，到示范县（市）挂职部门"第一局长"、乡镇"第一镇长"、村"第一主任"和企业"科技副总"。为完善挂职机制，确保工作高效推进，山东省农业科学院实施了"院指挥部+县指挥部"两级指挥部管理体制，院指挥部由书记、院长任双指挥长，县级指挥部由院处级干部和地方分管农业的县领导任双指挥长，形成了上下联动、左右协同、同频共振的挂职工作体制。通过挂职，一个科

第六章 到生产主战场上去
——科技推广服务领域的改革

研人员带动一个团队,把科研创新工作转移到了生产主战场,整合地方农业科研人员、农技推广人员和乡土专家力量,推进省市县乡村五级农业科技工作者的联合互动,实现科研试验田、成果示范田和产业样板田"三田合一",为推进新时代"产研推"一体化农业创新体系改革提供了有效路径。

二是创新工作载体,推进科技与经济紧密结合。结合不同服务对象和合作经济主体的实际需求,创新形成了产业技术研究院、农科专家工作室、"舜耕科技"服务团、产业链链长工作室、科技特派员创新创业共同体、乡村振兴利益共同体、农业科技示范园、农业产业技术体系首席专家示范基地、乡村人才培训基地、科普教育基地十大工作载体,以载体为基础,通过灵活多样的形式,构建起资源共享、问题共商、活动共办、服务共抓、发展共谋的新型创新合作平台。

三是创新实行"链长制""包村制",推进创新资源的优化和创新模式的变革。"链长制"是聚焦县域农业产业全链条,由链长负责,梳理产业链上的科技支撑环节,用创新驱动产业链延链、补链、壮链、优链,促进全环节提升、全链条增值、全产业融合。"包村制"是针对一个村域,因地制宜,挖掘和壮大有基础潜力的特色主导产业,加快培育有竞争力的市场经营主体,通过长期不懈的科技支撑,建设成农业产业强村、富村。"链长制""包村制"均打破了单位、学科的界限,围绕产业链布局创新链,形成大团队,解决交叉学科问题,提供一条龙、一体化、一盘棋的产业解决方案,对破解当前科研院所的体制束缚,加快创新资源优化整合和创新模式变革具有积极的推进作用。

四是以实物工作量为考核指标，推进科研创新评价体系改革。 山东省农业科学院结合实施"三个突破"一年来的工作实际，总结形成了以实物工作量为指标的县域乡村振兴评价考核体系，共包括县级指挥部、研究单位、产业链、包村和挂职人员5类实物量考核指标。这些指标均不再以论文、成果作为考核指标，而是以投入生产一线项目资金额度、技术成果的推广量、示范基地的建设水平、亩生产效益的提升量、村集体和村民的收益提升幅度等作为考核指标，形成了全新的创新评价体系。

（二）改革成效

3年来，先后选派创新团队97个、科技特派员827人次到示范县（市）挂职服务，打造专业技术示范样板31处，建设利益共同体、科创联合体、农科专家工作室等各类载体400余个，破解产业关键难题268项次，示范推广新品种590项次，示范应用新技术495项次、新装备123台（套），辐射带动优质作物种植面积720余万亩，新增经济效益40多亿元，为示范县（市）争取各类资金约50亿元，带动县域农业科技进步贡献率平均提高10%左右。通过院地多元要素"合伙"，初步打造出乡村振兴科技引领型齐鲁样板的"农科模式"，探索出打通科技进村入户（入企）通道的新模式，探索出"给农业插上科技的翅膀"的新路子，赢得了干部群众的广泛赞誉和基层一线的普遍认可。6位省领导给予肯定性批示，7位院士和20多名专家也对该模式给予充分肯定。

第六章 到生产主战场上去
——科技推广服务领域的改革

一是总结凝练出乡村振兴科技合伙人模式的内涵和目标定位。乡村振兴科技合伙人模式的内涵是"科技帮、合伙干、产业兴、农民赚",旨在打造出乡村振兴科技引领型齐鲁样板。通过建立"一二三四五六"工作推进体系,即建立"第一系列"挂职体系,打通需求方供给方"两方堵点",强化项目技术成果"三个优先落地",形成科研院所、地方政府、农业经营主体、农户"四方联动",落实会商协调机制、协同合作机制、项目论证机制、督导推进机制、激励保障机制"五大机制",搭建科技示范园、"专家+农民"利益共同体、科企创新联合体、产业技术研究院、农科专家工作室、乡村人才学院分院"六大载体",将传统农技推广的"我给你"转变为"我合你",将科研"独唱"转变为政产学研金服用"大合唱",打通科技进村入户"最后一公里",真正把论文写在齐鲁大地上,实现农业增效、农民增收、集体增富、企业增利的目标。

二是打造出乡村振兴科技合伙人的 10 种单体模式。经过 3 年的深度实践,"合伙"制度初见成效,"共赢"机制开花结果,成功探索了以下 10 种单体模式。

1. **"专家+农民"利益共同体模式。**专家通过知识产权、技术服务等入股新型农业经营主体,成为科技合伙人,实现合伙运营、风险共担、利益共享。目前已建的 28 个利益共同体全部实现增收,其中有一半实现了专家分红。比如,茶博士田丽丽与招远槐花岭家庭农场创建山东省首个"专家+农民"利益共同体,仅用 1 年时间帮助茶园扭亏为盈,不仅使茶叶提前一个月上市,而且效益增加了10倍。田丽丽本人得到了企业分红20万元并成立发展基金，反哺企业技术研发和新技术应用。又如，休闲农业研究所牧草团队与郓城县旺坡种植专业合作社共建"专家+农民"利益共同体，仅4个月时间帮助合作社宠物饲草项目实现增收60万元，2022年合作社收益100余万元，同时牧草团队得到了20万元分红。

2."链长制"模式。由专家任"链长"、企业为"链主"，多团队协同发力，推动创新链、产业链、资金链、人才链等"多链融合"。建设29条特色农业产业链，整合企业138家，推动产业链整体效益提升10.4亿元。比如，在费县围绕甘薯产业链，完成从甘薯新品种选育、脱毒育苗、生产加工、仓储物流到市场营销的全链条设计，形成"引育繁产加销"全产业链发展模式。2022年，金满田红薯种植专业合作社售种苗1.8亿株，销售额达1800万元，辐射带动种植面积达5万亩。在郓城围绕蔬菜产业链，蔬菜专家为链主企业山东省绿禾农业综合开发有限公司提供育种和栽培技术支撑，并帮助企业积极拓宽预制菜销路，建成从"田间"到"餐桌"的全链条"中央厨房"，可实现日供应即食配餐10万份，年产值可达1.3亿元以上。围绕肉牛产业链，聚集饲料研发、废弃物处理及资源化利用、食品加工等14位链上专家，共同为"链主"企业山东雁泽园牧业有限公司把脉问诊，使肉牛育肥周期饲喂成本降低1000元/头，繁殖成活率提高5%以上，肉牛产业生产效率提升20%以上。该模式已在郓城2万头肉牛养殖中推广应用，直接经济效益达1亿元以上。不仅企业获利，许

第六章 到生产主战场上去
——科技推广服务领域的改革

多科研人员（如牛博士姜富贵）也从生产一线找到了研究方向，由此成功申报并获批国家自然科学青年基金项目。牛博士姜富贵说，从实验室的"象牙塔"走到生产一线，把学问做到田间地头，才真正找到了感觉。

3. 科教兴村模式。通过"百名首席兴百村""百名博士兴百村"等形式，专家或团队与农民或村集体合伙发展特色高效产业。建设科教兴村示范点101个，示范村的村集体平均增收9.45万元，直接服务农户户均年增收6400元。比如，在郓城坡里何庄村，多团队共同发力，7名团队首席共同参与引进林下大球盖菇、宠物饲草等七大产业项目，形成7条致富链，推广应用科技成果2000余亩，培训200余名乡土人才，合作社增收101万元，村集体增收18.2万元，连续两年增长超80%，带动周边村民就业2000余人次。又如，枣博士王中堂解决了费县柱子村号称"枣树癌症"的枣疯病难题，使发病率由85%降至2%以内，销售期提前两个月并延后1个月，不仅帮助枣农贾理昌实现了从4个大棚只结1个枣到1个大棚收获1000多千克脆枣的转变，而且使脆枣产业成为当地主导产业，2022年实现亩均收益10万元，全村脆枣产值达到5000万元。王中堂立志用3~5年的时间，将柱子村打造成"亿元村"。再如，水稻专家团队与费县探沂镇黑土湖村合伙，创办水稻专业合作社，坚持"新科技复苏旧产业"，成功实践"旱改水"种植模式，两年实现了费县水稻产业从无到有，2022年合作社增收123万元，村集体增收21.6万元，带动周边5个村发展有机水稻种植2000余亩。回乡创业的种植户王剑平说道:"没有农科院的专家,我们可能颗粒无收。现在,我们回老家发展水稻产业的信心更强了。"

4. "三田合一"模式。我院与山东省农业技术推广中心、科技示范户合伙将科研试验田、技术示范田和生产样板田"三田合一",新品种、新技术得到更直观地呈现,让种粮大户可参考、可复制,用最好的技术种出最好的粮食。已建有38处示范点,试验、示范作物新品种43个,新技术52项次,亩产值平均提高500元以上。比如,在招远穗丰专业合作社示范点,2021年鲁单510创国家黄淮海区夏玉米品种高产第一名,2022年'济麦44'刷新我国超强筋小麦品种高产纪录。又如,郓城"三田合一"模式已推广到全县13个乡(镇、街)105个村,生产样板田达到30万亩,巩固了郓城超级产粮大县地位,并获得农业农村部小麦全国制种大县认定。郓城县张营街道党委书记徐龙坡亲历了"三田合一"模式推广的全过程,他说:"山东省农业科学院各位专家把郓城当成自己的家,头顶烈日,脚踩泥土,用智慧与付出、心血和汗水,把论文写在了郓城大地上。"

5. "党组织+专家+合作社"模式。通过专家团队加盟党组织领办合作社,提高合作社科学化、专业化、标准化水平。目前已建50个,入社农户24290户,户均增收2283元,带动村集体平均增收5.5万元。比如,挂职专家刘钰指导费县朱田镇石沟村成立党组织领办合作社,与省派第一书记协作,因地制宜发展设施葡萄特色产业,个人出资5万元建设2个示范棚,引导村民投资90万元建设了29栋高标准葡萄种植棚,年收入可达100余万元。

第六章 到生产主战场上去
——科技推广服务领域的改革

该模式被费县第一书记和工作队广泛推广，在 11 个村进行成功复制。又如，葡萄专家陈迎春挂职郓城胡庄村党支部领办合作社技术副总，开展全程专业化技术指导种植阳光玫瑰葡萄，做给农民看、带着农民干、帮着农民赚，使原来颗粒无收的 200 亩葡萄，实现 2021 年亩产达 1250 千克以上，2022 年亩产达 2500 千克左右，亩均产值和户均收入均达到 10 万元，小葡萄成就了富民大产业。

6. 科企创新联合体模式。以创新链多学科团队和产业链上下游企业合伙，实践"企业出题、联合立题、专家答题、市场阅题"。已在示范县（市）建联合体 16 个，研发新产品、新技术 97 项次，转化应用率达 100%。比如，蚕业研究所与烟台九顶原乡医养健康产业有限公司等共建科企创新联合体，建成药食两用桑、饲料桑等标准化示范基地 400 多亩，开发了桑芽菜、桑叶茶、桑叶面、蚕丝被、桑枝食用菌等系列产品，推进蚕桑小产业与医养大健康、农牧大循环、乡村大文旅结合。又如，通过我院首创的面向社会公开寻榜张榜揭榜，我院畜牧兽医研究所公共卫生团队与山东启阳清能公司共建科企创新联合体，为企业解决了沼液处理难和运行效率低两大"卡脖子"难题，实现生物天然气销售价格提高 30% 左右，有机肥出厂价格达到 600 元/吨。公司创始人感谢道，通过山东省农业科学院的"揭榜挂帅"，真正让企业"起死回生"。

7. 专家带货直播模式。农业专家为农产品生产提供全程科技服务和品控管理，并为产出的优质农产品提供科技背书，成为农产品的科技代言人，通过开展直播带货，从科学和专业的角度讲

推倒四面墙　迎来八面风
——山东省农业科学院综合改革探索与实践

述农产品的科技故事，普及农业知识，解决产品优质不优价、供销两难的问题。我们在三个示范县（市）轮流举办"农科牵手乡村　科技引领振兴——专家代言优质农产品"活动，带动30余款农产品实现热销。如招远，直播2小时吸引23.9万人次在线观看，销售额10多万元；在郓城，上线半小时，上架的300份农产品被抢购一空。

8. 科技示范园模式。院地合作共建集科技示范、成果推广、科普教育于一体的智慧化、信息化科技示范园，发挥园区平台集聚和辐射带动效应，打造新品种、新技术"大观园"。三个示范县（市）园区总占地面积达6600亩，完成投资2.16亿元，集中示范新品种新技术新产品394项次。比如，郓城科技示范园建成智创平台和三大功能板块，示范农机农艺融合、立体复合种养等现代农业新模式18个。建设"院士示范田"，构建天地空一体化现代智慧农田示范样板田，带动全县小麦良种覆盖率达100%。推广鲁丽苹果新品种新技术的300亩果园实现当年收获结果，颠覆了当地果农的传统认知。探索实行"新型经营主体＋基地＋农户"的利益联结机制，带动园区周边群众可支配收入超过全县平均水平的34.8%。又如，费县科技示范园打造自循环无废生态园区，并将该模式复制到整县域，年处理各类农作物秸秆30余万吨，消纳畜禽粪污170余万吨，年产各类有机肥、生物基质10余万吨，生物质燃料50余万吨，沼气3700万立方米，全县秸秆综合利用率达94.1%，畜禽粪污资源化利用率达88%，农膜回收利用率达90.03%。该模式也引起了副省长陈平的关注，"要总结提炼出更加灵活、更可推广、更可复制的先进经验,为乡村振兴提供更加充沛的内在动力。"

9. 农业科技社会化服务模式。以专家牵头或参与创办农业科技社会化服务组织,公益性与经营性相结合、专业性与规范性相统一,解决农村生产经营中的现实科技需求。比如,招远挂职专家响应双创政策,牵头成立山东省金科农业科技服务有限公司,为农民提供免费"技术套餐"服务,同时与企业签订付费的定制科研委托服务合同,并与地方农业龙头企业、农业服务公司、电商公司等开展联合运营,从"地该怎么种"到"货该怎么卖"补齐农业社会化服务体系的科技短板。又如,农业机械科学研究院与郓城张武屯村张尔略农机专业合作社合伙,引导山东粮好公司注资该社,实现大田作物全程机械化作业技术效率提升 30%,耕地灭茬、旋耕、收获环节亩均节本 100 元,农机手人均增收 1 万元,合作社社员人均增收 1500 元。

10. 乡村人才培育模式。以山东省农业科学院乡村人才学院、"乡村夜校"、"田间课堂"等为培训载体,通过"师傅带徒弟",开展创业辅导、跟踪服务,让千余名养乡土人才成为科技宣传的合伙人,让农民既"富口袋",又"富脑袋"。举办各类培训会、观摩会等 400 余场次,培训 3 万余人次,线上培训超过 170 万人次。比如,樱桃专家刘庆忠指导的费县农民曹广坤获评新型职业农民高级职称,并牵头成立果树科技服务队,实现从卖樱桃向卖技术的转变。又如,我院葡萄专家张庆田在费县开办首期乡村夜校,让农民白天干活、晚上充电"两不误",在家门口就能学到知识。在郓城联合县政府及农技推广部门建成"县乡村"三级乡村夜校体系，已完成线下培训261场次近3万人次，线上培训每场在线人数超8万人。"跟着农科院，吃上科技饭"成了当地老百姓的口头禅。

二、打造"舜耕科技"服务品牌

（一）如何改

2021年5月15日，正式组建山东省农业科学院"舜耕科技"服务团，下设24个分团，除各单位分团外，专门设立巾帼农业专家分团、老科技工作者协会分团、黄河三角洲现代农业研究院分团。线上搭建"舜耕科技一键帮"服务平台，700多位专家线上服务，这是山东省首个农业专家"1对1"科技服务平台，实现了"专家服务不打烊"。"舜耕"取"舜耕历山"之义，"舜耕历山"始见于《墨子·尚贤中》"古者舜耕历山，陶河濒，渔雷泽"，拉开了中华农业文明的序幕。"舜耕科技"服务团旨在践行新发展理念，用科技为齐鲁农业高质量发展赋能，在推进农业农村现代化进程中贡献农科力量。"舜耕科技"LOGO是由图片、文字、字母组成，代表山东省农业科学院对外开展的各类科技推广和技术服务活动的整体形象。"舜耕科技"LOGO以草书的"农"字，变形为昂扬向上、奔跑前行的人形，融合了太阳、山峦、农田的整体形象；太阳是生命的源泉，红色标志着以"翅膀论"为引领，并象征了农科人服务主战场的热情；山峦代表山东，彰显

第六章 到生产主战场上去
——科技推广服务领域的改革

"舜耕科技"服务团授旗仪式

舜耕科技 LOGO

推倒四面墙 迎来八面风
——山东省农业科学院综合改革探索与实践

了品牌的地域特征；蓝色代表科技，构成了图案的脊梁，体现了科技支撑的关键作用；农田的流线设计，组成了舜耕首字母的"S"形；绿色代表绿水青山的发展理念。

"舜耕科技一键帮"服务平台

（二）改革成效

依托全院 24 个"舜耕科技"服务分团，通过"组团"服务形式，集中力量、集聚资源、集合要素，以更大范围、更深层次、更高水平科技支撑山东现代农业高质量发展和乡村产业振兴，坚持精准化、可实现、可持续、有成效，常年有 1000 多名科研人员深入生产一线为广大农民朋友和新型农业经营主体提供科技服务，形成了以"'到生产主战场上去'舜耕科技服务团活动月活动"和"舜耕科技一键帮"服务平台为主线的特色模式，取得了良好成效。

一是大力开展"到生产主战场上去"舜耕科技服务团活动月活动。 按照习近平总书记"科研人才都应该到生产主战场上去"

第六章 到生产主战场上去
——科技推广服务领域的改革

的指示要求，立足服务山东省农业高质量发展和建设乡村振兴科技引领型齐鲁样板，每年9月，在进入秋收秋种秋管时节后，举办山东省农业科学院"到生产主战场上去"舜耕科技服务团活动月活动，活动以"到主战场学习 为主战场奉献 在主战场提升"为主旨，组织"舜耕科技"服务团各分团和16个地市农业科学院分院深入山东省优势农业产业的主战场，通过举办现场观摩、成果展示、技术培训、科普惠民等活动，加快"四新"科技成果在生产实践中的应用，更多更好地惠及农业农村农民；引导科研人员深入生产一线向实践和农民学习，练就"在地里面写论文"的真本事，为产业发展奉献力量，真正把科技的翅膀插到生产主战场，让农业产业腾飞起来。"到生产主战场上去"舜耕科技服务团活动月活动举办三届，累计引导组织科研人员2000多人次，投身乡村振兴主战场，在山东省16个地市集中举办较大规模的现场观摩、技术培训、成果展示、科普惠民等活动150余场次，集中展示、推广、普及各类农业科技成果800余项次，直接培训指导乡村人才10000多人次。

1. 举办"四新"科技成果观摩活动。围绕农业增效、农民增收、农村增绿，组织开展了小麦玉米周年丰产增效技术及智慧农机作业现场观摩会、高产优质广适大豆"齐黄34"推广大会、玉米新品种现场观摩会、优质多抗蔬菜新品种观摩会等农业新品种新技术新模式新业态现场观摩、演示活动，向农业企业、农业新型经营主体和职业农民等集中展示推广"四新"农业科技成果，为产业发展提供科技支撑。

推倒四面墙 迎来八面风
——山东省农业科学院综合改革探索与实践

2022年9月28日，联合全国专用大豆产业联盟、山东省农业农村厅和山东省农业技术推广中心在德州禹城共同举办高产优质广适大豆齐黄34推广大会

2. 举办"三田合一"示范展示活动。按照科研创新试验田、技术推广示范田、产业发展样板田"三田合一"的建设要求，聚焦推进农业科研、农技推广和农业生产现代化，开展"高蛋白高油大豆齐黄34示范田现场观摩会""大葱全产业链技术装备示范基地现场演示会"等示范田、样板田展示观摩活动，加快科技与产业融合发展。在招远市穗丰种植合作社实践了"三田合一"模式，多学科协同作战，依托穗丰种植专业合作社，将十亩专家试验田、百亩技术示范田和千亩生产样板田集中布设，集成应用苗带清茬种肥精准同播、麦玉双季秸秆还田、大中微量元素肥料协同增效、病虫草害高效绿色防控等关键技术。与会人员现场观摩了十亩专家试验田、百亩技术示范田和千亩生产样板田，经专家现场测产，夏玉米高产攻关田"鲁单510"亩产达900千克以上，为玉米产业高产稳产提供了品种支撑和技术保障。

第六章 到生产主战场上去
——科技推广服务领域的改革

2022年10月11日，玉米研究所分团在招远市穗丰种植合作社举办玉米"三田合一"样板现场观摩会

3. 举办"新时代新农业新农民"技能培训活动。面向乡村人才振兴，为乡村两委干部、农技推广人才、创业带富人才、新型职业农民、乡村多元实用人才、乡土后备人才等，提供"绿色种养循环农业技术培训会""畜禽粪污综合处理技术培训会"等技术培训服务，实时传授最新、最优、最实用的农业科技成果，助力打造"一懂两爱"乡村人才队伍。

4. 开展农业知识科普惠民活动。运用社会化、群众化科普方式，利用多种科普渠道和信息传播媒介，开展"郓城农产品质量安全科普行活动""阳光玫瑰绿色生产科普活动暨郓城唐庙镇胡庄第一届葡萄采摘节"等科普活动，普及宣讲现代农业科学知识，不断满足人民多层次、多方面农业知识需求。

推倒四面墙 迎来八面风
——山东省农业科学院综合改革探索与实践

2022年9月23日，作物研究所分团在山东泗水召开北方甘薯优质高效轻简栽培技术现场培训会

作物研究所分团举办"百年再出发，迈向高水平科技自立自强——作物育种科技创新与粮食安全"科普活动

二是大力开展"我为老区人民作贡献"活动。为深入推进党史学习教育，践行党的初心使命和根本宗旨，真正把党史学习教育成果，转化为科技支撑革命老区巩固脱贫攻坚成果和建设乡村振兴科技支撑型齐鲁样板的务实行动，2021年在革命老区开展了"我为老区人民作贡献"活动，鼓励引导科研人员扎根革命老区，争当服务老区、奉献老区、造福老区的先锋，不断实现好、维护好、发展好老区人民的最根本利益，真正为老区人民谋福祉、办实事，走好新时代沂蒙山之路。活动坚持"做给农民看、带着农民干、帮助农民销、实现农民富"，赴临沂11个区县举办214场次主题服务活动，其中开展"解难题送实惠暖人心"活动33场次、"兴产强村富民"服务活动62场次、"我助企业提质增效"活动72场次、"新时代新农业新农民"技能提升活动35场次、"农业百科知识进万家"科普惠老区活动12场次，推广"四新"科技成果500多项次，精准服务新型农业经营主体400余家，直接培训指导乡土人才20000多人次。

三是大力开展"专家服务不打烊"舜耕科技信息化服务行动。2021年7月21日，"舜耕科技一键帮"服务平台通过院新闻发布会正式向社会公开发布，上线不到5天，已有260位用户登录平台系统，农业专家集中解答了花生、甘薯、肥料、玉米、蔬菜等7类问题，为山东省农民解决了生产中的实际问题。自"舜耕科技一键帮"开通以来，充分利用现代信息技术手段，开发了小程序平台、网络视频直播和广播直播节目，目前小程序平台进驻山东省农业科学院专家700余位，农民用户4000余位，累计

推倒四面墙 迎来八面风
——山东省农业科学院综合改革探索与实践

访问量达到 68000 次，网络视频直播每年 365 期直播，每期平均关注量 4.1 万人，年关注量约 1496.5 万，先后推出《战疫情、战春耕》《老专家新贡献》《巾帼科技服务》《舜耕科技田间课堂》等专栏，关注量约 1500 万人，总关注量近 3000 万人。

应用案例：

1. 招远市阜山镇刘老汉果业专业合作社社员刘法波、刘兆志，通过新闻发布会了解到"舜耕科技一键帮"服务平台功能及使用方法，当他们在 2021 年 9 月 6 日遇到水果储藏问题时，立刻通过"舜耕科技一键帮"服务平台，电话联系到果树研究所辛力研究员，向辛力研究员详细请教了具体储藏方法，并邀请专家赴合作社基地进行现场指导。2021 年 9 月 15 日，招远市阜山镇第一镇长刘成、招远市乡村振兴局第一局长徐浩、果树研究所辛力研究员、农业信息与经济研究所技术人员齐康康等，去果园现场就果实储藏及服务平台使用问题进行了现场沟通交流，辛力研究员将持续跟进果品储藏问题。

2. 依托平台，大豆专家张礼凤老师一直积极解决一线生产问题。

农民：张教授您好！我准备在本月 20 日种植大豆，请您指教这个时间还行吗？

已通过加张老师微信联系解决。

农民：张老师您好！请问齐黄 35 大豆种是哪家公司给咱农科院合作培育的？今年我想种大豆！

回复：今年种子量不够，可能买不到，明年能有，今年种其他品种吧。

农民：老师您好！齐黄34最高能耐受的盐碱条件是什么程度，夏季到秋季雨水多，地里积水会不会影响品质。

回复：齐黄34在盐碱3‰以下种植，盐碱地对品质影响不大。略有降低。

农民：老师您好！抗盐碱的大豆品种在哪可以买到呀？

回复：现在大豆没有专门的耐盐碱大豆，只是对现有品种在盐碱地种植，看其产量对其耐盐碱程度有一定了解。

农民：请专家介绍，适合山东省夏播的早熟高产品种。谢谢！

回复：推荐大豆品种齐黄34。

第七章　专家至上、职工利益至上
——"放管服"领域的改革

党的十八大以来，党中央、国务院高度重视激发科研人员创新积极性，2015年，首次提出了"放管服"改革的概念。2018年7月，印发了《国务院关于优化科研管理提升科研绩效若干措施的通知》，提出贯彻落实中央推进科技领域"放管服"改革的有关要求，建立完善以信任为前提的科研管理机制，按照能放尽放的要求赋予科研人员更大的人财物自主支配权。2019年7月，科技部、教育部、发展改革委、财政部、人力资源社会保障部、中科院6部门联合印发的《关于扩大高校和科研院所科研相关自主权的若干意见》，提出进一步完善相关制度体系，推动扩大高校和科研院所科研领域自主权，全面增强创新活力，提升创新绩效。国家层面上密集出台的政策文件，释放了有利于科研创新的政策红利，近年来政府工作报告也明确指出了要充分尊重和信任科研人员，下放权限，激发活力，促进创新驱动。

习近平总书记也高度重视科技领域"放管服"，"要着力改革和创新科研经费使用和管理方式，让经费为人的创造性活动服务，而不能让人的创造性活动为经费服务""不能让繁文缛节把

第七章 专家至上、职工利益至上
——"放管服"领域的改革

科学家的手脚捆死了,不能让无穷的报表和审批把科学家的精力耽误了""给予科研单位更多自主权,赋予科学家更大技术路线决定权和经费使用权,让科研单位和科研人员从烦琐、不必要的体制机制束缚中解放出来",为科技领域"放管服"改革指明了方向,提供了遵循。作为科研事业单位,要进一步推进简政放权、放管结合、优化服务,进一步完善相关制度体系,改革和创新科研经费使用和管理方式,建立让科研人员把主要精力放在科研上的保障机制,让科技人员把主要精力投入科技创新和研发活动。本章涵盖深化"放管服"改革、财务制度改革、国有资产管理一体化改革和招投标一体化改革。

一、深化"放管服"改革

(一)如何改

一是加快推进规章制度"立改废"。发挥制度引领、规范和保障作用,坚持推陈出新与总量控制相结合,及时建立、保留、修订、废止各项制度,以制度建设推进"放管服"改革。坚持压缩总量、精简篇幅,强化各项制度的规范性、科学性、系统性和可操作性,规定新出台的规章制度和规范性文件原则上不超过5000字。研究出台《关于加快推进院所治理体系和治理能力现代化的实施意见》,建设包括人才工作、科研项目、成果转化、财务审计、国际合作、推广服务、后勤保障、老干部服务八大服务体系,从树立理念、重塑职能、优化流程、提高效能等各个方面

推倒四面墙　迎来八面风
——山东省农业科学院综合改革探索与实践

中共山东省农科院委员会文件

鲁农科党发〔2021〕3号

中共山东省农业科学院委员会印发《关于加快推进院所治理体系和治理能力现代化的实施意见》的通知

院属各部门、各单位党委（总支、支部）：

《关于加快推进院所治理体系和治理能力现代化的实施意见》已经院党委会会议研究通过，现印发给你们，请结合实际认真贯彻执行。

中共山东省农业科学院委员会
2021年1月26日

—1—

关于加快推进院所治理体系和治理能力现代化的实施意见

为加快推进院所治理体系和治理能力现代化，推动全院实现内涵式、高质量发展，根据《中共中央关于坚持和完善中国特色社会主义制度、推进国家治理体系和治理能力现代化若干重大问题的决定》《中共山东省委关于深入贯彻落实党的十九届四中全会精神的实施意见》等文件精神，结合我院实际，提出如下意见。

一、总体要求

1. 指导思想。以习近平新时代中国特色社会主义思想为指导，深入贯彻党的十九大和十九届二中、三中、四中、五中全会以及省委十一届十二次全会精神，聚焦习近平总书记视察我院重要指示精神的落地生根，结出硕果，坚持以党的建设为统领，以制度体系创新为手段，以执行能力提升为保障，以治理效能优化为目标，建立既符合当前实际，又指导长远发展的现代院所治理体系，实现思想理念、管理体制、治理能力的科学化与系统化提升。

2. 基本原则。

——坚持党的领导与科学管理相统一。强化党建引领，将坚持和加强党的全面领导落实到管理体制、运行机制、制度体

—2—

《关于加快推进院所治理体系和治理能力现代化的实施意见》

中共山东省农科院委员会文件

鲁农科党发〔2020〕30号

中共山东省农业科学院委员会关于印发《山东省农业科学院关于深化"放管服"改革的意见》的通知

院属各部门、各单位党委（总支、支部）：

《山东省农业科学院关于深化"放管服"改革的意见》已经院党委会会议研究通过，现印发给你们，请遵照执行。

中共山东省农业科学院委员会
2020年9月18日

—1—

山东省农业科学院关于深化"放管服"改革的意见

为贯彻落实党中央、国务院关于推进科技领域"放管服"改革要求及省委关于科教体制攻坚行动、流程再造攻坚行动等部署要求，进一步推进简政放权、放管结合、优化服务，通过转变服务职能、改善服务作风、优化服务环境、提高服务质量，最大限度缩短办事时间，最大限度精简办事环节，促进形成充满活力的科技管理和运行机制，以深化"放管服"改革更好激发广大科研人员创新创业活力。现提出如下意见：

一、总体要求

1. 指导思想。以习近平新时代中国特色社会主义思想为指导，深入学习领会党的十九大和十九届二中、三中、四中全会精神，持续贯彻落实习近平总书记视察我院重要讲话精神，扎实推进省委省政府"深化制度创新、加快流程再造"重要举措落实落地，牢固树立"专家至上""职工利益至上""马上就办、一次办好""精细精准服务"等一系列服务理念，解放思想、振奋精神，改革创新、真抓实干，突出"最多跑一次、一次办好""最多跑一处、一处帮办""最多报一次、一表多用""最多审一次、结果通用"，全面提升科研院所治理水平和治理能力现代化，推动全院各项事业高质量发展。

2. 基本原则。

——坚持职能重塑。围绕我院综合改革需求，进一步理顺

—2—

《山东省农业科学院关于深化"放管服"改革的意见》

第七章 专家至上、职工利益至上
——"放管服"领域的改革

对深化"放管服"改革作出规定。出台《关于"放管服"改革的意见》,坚持职能重塑、问题导向、建章立制、流程再造,开展规范用权行动、体制创新行动、专家至上行动、管理优化行动、流程再造行动等五大行动。出台《山东省农业科学院为科研人员"松绑减负"十条意见》《中共山东省农业科学院委员会关于实施容错免责激励改革创新十条意见》《关于支持科研人员在院内自由流动的意见》等系列配套制度,保障"放管服"改革顺利进行。建立院所两级职工代表大会制度,完善院所分类管理体制、民主决策机制,对全院职工参与院内决策、提升民主治院水平发挥了重要作用。

《关于印发〈山东省农业科学院为科研人员"松绑减负"十条意见〉的通知》

推倒四面墙　迎来八面风
——山东省农业科学院综合改革探索与实践

中共山东省农科院委员会文件

鲁农科党发〔2020〕37号

中共山东省农业科学院委员会
关于实施容错免责激励改革创新十条意见

院属各部门、各单位党委（总支、支部）：

为深入贯彻落实院党委"实干兴院"总要求，推动全院各项事业高质量发展，激发干部锐意改革创新、勇于担当作为的积极性、主动性、创造性，根据中共山东省纪委机关、中共山东省委组织部《关于激励干部担当作为实施容错纠错的办法（试行）》，结合我院"廉洁院所"建设要求和工作实际，提出以下十条容错意见。

第一条　容错必须具备的前提条件是：党章党纪、法律法

《中共山东省农业科学院委员会关于实施容错免责激励改革创新十条意见》

二是最大程度下放管理权限。"放"是"放管服"改革的起点与重点，通过厘清权利界限、扩大院属单位及其创新团队自主权限，减少对科研创新的行政干预，从而给科研人员松绑。主要从三个方面着力，一是明确院所权力清单。对院所现有职权事项进行全面梳理，进一步厘清院机关和研究所的权力界限，界定好每个部门、每个岗位的职责与权限，将职权目录、实施主体、具体办理流程等以清单方式进行列举和图解，在全院范围内公开，使院所两级各尽其职、各履其责、相互协同、创新发展。二是实行"五权下放"。按照"应放尽放、减无可减、放无可放"原

第七章 专家至上、职工利益至上
——"放管服"领域的改革

山东省农业科学院文件

鲁农科发〔2021〕7号

关于支持科研人员在院内自由流动的意见

院属各部门、各单位:

为推进人才资源在院内创新团队间优化配置,进一步给科研人员松绑减负,激发人才创新创造活力,提升创新团队建设质量,推动学科高质量发展,现就支持科研人员在院内自由流动提出如下意见:

第一条 支持科研人员根据自身专业特长和科研方向,提出加入其他创新团队的申请,申请人原则上在选择的领域要具有一定研究基础和行业认可度。

第二条 充分落实团队首席专家"组阁权",对申请人学术背景、科研方向、研究基础等符合团队学科发展方向、团队负

—1—

《关于支持科研人员在院内自由流动的意见》

则,将学科首席"组阁权"、技术路线"决策权"、项目经费"支配权"、科研绩效"分配权"和引进人才"选择权"五大权力全部下放到团队,让创新团队拥有更大的"人、权、事"自主权,推动创新团队自由灵活、做大做强。三是将一批管理事项由审批制改为备案制。以"因公出国审批"为例,调整因公临时出国(境)备案流程,下放不担任领导职务的专业技术人员兼职审批权限、科技报告的审核权限,最大限度减轻科研人员办事手续。

三是创新科研人员创新创业有利机制。 为创造有利于科研人员创新创业的环境,研究出台《落实科研人员创新创业有关政策

的实施意见》，鼓励科研人员以兼职创新、在职创办企业、离岗创业、企业工作或参与项目合作等方式，参与研发平台建设、开展创新项目合作、技术攻关和科技成果转化等"双创"活动。科研人员在开展"双创"期间享受以下优惠政策：继续享有参加职称评聘、项目申报、考核、奖励等各方面权利；兼职创新、在职创办企业人员工资、社会保险等各项福利待遇不受影响；选派到企业工作或者参与项目合作的人员，选派期间与派出单位在岗同类人员享有同等权益，并与派驻企业职工同等享有获取报酬、奖金的权利，国家和省另有规定的除外；离岗创办企业人员，保留人事关系，工龄连续计算，这些优惠政策消除了科研人员的后顾之忧，让他们能够积极投身于经济社会发展当中。

四是创新科研活动过程监管机制。 在放权到位的同时，注重优化对科研工作过程的科学管理，更加突出科研本身的价值和地位。一是建立科技创新决策咨询机制。完善院所两级学术委员会科技创新决策咨询职能，结合"第一所长""产业研究员"顶层设计、产业规划优势，在事业发展规划、学科发展方向、对外合作交流、重大科研平台建设、重大科研项目申报、重大科技成果培育、创新团队建设等方面，为院所事业发展提供咨询支持。二是创新科研诚信管理机制，建立以诚信建设为前提的科研管理机制，改革科研经费使用管理方式，加大资金信息公开力度，实施科研经费管理和科研人员经费使用负面清单制度。三是实施"最多审一次"制度，在管理过程中减少对科研活动的审计和财务检查，实行检查结果通用共享，并避免多头检查；对实施周期三年以下的项目以承担单位自我管理为主，不再进行中期检查。四是推行院级"材料一次报送"制度。加强各部门之间数据共享，整合科技管理各项工作和计划管理的材料报送相关环节，要求凡是一个部门已要求提供过的材料，不得再让单位或科研人员重复提供，实现一表多用。

五是建设智慧农科院 2.0 系统。运用信息技术、互联网技术提升院所治理能力、提高工作效率是"放管服"改革的必由之路。我院秉承"线下跑"向"网上办"转变的管理理念，积极探索"互联网+智慧园区"模式，利用人工智能、大数据、物联网等技术，实施"智慧农科院 2.0 系统"建设行动，建设面向管理层、职工的院所两级互通融合的数字化管理系统，利用信息化技术打造"线上"服务集合体，实现"一网通办"。该系统采用 1（综合管理平台）+3（院级一体、所内一体、院所一体）+N（13 个业务系统）整体架构，坚持三位一体管理，以"横向一张网，纵向一条线"为建设目标，强化跨层级、跨部门、跨业务协同管理，构建"智慧办公""智慧人事""智慧科研""智慧行政"等 13 个业务系统，推动数据融合、业务融合、技术融合，破解数据采集实时性差、反复录入工作量大、统计不及时、难以追溯、日常办公受限于时间和空间等问题，从而搭建一站式数据管理体系。该系统通过构建全程线上办理、办公无纸化和数字台账，实现全类型多维数据协同高效管理、安全快速流转、互联交换共用；各类数据一人录入、一次录入、一次审核、终身使用、多方共享，"公文流转""请假""报销""合同""盖章"等日常审批流程实现在线完成、全程留痕，具备网上办公、移动办公功能，信息能够定向发送、群体发送，即时到达电脑端、手机端，并且提供手机提醒、查看反馈服务，从而让数据多跑路、专家少跑腿。该系统以科研信息化、管理信息化、信息传播能力水平明显提升推动办事办公更加便捷高效，大幅减少我院职工跑腿次数和工作负担。

六是建设专家服务大厅。 为了打破各部门管理隔阂，避免资源消耗浪费，有效提升管理效率，为科研人员建立"一站式""保姆式"服务平台，我院在全国科研院校中首创建设专家服务大厅。按照"能进则进、应进尽进、便民快捷"的原则，专家服务大厅进驻单位包含财务核算中心和院机关10个部门，进驻事项涵盖人事、科研、成果转化、因公出国等各方面事项共计40余项，由院领导和处长轮流值班，让广大科研人员能够进一个门，办所有事。建立了首问负责制、限时办结制、一次性告知制、AB角工作制等制度，改串联为并联，跨层级纵向联动，集中办公，上下协同，由牵头部门负责调动协办部门工作，通过容缺受理、数据共享、材料互认方式，实现"一件事"一窗受理、一张表单、一组流程、一套材料、限时办结，让科研人员"最多去一处、一处帮办""最多报一次、一表多用""最多审一次、结果通用""最多跑一次、一次办好"。为实现高效运行，通过院网站发布了机关处室进驻服务大厅事项清单、流程及所需附件，编印了《山东省农业科学院专家服务大厅工作规范》《山东省农业科学院专家服务大厅业务流程》等。在运行过程中，专家服务大

第七章 专家至上、职工利益至上
——"放管服"领域的改革

专家服务大厅揭牌仪式

时任山东省副省长李猛（左三）到专家服务大厅调研

厅还对机关内部办事流程进行了改革，对合同签署、项目验收等专家服务大厅业务流程进行优化，对院法人证使用手续和一般合同审批程序进行了简化，推出了一批"零跑腿"服务事项标准化清单和"只跑一次"事项清单，按照最短时间、最快审批的要求，实现高效便捷化办理，把科研人员从填表、报表等具体事务中解脱出来。

专家服务大厅工作规范（试行）

七是建立保障科研人员工作时间机制。针对当前科研人员存在受科学研究之外的事务性负担较重的问题，我院下文明确规定院属单位各类会议安排在周一召开，应景性、应酬性活动、接待性会议一律不让科研人员参加，确保工作日用于科研工作的时间不少于4/5，让科研人员心无旁骛、沉下心来进行科学研究。支持科研人员根据自身专业特长和科研方向在院内自由流动，鼓励科研人员以"柔性加盟"的方式参加其他创新团队，开展联合科研攻关，最大限度发挥个人优势和作用。实行服务专员制度，为高层次人才在入职、户籍、住房、医疗、家属、子女入学等环节提供全方位、个性化服务，在全院范围内营造尊重人才、尊崇创

第七章 专家至上、职工利益至上
——"放管服"领域的改革

新、成就人才的良好氛围，形成"近者悦、远者来"的人才发展生态。

八是开展解决职工最不满意的 10 件事活动。 为解决职工的后顾之忧，我院坚持"直面问题是勇气，解决问题是水平"，强化问题意识，建立逆向思维决策机制，在全院广大职工中公开征集"职工最不满意的 10 件事"，涵盖科研管理、民生保障、后勤服务等方面，每一件都与职工的切身利益密切相关，旨在从群众最有意见的问题改起，通过办实事来暖心、凝聚力量、营造环境。同时建立职工监督批评党委制度，建立职工评议团，由职工评议团每两个月对整改工作进行调度和评价，由职工代表现场打分，并在全院通报，倒逼职能部门和院所为职工做好服务工作。年底进行满意度测评，将职工对这 10 件事整改落实情况的满意

"职工最不满意的 10 件事"公开交办会议

推倒四面墙 迎来八面风
——山东省农业科学院综合改革探索与实践

度作为各部门考核评价的重要指标,按照打分进行排序,推动各项事项顺利解决,提升职工的满意度、幸福感,凝聚起干事创业的磅礴力量。

九是开展纪律作风大整顿活动。转变工作作风,解决好科研中的非科研因素,是实施"放管服"改革的必然要求。为此,我院连续3年开展纪律作风大整顿活动,集中整治不守纪律,不担当不作为,本位主义、自由主义、好人主义,搞"小圈子",处室间沟通不到位、各自为政、职责权力部门化个人化,新官不理旧账,形式主义官僚主义,领导干部与科研人员争荣誉、争项目、争课题、争利益,告"黑状"等九种不良风气。在整顿活动过程中坚持突出重点、整体推进,把深化学习、突出重点、自查整改、抽查检查、建章立制贯穿全过程、各方面,确保活动落实到位、取得实效。整治教育相结合,在全院开展了包括"创新、

院党委理论学习中心组(扩大)会议

实干、自强、奉献"新时代农科精神、农业科研战线六大先进典型精神和我院五种先模精神的宣讲宣传，引导广大科研人员顽强拼搏、奋勇前进，顶天立地、科技为民；开展了知识分子大修身活动，采取多种形式广泛深入开展修学、修心、修德、修为、修礼、修廉等"六修"工程，不断筑牢全院职工推动强院建设的共同思想文化基础。

（二）改革成效

在"放管服"改革过程中更多注重"加法"改革，2020年以来机关处室新出台各项制度100余项。"放管服"改革一系列改革举措给科研人员提供一个宽松高效的科研环境，让科研人员从繁重的事务性工作中解脱了出来，全院科研生态得到改变、工作流程得到改造、工作作风得到转变，在全院形成了干事创业的良好氛围，广大科研人员科研创新的积极性、主动性和创造性明显提高。最直接的成效体现在智慧农科院2.0系统和专家服务大厅等建设上。

智慧农科院2.0系统作为提高院所信息化水平的重要手段，全面上线后，建立、优化、扩展了人事、推广、科技管理、审计、移动办公等各大业务系统。截至2022年12月，综合办公系统数据量10.3万余条，涵盖通知通告、请假、督查督办、用章、会议室预约、资料库等。实现了全时空多终端多元信息采集，在手机端，专家随时随地提交各类业务相关的一线生产现场数据、文字、图片、视频等科研信息；职称评审全面"线上"进行，专

推倒四面墙 迎来八面风
——山东省农业科学院综合改革探索与实践

家人员从人事、科研、推广等系统直接提取（论文、奖励、人事信息、成果转化等）代表作信息，形成职称申报材料，系统自动根据指标体系计算专家定量得分，评审专家远程在线给出定性评价，形成实际得分，全程透明、公开；采用的人脸识别技术实现了职工在院内无感式快速通行（园区门禁、车库门禁）、刷脸就餐，办公环境更加高效、便捷。该系统还把各个层级各个方面数据实时汇聚到数据中心，构建数据融合共享"数据湖"，为管理层制定决策提供了有效数据和科学支撑。

专家服务大厅成为服务职工的最直接的载体，使机关干部与职工面对面走得更近、作风更实，真正做到了服务有温度、办事有速度。自2021年6月成立以来，专家服务大厅对合同签署、项目验收、院法人证使用手续等10余项业务流程进行了优化，截至2022年底，共接待各类办事人员11500余人（次），办理业务近19800余项（个）。

此外，通过"放管服"改革，12名科研人员实现院内流动，130多人正在通过企业兼职、离岗创业等多种方式开展"双创"活动，解决"职工最不满意的10件事"群众满意度均达到90分以上。

二、财务制度改革

2016年中共中央办公厅、国务院办公厅发布《关于进一步完善中央财政科研项目资金管理等政策的若干意见》，明确要求改革现有科研经费管理模式，推动形成具有活力的科技运行机制，

第七章 专家至上、职工利益至上
——"放管服"领域的改革

以激发科研创造力。2018年,《国务院关于优化科研管理 提升科研绩效若干措施的通知》,要求建立完善以信任为基础的科研管理体制,充分调动科研人员的积极性和创造力。通过调研发现,科研人员普遍反映报销签字过多、报销附件过多、报销中存在反复补充完善附件等,从而造成的科研经费报销慢、报销繁问题。如何让改革政策落实到"最后一公里",切实解决科研经费"报销繁";如何让科研人员体会到改革带来的变化,不断提高财务服务满意度,成为财务管理与服务亟待解决的问题。

(一)如何改

一是强化顶层设计,明确工作思路,确保改革的正确方向和精准有效。围绕建立以诚信为前提的经费管理机制,以"机制最畅、流程最简、效率最高"为改革目标,以"最大限度精简办事环节,最大限度缩短办事时间,最大限度放权到科研人员和团队"为着力点,实施"五个一"财务管理提升计划,形成配套完善的"1+N"财务制度体系,解决报销慢报销繁等问题,为科研人员"松绑减负",有效激发科研人员创新积极性,全面提升财务服务事业发展的能力和水平。

二是强化系统思维,分步实施稳妥推进,提升财务制度改革实施成效。山东省先后实施四轮科研经费管理改革,逐步推动科研经费从"用得好"向"更好用"转变。山东省农业科学院紧密对接国家及省关于科研经费管理方面的最新政策要求,按照"放管服"的总体思路和政策中有关改进资金管理、赋予科研院所更大自主权和提升管理服务水平的意见,形成了配套完善的科研项目资金制度体系,确保各项改革政策"接得住、管得好"。

1. 2020年启动财务制度改革。在前期财务管理提升活动和"1+6"科研项目经费制度体系(即《山东省农业科学院关于贯彻财政科研项目资金管理政策的实施意见》以及《山东省农业科学院差旅费管理办法》《山东省农业科学院劳务费和专家咨询费管理办法》《山东省农业科学院培训费管理办法》《山东省农业科学院会议费管理办法》《院因公临时出国(境)经费管理办法》《山东省农业科学院横向科研经费管理暂行办法》)基础上,2020年进一步推进财务领域"放管服"改革,加快业务流程再造,解决财务报销和经费管理中存在的"堵点""难点"问题,强化"靶向"思维,推出了"十大创新"举措,制定出台了"1+4"财务制度改革配套文件(即《山东省农业科学院关于深化财务制度改革的实施意见》《山东省农业科学院关于进一步规范财务报销管理的规定(试行)》《山东省农业科学院科研财务助理管理办法(试行)》《山东省农业科学院关于财政科研项目资金放权管理实施办法》《山东省农业科学院科研经费"包干制"管理试行办法》),优化业务流程,精简报销附件,赋予科研人员更大的经费使用自主权。围绕着力解决科研经费报销繁、报销慢等问题,赋予科研人员更大的经费使用自主权。"1+4"财务制度改革配套文件,主要包括1个总体改革意见和4个配套支撑办法(规定)。

《山东省农业科学院关于深化财务制度改革的实施意见》作为财务制度改革的总纲,明确了改革的目标、任务和路径,进一

第七章 专家至上、职工利益至上
——"放管服"领域的改革

《中共山东省农业科学院委员会印发〈山东省农业科学院关于
深化财务制度改革的实施意见〉的通知》

步明确完善横向课题经费管理，放活横向课题经费管理，横向委托项目完成后获得的净收入，按合同约定进行分配和提取报酬，合同中无约定的按照院有关办法执行。分类明确获取不同资金来源的横向课题经费的票据使用，为承担横向课题提供最大便利。针对科研人员反映集中的报销慢、报销繁等问题。制定了《院关于进一步规范财务报销管理的规定》和《山东省农业科学院科研财务助理管理办法》。创新性提出了对科研经费列支的差旅费试行"包干制"、科研经费财务审签不超过3个人、零星试剂材料

推倒四面墙　迎来八面风
——山东省农业科学院综合改革探索与实践

采购"零库存"制、放宽公务卡使用管理、按照"减无可减"原则精简财务附件、推进财务业务标准化、332限时办结制等措施，解决财务报销繁、报销慢等问题。针对赋予科研人员更大的经费使用自主权制定了《院关于财政科研项目资金放权管理实施办法》。按照"放无可放"的原则，进一步加大科研项目经费放权力度，从简化预算编制内容、预算调剂权限下放至团队、提高间接费用提取比例、扩大劳务费开支范围、扩大零余额账户资金划转范围等方面，为科研人员预算编制和经费使用提供最大便利。出台了省内第一个科研经费"包干制"管理办法《山东省农业科学院科研经费"包干制"管理试行办法》，明确了经费的试点范围和包干经费具体使用要求，为科研人员经费使用提供便利。

2. 2021年深化财务制度改革。贯彻落实国务院办公厅《关于改革完善中央财政科研经费管理的若干意见》文件精神，厚植"专家至上"理念，建立以信任为前提的经费管理工作机制，进一步推进科研经费包干制试点工作，制定出台了《山东省农业科学院关于改革完善科研经费管理的十条意见》。扩大了科研经费"包干制"实施范围，下放预算调剂权，科研经费中的国际合作与交流费、会议费不受零增长限制，科研项目发生的交通费纳入"差旅费"列支，全面推行科研财务助理及专员代办制度，创新性地提出异地科研活动业务用车可租用社会车辆，科研项目在单位会议室召开的会议可就近用餐。

重塑业务工作流程，制定印发了《山东省农业科学院财务报销附件清单（试行）》，精简附件46项。针对事业单位改革过渡

第七章 专家至上、职工利益至上
——"放管服"领域的改革

中共山东省农科院委员会文件

鲁农科党发〔2021〕45号

关于印发《山东省农业科学院关于改革完善科研经费管理的十条意见》的通知

院属各部门、各单位党委（总支、支部）：

《山东省农业科学院关于改革完善科研经费管理的十条意见》已经（2021）47次院党委会研究通过，现印发给你们，请遵照执行。

中共山东省农业科学院委员会
2021年12月13日

— 1 —

《关于印发〈山东省农业科学院关于改革完善科研经费管理的十条意见〉的通知》

期支付业务、政府采购、职责权限、票据开具等，制定印发了业务衔接明白纸，推进业务流程标准化。按照"一张图、一张表、一个小册子"的要求，分类制定财务业务标准化流程，初步构建起全院财务业务标准化体系。

践行"放权不是放任"的管理理念，印发了《科研经费"负面清单"十个严禁》，进一步加强科研经费管理、严肃财经纪律，建立科研经费管理长效机制。通过多种形式调研了解院属单位财务信息公开情况，拟定了财务管理诚信工作机制建设方案；以财务业务标准化建设夯实财务诚信基础。规范职责权限，印发了

《关于明确财务资产事项授权相关问题的通知》。进一步规范山东省农业科学院完成机构改革后单位主要负责人管理权限及责任，签订《财务资产事项授权书》，明确部门单位责任被委托权限及相关责任义务。

3. 2022年财务制度改革提质增效。贯彻落实中央关于深化改革创新、形成充满活力的科技管理和运行机制的要求，根据山东省人民政府办公厅《关于改革完善省级财政科研经费管理的实施意见》等有关规定，结合巡视整改要求及院科研财务助理管理现状，全面推进科研财务助理制度，印发了《关于加强和完善科研财务助理管理工作的通知》，督促院属各单位完善科研财务助理队伍建设。印发了《关于进一步发挥科研财务助理人员作用的建议函》，从提高政治站位、完善人员配置、明确岗位职责、加强业务培训、强化管理保障五个方面提出意见建议，推进全面落实科研财务助理制度，有效发挥科研财务助理人员作用。印发了《关于财务报销推行"专员代办制"的建议》，提倡借鉴有关单位推行"专员代办制"的经验。

建立起科研经费分析预警机制，制定印发了《关于加强全院基本存款账户科研经费分析预警工作的通知》，采用单位科研项目经费余额、财务报表及银行账户资金结构分析相结合的方法，对经费挤占问题及时预警。注重目标结果深化预算绩效管理理念，制定印发了《山东省农业科学院预算绩效管理实施办法》，全面推进预算绩效管理，强化预算绩效责任，提高财政资源配置效率和资金使用效益。以资金管理为主线，建立涵盖事前评估、

第七章 专家至上、职工利益至上
——"放管服"领域的改革

目标编报、绩效监控、项目评价、结果应用的全过程管理。以评价为手段，提高部门履职能力，为院属各单位有效开展相关工作提供了业务遵循，促进预算绩效管理制度改革实施落地。

三是强化结果导向，确保制度落实落地发挥成效。为强化制度实施，在广泛调研的基础上，制定了《院财务制度改革落实提升方案》，全力抓好制度的落实落地，切实发挥改革成效。

1. 成立院财务核算中心，实施财务集中办公。为适应机构改革需要，成立了院财务核算中心，对合并后的院机关、基地管理中心及12个内设研究所实施财务集中核算。按照院对每个单位相对独立管理的要求，围绕"新建一账套、开设一通道、更新一票据、统一一账户、规范一标准、服务一专线"六项改革要点开展工作。对外一个法人单位，按照一套账分部门单独核算管理；一个一级银行账户，分子账户管理各内设机构资金；一个税号，统一开具税务发票，内部实行收款收据结算，加盖内部方章进行区分；对财政一套预、决算管理。根据业务需求设置工作岗位任用会计人员，实行财务人员集中管理、单位网上预约报销、报账员送单报账支付、核算会计"一对一"服务管理。运行中加强财务服务、业务标准、审核监督、信息共享等内部建设。

2. 深入开展制度实施调研和督导。按照《院财务制度改革落实提升方案》，组成调研组到有关单位开展实地调研，了解制度办法的实施情况。分层次召开班子成员、科研专家、财务人员等不同层面座谈会，详细听取制度实施过程中遇到的问题、经验做法及意见建议。在实地调研的基础上，集中组织召开科研人员代表座谈会、财务人员代表座谈会等,进一步全面了解改革制度实施情况。认真研究分析制度执行中遇到的问题,为制度办法的完善提升和深化改革提供支撑。以山东省"会计基础工作规范年"建设活动为契机,以评促建,以评促改,以评促管,评建并举,促进全院"规范化"建设工作提升。组成专门工作小组,抽取30%的单位进行现场督导检查,重点检查会计岗位、会计人员、会计核算、内部控制、会计监督等会计基础工作规范完成情况,夯实会计工作基础。

3. 开展改革制度落实互查活动。在召开不同层面座谈会、实地检查、深入调研等督导落实的基础上,院计财处组织院属单位财务人员开展制度实施互查活动。根据单位实际,制定互查工作方案,组成5个互查工作组,于2020年底对驻济单位制度落实情况进行了全面互查。围绕"1+4"配套办法,主要互查了财务报销审签情况、财务报销附件精简情况、"包干制"落实情况、限时办结制及一次办结制落实情况、科研项目资金放权落实情况5个方面的内容。结合实际,互查采用召开科研人员(每个单位6~10名)座谈会、查阅原始凭证、会议纪要等资料,听取财务人员说明等方式。通过互查活动的开展,财务人员互相学习,取长补短,对进一步推进财务改革制度深入实施发挥了重要作用。通过召开不同层面座谈会、实地检查、互查等形式,共听取200余人次科研人员意见,分类抽取原始凭证200余份。科研人员总体认为,院财务制度改革"1+4"配套办法,全面贯彻落实"专家至上""马上就办,精益求精"工作理念,以问题为导向,想科研人员之所想，切实做到了使科研人员"松绑减负"。

4.建立五项制度提高满意度情况。在对"职工最不满意的10件事"评选中，针对"财务报销慢、报销繁"问题，建立"首问负责制、限时办结制、服务承诺制、公开透明制、责任追究制"五项制度，聚焦问题症结，寻求解决途径。院财务核算中心成立后进一步优化业务工作流程，在专家服务大厅实现了到业务受理任一窗口均可办理报销业务，不再分单位、分人员受理报销业务，提高服务效率。出台《院财务核算中心关于更好服务核算单位的十条意见》，更好为核算单位提供精细精准和全方位财务服务。

（二）改革成效

通过建立适应科技创新规律、统筹协调、职责清晰、科学规范、公开透明、监管有力的科研项目和资金管理机制，为推进院所治理体系治理能力现代化提供强有力的制度支撑。2020年被列为省级财政科研项目经费包干制试点单位，完善学术和财务助理制度人才政策创新和落实试点单位，改革成效多次获山东省有关部门改革探索实际经验总结约稿，改革情况在山东省财政教科文工作会议上作典型发言。浙江省农业科学院、江苏省农业科学院、河南省农业科学院等全国10多家兄弟单位纷纷来院学习财务制度改革的意见办法。

科研人员普遍反映在减少报销审签人数、精简报销附件、科研项目列支的差旅费包干、部分科研项目经费包干、加大科研项目资金放权力度、限时办结等方面较改革前都发生了很大变化。

推倒四面墙　迎来八面风
——山东省农业科学院综合改革探索与实践

大家一致认为，通过财务制度改革办法的实施，报销签字少了、附件少了，报销比以前快多了；经费使用放权到了团队和科研人员，立足科研实际的创新举措，经费使用非常方便了；"负面清单"清晰划出"红线""底线"，科研人员能够做到心中有数、行有所戒了；基本实现了"最大限度精简办事环节，最大限度缩短办事时间，最大限度放权到科研人员和团队"的改革目标，科研人员总体上非常满意，满意度测评达到 90 分以上，给予了高度评价。

一是着力于"减"，拓宽"放"的广度。针对科研经费放权问题，明确"放"与"管"的边界，按照"放无可放"原则，扩大科研项目团队自主权，简化预算编制内容、下放预算调整权限、提高间接费用比例等，围绕"五权"下放，政策力争放权到团队，为科研人员提供最大化便利。针对财务报销"慢"的问题，创新性提出了科研经费财务审签原则上不超过 3 人，通过采取减权、放权、授权等方式，最大限度减少报销审签级次，再造报销业务流程。区别事权审批和财务审批，按照"减无可减"原则，优化精简各类财务报销附件 46 项，实现报销附件精简化、标准化和统一化。区别于政府机关"三公五费"管理方式。对为完成科研项目任务目标、从科研经费中列支费用的国际合作与交流、会议费不纳入"三公"经费统计范围，不受零增长要求限制。

二是着力于"改"，强化"管"的力度。按照财务制度改革办法，推行事前审批"一表通"，事权与财权实现了有效分离。

第七章 专家至上、职工利益至上
——"放管服"领域的改革

强化有效管理和自我约束，系统提出了公开公示、负面清单、责任倒查等监督检查机制。以财务业务标准化建设夯实财务诚信基础。提出了统筹协调各种监督检查和抽查评估，实行检查结果信息共享和互认，避免重复检查，切实减轻科研人员科研工作之外的负担。

三是着力于"优"，提升"服"的热度。 通过全面推行科研财务助理制度，充分发挥科研财务助理的作用，提升为科研人员经费使用提供专业化服务水平。推行财务报销"332"限时办结制，最大限度提高财务报销效率。财务可以充分发挥网上银行快速支付功能，科研人员紧急事项可以做到即时付款转账。实行容缺报销管理机制，允许报销时通过备案登记等方式先受理，后补充证明附件原件、重新提供支付信息，助力科研项目的高效执行。在院专家服务大厅设立集中核算中心，实现了财务集中办公和会计核算口径统一，为科研人员财务业务提供"一次受理、一次办结、一次办好"的精细精准服务。

四是着力于"新"，突破"创"的实度。 加大科研经费放权力度，争取省农业科技创新工程部分经费纳入经费"包干制"试点。创新性提出了对科研经费列支的差旅费试行"包干制"，实施差旅费"综合补助"，总额控制、包干使用。创新性提出了零星试剂材料采购"零库存"制，为科研人员试剂材料管理使用提供最大便利。从科研人员实际需求出发，创新性改进异地科研活动业务用车经费使用，改进科研项目会议定点用餐报销管理。赋予科研人员更大的经费使用自主权。

五是着力于"用",增强"落"的精度。通过健全财务制度框架,建立起有效的财务监管制度体系。从管理体制、运行机制等方面补短板、堵漏洞,全院累计修订完善各类财务管理制度办法130余条。以制度建设为抓手,逐步建立起事权与责任相适应的财务管理工作机制,真正实现了"用制度管人、以程序办事",全面提升了财务"精细化"管理服务水平。升级了财务信息化建设,全面推进内设科研试验机构网上报销,实现了网上预约、会计核算、预约支付信息查询、项目进度查询、工资收入查询等财务管理一体化服务。推行"公务之家"网上报销改革,包括院本级在内的10个独立法人单位全部已通过系统办理差旅业务。累计注册用户2637人,通过系统提交出差申请6871单,已完成网上报销5475单,网上报销金额1031.17万元。有效解决了差旅报销事前审批和财务报销脱节,通过系统流程控制,规范了财务报销行为,提高了报销效率。

典型案例一:"十项创新"放权赋能,解决报销繁报销慢,让专家少为"钱"操心。

创新一:设审签上限,再造业务流程。通过采用减权、放权、授权等方式,最大限度减少报销审签级次,再造报销业务流程。"签字少了,附件少了,报销快了,科研经费使用授权到课题主持人,项目组的事情项目组成员就能做主了,经费使用更方便了。"山东省农业科学院研究员王国良高兴地说道。

创新二:差旅费试行"包干制"。出差人员按规定等级乘坐交通工具,对伙食费、市内交通费、住宿费(按照省直机关工作

第七章 专家至上、职工利益至上
——"放管服"领域的改革

人员差旅住宿费标准）包干，凭往返交通票据即可报销，无须提供住宿费发票。"我们经常下大田做试验，很多试验推广的地方都在偏远的农村，住宿条件非常简陋就更别说提供发票了，以往我们可是犯了不少难，现在好了，下地做试验再也不愁住宿报销了。"山东省农业科学院研究员李新国激动地说道。

创新三：试剂材料"零库存"制。健全试剂材料购置领用管理制度，试剂材料由单位集中管理的以及危化用品等严格规范出入库管理。创新性提出了零星试剂材料采购"零库存"制，供货商提供的货品明细清单由验收人、被授权人签字认可即可作为出入库单，为科研人员试剂材料管理使用提供最大便利。

创新四：科研经费"包干制"试点。时任山东省农业科学院院长万书波指出："看到'包干制'，第一个想到的是一种责任。信任越大，实际上责任越大，授权越多，责任也越大，压力越大。"科研团队在申请试行"包干制"更加明白"包干"不是把钱撒开了用，而是要"包"出干劲、"包"出成绩。

创新五：精简附件。区别事权审批和财务审批，按照"减无可减"原则，优化精简各类财务报销附件50种以上。"我们事前审批采用了'一表通'，事权与财权实现了有效分离，财务审核压力减少了，工作效率得到了极大提高。财务可以充分发挥网上银行快速支付功能，科研人员紧急事项我们可以做到即时付款到账，助力科研项目的高效执行。"山东省农业科学院财务人员李霞说。

创新六：推行"332"限时办结。即材料齐全、签字完整、

推倒四面墙 迎来八面风
——山东省农业科学院综合改革探索与实践

审核无误的报销业务，3个工作日内完成报账支付；对公务卡刷卡支付业务，3个工作日内完成公务打卡还款；为保证财务信息查询的及时性，在完成报销业务的2个工作日后提供经费查询服务。"将报销时限要求写进制度中，足见今年财务制度改革的彻底性"，山东省农业科学院计财处科长冯虹介绍道，"虽然财务人员一直是这么做的，但将时限写进制度一方面是我们对科研人员的承诺，另一方面也是对财务管理工作的监督与督促"。

创新七：精细精准服务。实施一次办结制，对按分类支出报账要求提供合法原始凭证的报销业务实行一次办结制，解决报销业务反复补充完善附件等问题。依托于"智慧农科院"信息系统、"公务之家"费用报销系统，建立智慧财务系统，力争实现全院财务"一张网"，让"信息多跑路、专家少跑路"成为常态，为科研人员财务业务提供"一次受理、一次办结、一次办好"的精细精准服务。成立院财务核算中心，集中办公集中服务。创新服务模式，每周二、周四上午内设机构核算会计定时定点上门服务，预算编制集中阶段全天上门服务。"我们很关注服务大厅的建设工作，也很期待即将上线的智慧财务系统，希望科研经费财务管理早日进入信息化查询与利用的'快车道'。"山东省农业科学院青年科研人员翟一凡说。

创新八：创新管理体制。山东省农业科学院适应事业单位深化改革的新形势，改革创新财务管理体制成立全院会计集中核算机构，实现会计业务处理全院统一化、规范化和科学化；强化会计人员培训，提高财会队伍素质，全面提升会计核算、监督和服务的能力水平。创新性提出统筹盘活银行存款等资金资源,集中财力办大事,提高资金使用效益。

创新九:建立"负面清单"制度。山东省农业科学院财务制度改革强化有效管理和自我约束,系统地提出了公开公示、负面清单、责任倒查等监督检查机制。对纪检巡察、审计、财务检查中发现问题的单位和个人进行通报,明确提出《科研经费使用负面清单"十个严禁"》。原计财处处长孙万刚说:"财务制度改革是建立在对科研人员充分信任的基础上开展的,'负面清单'是不诚信的制度补充,用制度来规范行为,让行为成为习惯。"

创新十:监督检查"一卡通"。山东省农业科学院此次财务制度改革提出了统筹协调各种监督检查和抽查评估,实行检查结果信息共享和互认,避免重复检查,切实减轻科研人员科研工作之外的负担。

典型案例二:试点探索"包干制","松绑"科研经费,为创新"减负"。

作为试点单位之一,山东省农业科学院出台了省内第一个科研经费"包干制"管理办法《山东省农业科学院科研经费"包干制"管理试行办法》,及时总结"包干制"试点及财务制度改革运行情况,梳理包干制实施过程中遇到的问题,如"包干制"与财政管理改革的目标存在一定的结构性的矛盾、科研诚信评价体系建设等问题。厘清了"项目申报预算"与"财政项目预算"两个概念,明确界定"经费包干制"无需编制预算,实行定额包干资助。科研人员在项目申报时不再编制经费预算,并非单位不用编制财政项目预算，解决了广大科研人员的疑虑。试点的经验告诉我们，"包干制"不是撒手不管，而是要改革创新管理方式，需要有相应的配套机制和配套办法，否则无法真正实施。2021年9月24日，山东省科技厅领导陪同新华社记者就山东省科研经费"包干制"实施情况到山东省农业科学院进行专题调研，刊发了《山东：科研经费"包干制"松绑激发新活力》的新闻报道。科研人员对实施科研经费包干制反映较好，尤其是年轻科研人员表示被赋予的经费自主权更有利于科研活动的有效开展。

典型案例三：全面推行科研财务助理制度，提供"保姆式"服务，让科研人员心无旁骛投入主责主业。

财务制度改革的主要目标，就是让科研人员从烦琐的预算编制、财务报销工作中解脱出来，把专业的事交给专业的人去干。经过3年的持续推进，初步培养打造"1+1+N"的服务团队，"财务核算团队＋报账服务团队＋科研财务助理"组合模式的财务管理服务团队，提高整体服务能力，打通财务服务科研一线的"最后一公里"，以实现沟通的无缝对接和高效优质服务。解决我院财务报销和经费管理中存在的"堵点""难点"，提高"保姆式"服务科研的体验感。目前全院共配备130余名科研财务助理人员。其中，工作方式上兼职102人，专职29人；人员性质上聘用64人，事业编制67人；年龄上50岁以下的100人；学历上本科及以上仅51人；有相关经济、财务管理、会计等方面专业知识背景的仅23人。有条件的科研创新团队都普遍聘用了专职财务助理或明确兼职财务助理，将团队科研人员从财务报销具体事务中解放出来，使其专注于科研创新工作，取得较好的效果。

以质量标准研究所为例，在所办公室设立专职科研财务助理岗位，遵循"按需设岗、依法用工、规范管理"的原则，采用劳务派遣方式进行聘用及管理。科研财务助理实行AB角制度，互为审核，互相补位，为科研团队提供全方位专业化服务。根据单位实际，明确了科研财务助理的岗位职责和服务事项，创新性提出科研财务助理要作到全程服务，为科研人员办理公务出差事项，包括购置差旅票据（含机票、火车票、船票以及租用科研业务用车等）、粘贴原始单据、票据送签、专家服务大厅办理报销等；全过程负责科技服务收入确认及发票开具事项；负责办理网上预约报账全部事项等。同时根据团队项目经费总体情况，对科研财务助理承担的工作合理分配，服务更加细化，对（项目）课题负责人实行"一站式服务""一对一服务"。科研财务助理在财务报销、后勤服务、经费执行等方面发挥了重要的作用，科研人员腾出更多的精力专心搞科研，不再为繁杂的行政后勤事务分心，保证"专业的人做专业的事"。通过该制度实施，质量标准研究所解聘聘用人员6人，极大地节约人力成本，提高了工作效率。

三、国有资产管理一体化改革

院国有资产管理是群众反映强烈的难点问题，也是影响全院高质量发展的突出问题，推进院资产出租规范管理，是落实巡视、审计整改工作的内在要求，也是打破国有资产管理"各自为战、闲置低效"现状的有力举措，有助于盘活闲置资源，释放发展空间，实现资产收益最大化。

（一）如何改

一是加强制度建设。 为推进全院资产统一管理，提高国有资产使用效能，确保国有资产安全完整和保值增值，出台《山东省农业科学院国有资产管理改革十条意见》《山东省农业科学院国有资产管理办法》《山东省农业科学院房产对外使用管理办法》等制度文件，进一步明确了院集中统一管理国有资产的规划、配置、调剂、处置和收益。在保障事业发展需要的基础上，加快建

山东省农业科学院文件

鲁农科发〔2021〕28号

山东省农业科学院
国有资产管理改革十条意见

院属各部门、各单位：

为进一步规范全院土地、房屋、设备和知识产权等有形和无形资产的管理，提高国有资产使用效能，确保国有资产安全完整和保值增值，提出以下意见。

1. **明确国有资产统一管理。** 院集中统一管理国有资产的规划、配置、调剂、处置和收益，各职能部门在职责权限内各司其责、协调配合，共同做好国有资产管理。各单位负责管理占有使用国有资产的日常维护、安全生产。

2. **规范固定资产购置行为。** 搭建院采购竞价平台，制定

—1—

《山东省农业科学院国有资产管理改革十条意见》

立土地、房产、设备、知识产权等国有资产全院一体化管理运营机制。同时在资产购置、共享共用、运营管理、有偿使用、资产开发、财务管理、绩效管理、监督检查等方面提出了更高要求。首次提出将出租房产收归院统一管理，提出"统一上收、分类处理、综合施治、公司运作"的资产运营原则，制定了房产对外使用的操作流程，为国有资产管理一体化改革的顺利实施奠定制度基础。

二是组建运营公司。为贯彻落实山东省政府资产管理和预算管理要求，切实提高院土地、房产运营管理能力，实现资产出租统一管理，提高资产使用效益，决定组建资产运营管理公司——山东农科运营管理有限公司，作为承接院出租土地、房产一体化运营的载体。公司负责确定承租方、及时收缴房租和房产院落的日常管理维护。房租由公司组织及时足额收缴至院，资产出租收入支出全部纳入院本级预算，严格执行"收支两条线"。

三是创新资产运营新模式。摸清全院出租、闲置房产底数，并将资产收归院统一管理，各单位不再自行出租资产。资产运营公司承接院出租、闲置房产院落后，逐步规范资产出租的管理要求，采取公开化、市场化的方式运营资产。收回资产全部采取公开竞拍方式确定承租户。通过网上竞拍的方式一方面突破了地域和时间限制，提高了交易效率，降低了拍卖成本，最大程度让更多意向承租户参与竞拍，最大可能挖掘租赁价格潜力；另一方面能够有效地抑制现场拍卖中的恶意串通，净化市场，有效地保障了我院权益，取得了良好的效果。

（二）改革成效

一是将全院房产收归院统一管理，出租资产架构更加明晰。按照"统一管理、分类实施、积极稳妥、先易后难"的出租房产收回原则，重点针对房产闲置浪费、租金收缴不及时、承租户在我院土地上乱搭乱建等问题，逐项分析问题并按照先易后难的原则逐个收回并制定下步管理方案。截至2022年8月，全院163户出租、闲置、对外合作房产全部收归院统一管理并办理资产移交手续。在房产收回的过程中，进一步厘清了出租房产院落的详细情况，有效梳理出部分院落中的闲置房产，彻底整改了之前房产出租多头管理中存在的不规范、不公开的问题。

二是采取公司化运作收回资产，实现资产出租收入大幅增长。采取公开化、市场化手段将收回土地房产委托公司一体化运营，2022年度到账房租收入3380万元，较上年决算数增长了近1倍，实现了资产出租收入的大幅增长。收回的闲置及合同到期房产全部由运营公司采取公开招募方式确定承租户，比如对饮马泉四个地块进行网上竞拍，第三方评估价格为200万元，经综合研判将起拍价格确定为318万元，经过多轮竞价，最终成交价格为638万元，比起拍价溢价1倍，比评估价溢价2.19倍；黄台北路1262号院落部分房产原出租价格8万元/年，在原有承租户未能清退的情况下，为确保安全稳定同时积极争取利益最大化，与承租户达成整院落租赁意向，院落出租收入50万元/年，较之前上涨525%。

第七章 专家至上、职工利益至上
——"放管服"领域的改革

三是通过国有资产管理一体化改革有效解决了历史遗留问题。出租房产由各单位分别管理时,由于管理口径不一致、合同约定不明确等,存在部分承租户在院土地上自建房产且产权不清晰的问题,针对此类问题,院资产主管部门会同运营公司与承租户分批多次深入沟通、商议,最终实现将承租户在院土地上自建房产全部收归院所有,确保在后续资产出租、拆迁补偿等事项办理过程中实现利益最大化。收回资产按照"土地+房产"综合价格进行租赁,不仅提高了租赁价格,而且无偿增加了权属资产。

四、招投标一体化改革

原有招投标程序烦琐,且各单位存在"各自为战""标准不一""流程缺项"等不系统、不科学、不规范的现实问题,为让科研人员从烦琐的招投标工作中解放出来,急需简化仪器设备采购流程,切实让科研人员"松绑减负"。

(一)如何改

一是加强顶层设计。按照"依法合规、公开透明、高质高效、统一组织"的原则,制定出台《山东省农业科学院关于实施招投标一体化改革的意见》,建立起适应高质量发展要求的现代招投标管理机制。明确了招标形式和范围,招标、采购活动包括公开招标、邀请招标、竞争性谈判、竞争性磋商、单一来源、询价等组织形式,明确单项20万元(含)以上的工程类采购,单批次10万元(含)以上的货物类、服务类采购均需统一组织。

理顺了招投标管理机制，成立院招标办，遵循公开、公平、公正和诚实守信、集约节约、高质高效的工作原则，通过集体决策的方式统一组织院招投标活动。规范了招投标活动全过程管理，加强招投标事前、事中、事后的全生命周期管理，加强对招标控制价审核、招标文件编制、项目评审、质疑投诉处理等重点环节的管理。健全了招投标约束监督机制，严肃招投标工作纪律，任何人员不得违规干预招投标，不得化整为零或其他方式规避招标，严禁徇私舞弊、滥用职权、谋取私利，建立常态化监管机制，院招标办接受纪检部门的监督，对插手干预招投标的行为采取记录、通报制度并追究责任。

山东省农业科学院办公室文件

鲁农科办发〔2021〕51号

山东省农业科学院
关于实施招投标一体化改革的意见

院属各部门、各单位：

为进一步规范招投标活动，切实为科研人员"松绑减负"，根据国家、省关于政府采购和招标投标法律法规，结合我院实际，决定在全院范围内实施"依法合规、公开透明、高质高效、统一组织"的招投标一体化改革，具体意见如下：

一、明确招投标形式和范围

（一）规范招投标活动组织形式。招投标活动包括公开招标、竞争性谈判、竞争性磋商、单一来源、询价等组织形式，招投标活动需委托招标代理机构组织实施，须通过地方公共资

— 1 —

《山东省农业科学院关于实施招投标一体化改革的意见》

第七章 专家至上、职工利益至上
——"放管服"领域的改革

二是给予采购单位更大自主权。制定《无需招标清单》，简化清单内项目的采购流程，提出单项20万元（不含）以内的工程类采购、单批次10万元（不含）以内的货物类或服务类采购，优先通过"网上商城"进行采购，无法满足采购需求的，由采购单位通过比价方式自行组织采购。同时，明确现有设备突然发生故障、损坏等情形，短期内不能完成维修或维修后达不到原有使用效能，因科研需要急需采购的仪器设备，由采购单位通过比价方式自行组织采购，有效解决了科研人员急需仪器设备采购来不及履行采购程序的难题，为科研工作的顺利实施提供政策支持。

三是规范招标过程管理。为确保资金花出效益、花出效果，深入落实"集中财力办大事"资金使用要求，前置资金支出审核流程，重点加强对招标控制价的审核，院招标办受理的采购、招标项目，均委托代理机构通过询价、专家论证咨询、清单测算等方式审核控制价，对采购金额较大的工程类采购和专业性较强定制类货物采购，根据复杂程度委托第三方专业机构审核并出具报告。制定《院招标工作流程图》，进一步规范招标工作流程，明确各个环节的实施主体和工作要求，实现了全院招投标一体化管理的统一规范。

四是健全全链条监督机制。为规范招标工作秩序，实现招标业务办理与监督相分离，确保"公开透明、科学高效、集约节约"一体化改革目标实现，建立起招标工作监督机制，加强对招标过程中涉及的院招标办、采购单位、招标代理、供应商等各个环节进行监管，并将问题反映至非招标办人员受理。通过对各个实施环节的监督，规范招标工作秩序，促进招投标一体化改革工作有序推进。

（二）改革成效

一是招标程序更加规范。 通过制定招标工作流程图、建立招标监督机制，规范了招标全流程工作要求，有效确保了全院招投标活动的依法合规、公开透明。规范招标文件编制，每个招标项目均组织专家或第三方机构对设备参数、工程量进行合规性审核，确保更多供应商有资格参与我院采购项目的投标，提升了招标活动的透明性，有效避免了围标串标、萝卜招标等行为，提升了供应商通过公开渠道参与我院招标项目的积极性。

二是资金使用效益大幅提高。 加强对资金来源和招标控制价的审核把关，委托第三方专业机构通过专家论证、代理机构询价、工程量清单造价审核，对重点项目的招标控制价进行严格审核把关，确保资金专款专用、花出效益、花出效果。2022年度共组织招标98批次，招标控制价7285.16万元，中标金额6800.51万元，节约资金479.65万元，资金节约率6.58%。通过招标控制价的审核和投标单位之间充分的竞争，实现了节省资金的目的，节约的资金为院及院属单位运转及事业发展提供了一定资金支持。

三是切实减轻科研人员压力。 将单项20万元（不含）以内的工程类采购、单批次10万元（不含）以内的货物类或服务类采购放权给各单位自行组织，简化采购程序，给予各单位更大的采购自主权。放宽急需科研仪器设备采购要求，简化采购流程，切实解决科研人员急需设备采购的燃眉之急。院招标办统一组织全院招投标活动，科研人员无须将精力放到招标采购的组织上，彻底从招标采购的复杂性事物中解脱出来。例如农业机械科学研究院大豆全程机械化项目采购的设备几乎均为定制设备，如参数论证不充分可能会导致在招标公告发布阶段潜在供应商的质疑，院招标办委托代理机构组织专家对参数进行充分论证，同时在参数论证阶段充分考虑科研人员的使用需求，项目招标进展顺利，达到了采购单位满意、投标单位满意的预期效果。

第八章　加快构建现代科研院所治理体系
——事业单位内部管理领域的改革

进入新发展阶段，站在"三农"工作重心转移的历史性关键时期，山东省农业科学院的机构设置还存在着资源配置不够优化、内部设置分散重复、管理运行体制不顺等一系列问题，亟须通过改革完善提升治理体系，增强治理能力，适应并促进全院科技创新事业快速发展。本章主要包括机构改革、考核制度改革和后勤服务保障一体化改革。

一、机构改革

（一）如何改

2021年11月16日山东省委办公厅印发《关于深化省级事业单位改革试点实施方案》，同意将山东省农业科学院所属玉米研究所、蔬菜花卉研究所、植物保护研究所、农业质量标准与检测技术研究所、农业资源与环境研究所、原子能农业应用研究所、科技信息研究所、奶牛研究中心、生物技术研究中心、试验基地服务中心、山东省水稻研究所、山东省农业可持续发展研究

第八章 加快构建现代科研院所治理体系
——事业单位内部管理领域的改革

所、山东省农作物种质资源中心、山东棉花研究中心、山东棉花研究中心试验站、山东省轻工农副原料研究所和山东省畜牧兽医局所属山东省蜂业良种繁育推广中心17个事业单位并入山东省农业科学院。山东省农业科学院仍为山东省政府直属正厅级公益一类事业单位，根据农业科研需要，科学设置内设机构。同时明确省市农业科学院关系，要求健全完善市级农业科学院管理体制和运行机制，采取省市共建模式，各市农业科学院加挂省农业科学院XX市分院牌子，不改变市级农业科学院隶属关系，机构编制、干部人事、经费来源、资产管理继续按现行办法执行。山东省农业科学院主要负责统筹农业科研布局、科技成果转化和推广应用等。

院党委高度重视，成立了以书记、院长为组长的改革试点工作小组。在广泛调研基础上，经过充分酝酿和征求意见，认真研究制定了《山东省农业科学院深化事业单位改革试点组织实施工作方案》。同时，为顺利推进改革，按照涉及的具体工作设置了组织人事组、档案组、资产组、财务组四个专项工作组，分别负责人员转隶、档案转交、经费资产划转、法人注销等具体改革工作。2021年1月18日，院党委专门组织召开改革试点动员大会，进一步统一全院干部职工思想，安排部署改革试点相关工作，对改革提出了具体要求。在山东省委、省政府坚强领导下，通过全院干部职工的积极努力，顺利完成改革试点工作，得到上级部门评估认可。同时根据巡视整改要求和实际工作情况，统一规范设置内设机构，进一步提升了全院机构设置规范化科学化水平。

推倒四面墙 迎来八面风
——山东省农业科学院综合改革探索与实践

全院机构改革与中层班子换届调整动员会议

一是坚持可持续发展理念，积极争取改革政策倾斜。 按照改革试点方案要求，单位人员编制要按照实有人数+10%的标准进行核定，山东省农业科学院的人员编制要被收回272个，这对下一步引进人才、岗位聘用都会带来严重影响。经过积极努力争取，院人员编制得以全部保留，为下一步的引进人才、岗位聘用等工作留足了空间。在机构设置上，从工作需要出发，主动采取了取消独立法人的方式，争取总体处级机构不大量精简的政策，以保证学科布局的需要。全院处级内设机构只比改革之前减少了1个，为下一步学科布局留足了空间。根据机构设置情况核定干部职数，全院正处级干部职数相应减少1个，但全院的副处级干部职数增加了5个，这为同步开展的干部调整工作创造了条件。

第八章 加快构建现代科研院所治理体系
——事业单位内部管理领域的改革

二是坚持"总体稳定、适度微调"原则,优化整合机构编制资源。

1. 做到职能优化。对院机关部门名称和职能进行优化调整,院办公室加挂"宣传处"牌子,加强全院宣传工作力度;人事处更名为"组织人事处",强化党管干部党管人才原则;把纪委监察工作从党群工作处剥离,和法律审计处合并为监督审计处,监督审计职能;科研处更名为"科技管理处",科技推广职能划入成果转化与推广处;国有资产管理处更名为"成果转化与推广处",国有资产管理职能划入计划财务处,强化成果转化和科技推广工作;财务计划处更名为"计划财务处",突出对上争取资金项目的职能;行政处和保卫处合并为"行政保卫处",统管后勤服务工作。党群工作处、国际合作处、老干部处名称保持不变。

2. 做到理顺一批。理顺全院的试验基地管理,设立"基地管理中心",统筹济阳、东营、泰安、海南(南繁)等全院各类(包括济外单位)基地管理服务工作,负责全院各类基地功能分区、定位布局工作,负责新建各类基地的审批审核工作。成立院财务核算中心,统一院内设机构单位财务管理,制定院财务报销制度,简化财务审签及报销流程,进一步提高全院财务资产统筹能力和服务效率。

3. 做到整合一批。棉花研究中心更名为"经济作物研究所",整合原棉花研究中心的棉花、芝麻、秋葵以及农产品所的中草药育种栽培等学科,加挂"山东棉花研究中心"牌子。将农业可持续发展研究所遥感、农业经济、乡村振兴等学科和信息所职能合并，增加科普职能，组建"农业信息与经济研究所"，加挂"山东省农业农村遥感应用中心"牌子。农产品研究所更名为"农产品加工与营养研究所"，增加农产品营养研究职能，其小麦育种学科整合到作物研究所，葡萄学科整合到葡萄研究院，中草药育种与栽培学科整合到经济作物研究所。将生物中心的水稻学科划转到水稻所，其他学科并入"农作物种质资源研究所"，加挂"生物技术研究所"牌子。将蔬菜花卉所的花卉学科剥离，划入"休闲农业研究所"，蔬菜花卉研究所更名为"蔬菜研究所"。水稻研究所更名为"湿地农业与生态研究所"，加挂"水稻研究所"牌子。

4. 做到撤并一批。撤销奶牛研究中心，整建制并入畜牧兽医研究所。撤销山东省轻工农副原料研究所，整建制并入蔬菜研究所。撤销山东棉花研究中心试验站法人，并入新组建的经济作物研究所。

5. 做到新建一批，将果树研究所茶叶学科剥离，新组建"茶叶研究所"；将原农业可持续发展研究所的都市农业、草业、规划设计等学科，蔬菜花卉所的花卉学科，葡萄研究院的玫瑰学科，棉花中心的牡丹学科，组建"休闲农业研究所"，加挂"花卉研究所"牌子。

三是完善管理运行体制机制，提高管理水平。

1. 完善章程管理。按照改革试点实施方案要求，研究制定了《山东省农业科学院章程》，该章程明确了山东省农业科学院实行党委领导下的院长负责制，从治理体系和管理运行机制方面全面

第八章 加快构建现代科研院所治理体系
——事业单位内部管理领域的改革

加强党的领导；明确了院宗旨和业务范围和举办单位职责；明确了行政管理、学术管理、民主管理等组织机构；建立起以职工为主体的职工代表大会制度，依法保障干部职工参与民主管理和监督。同时，根据实际工作情况，指导9家独立法人单位制定了本单位的章程。章程制定明确了领导体制和组织结构，有力推动了构建决策议事、民主管理和监督机制完备的治理机制。通过依章运行，保证了决策、执行、监督各环节的权责界限和工作方式。

2. 健全完善政事权限清单。院属农药科学研究院作为制定政事权限清单的试点单位，按照事业单位政事权限清单要求，研究制定了《山东省农药科学研究院政事权限清单》，经山东省改革工作专班审核后，在农药科学研究院网站上对社会进行了公布。政事权限清单明确了山东省农业科学院举办监督职责、事业单位自主管理职责、相关部门综合管理职责，较好理顺了上级部门、山东省农业科学院、农药科学研究院权限关系，赋予了农药科学研究院更大自主权。

3. 加强内设机构规范管理。通过调研，梳理存在院属部门和单位内设机构存在的问题，研究印发了《院属部门和单位内设机构规范设置方案》，全院统一规范设置管理科室，院机关部门内设科室不超过3个，内设机构研究所设立办公室、科技管理科、成果转化与推广科3个科室，独立法人单位增设组织人事科和计划财务科2个科室。为加强党建工作，每个单位增设党群科，分别与办公室和组织人事科合署办公，配备专职党务干部。大力精简管理人员，按每个单位实有人数不超过10%的比例配备管理人员，全院减少管理人员 150 余人。取消院属单位研究室建制，按照创新团队模式统一设置研究机构，并规定创新团队人数不少于 5 人，从制度上保证充足研究力量。

（二）改革成效

一是院统筹能力得到进一步加强。 通过取消 17 家单位法人资格，职能整合并入院作为内设科研机构管理，保留 9 个实行法人治理结构单位的法人，既做到了有统有分、统分结合，又实现了全院的资源统筹和优化配置，较好增强了院统筹全院资源能力，有利于集中力量干大事。明确山东省农业科学院和市级农业科学院的关系是指导和被指导关系，有利于统筹山东省农业科研布局、科技成果转化和推广应用，推动省市两级农业科学院一体化发展。

二是学科布局更加合理。 通过加大院内学科整合力度，对小麦、水稻、花卉、棉花等 24 个学科重新优化组合，把相同相近的学科团队集中到同一单位做大做强，既解决了部分学科规模过小、分散重复设置、职责交叉重叠等突出问题，也有利于集中同一学科人才资源、科技资源，着力打造科技创新"集团军"，为承担大的科技项目，取得更大科技创新成果。

三是管理效能得到有效提升。 通过完善院所两级章程管理，全院治理体系得到进一步完善；建立起职工代表大会制度，民主管理水平得到进一步提升；理顺试验基地管理、财务管理，行政管理能力得到进一步增强；规范院属部门和院属单位内设机构设置，精简管理人员，管理效能得到进一步提高。

四是历史遗留问题得到妥善解决。 通过取消16个单位法人资格，内设机构研究所人员编制做到了统筹使用，有效解决了因前期寿光滨海盐碱土改良利用实验站撤销造成的农业资源与环境研究所人员超编，以及因引进高层次人才造成的植物保护研究所超编等一系列人员编制问题。同时，为科研人员根据学科建设需要在院内自由流动减少了政策上的障碍。

二、考核制度改革

多年以来，山东省农业科学院一定程度上存在"干好干差一个样，干多干少一个样"、"一把尺子量到底"、靠投票考核等问题。在推进院所治理体系和治理能力现代化的进程中，迫切需要充分发挥政绩考核的指挥棒作用，推动形成能者上、优者奖、庸者下、劣者汰的正确导向，不断提高各级领导干部贯彻新发展理念的能力和水平。

（一）如何改

一是确立指导思想。 按照"实干兴院"总要求，以科学分类为基础，以实绩考核为根本，坚持激励与约束并重，改革完善院所考核评价机制，在全院树立改革创新、担当作为、干事创业的鲜明导向，确保山东省委、省政府各项决策部署在我院落到实处、取得实效。出台《关于考核制度改革的意见》，对院考核制度改革进行总体把握和指导。

中共山东省农科院委员会文件

鲁农科党发〔2020〕25号

中共山东省农业科学院委员会
印发《关于考核制度改革的意见》的通知

院属各部门、各单位党委（总支、支部）：

《关于考核制度改革的意见》和《山东省农业科学院考核办法（试行）》已经院党委研究通过，现印发给你们，请结合实际认真贯彻执行。

中共山东省农业科学院委员会
2020年7月8日

《中共山东省农业科学院委员会印发〈关于考核制度改革的意见〉的通知》

二是明确目标任务。通过考核制度改革，探索建立一套导向清晰、目标明确、分类科学、奖优罚劣的现代院所考核指标体系，充分调动院属各部门各单位及广大干部职工工作积极性，全面提升现代科研院所治理水平，推动全院各项事业高质量发展。

三是独立评价考核。成立院监督考核委员会，分管领导任主任，离岗（选岗）老同志担任副主任、委员，建立和完善相对独立的评价考核体系，摒弃由相关部门牵头的"自我考核体系"，实现独立客观评价。院监督考核委员会每年多次召开会议，统一

第八章 加快构建现代科研院所治理体系
——事业单位内部管理领域的改革

思想、明确目标，准确把握职责定位。

四是深入调查研究。 在摸清全院工作情况的基础上每年制定《山东省农业科学院考核办法》，梳理考核具体指标，理清楚要做什么事、能做什么事、长期要做什么事，结合院科研工作实际谋划和推动考核改革工作，着力破解现有考核体制机制障碍，进一步提高改革的战略性、前瞻性、针对性，使考核制度改革更好对接发展所需、基层所盼、民心所向，推动考核制度改革和发展深度融合、高效联动。

五是坚持"抓什么、考什么"。 紧紧围绕院党委重点工作抓考核，根据院党委确定的年度重点工作任务制定各部门各单位的年度考核指标，把人才队伍、科研创新、成果转化作为考核重点内容，把"三个突破""突破'黄三角'"等院党委重大战略纳入考核范围，突出考核重点，避免"面面俱到"。

六是坚持分类考核。 充分考虑不同单位和部门之间的差异，分别制定考核指标，不再"一把尺子量到底"，对公益一类单位侧重科研创新的考核，对公益二类单位侧重成果转化的考核，对两个基地侧重服务科研的考核，对种业集团侧重经济效益的考核，对"三个突破"指挥部考核侧重实物工作量考核，对部门注重主责主业和重点工作任务的考核。根据院党委打造乡村振兴科技支撑型齐鲁样板的战略部署，对"三个突破"工作组单独设立考核奖。对职工满意度测评排名靠前，人才工作、成果转化、科研创新等单项工作中作出突出贡献的部门和单位进行全院通报表彰，鼓励各部门各单位发挥自身优势，积极争先创优。

七是坚持"考事"与"考人"相结合。单位考核一二三等奖和部门考核优秀的，主要负责人直接确定为优秀等次，并给予班子成员1个优秀名额。考核优秀部门，主要负责人直接确定为优秀档次。

八是坚持公开、公平、公正。坚持民主集中制，抽调部门管理人员代表、科研专家代表、各级人大、政协委员代表组建了院考核组进行考核评价。三年来，每年组织全院职工进行民主测评，累计参与人数达5500余人次。建立实绩公示制度，将各部门、各单位考核情况采取下发文件、公示栏公布等方式在全院范围内进行公示，接受广大干部职工监督，确保考核工作的公开、公平、公正。考核过程中，监督考核委员会及时接受并受理、查核各部门、单位及领导干部对考核结果的复核申请20余次。对考核结果较差或者考核发现突出问题的领导班子和领导干部进行约谈，指出存在问题，提出改进建议，对连续考核排名靠后、考核发现问题整改不力的领导班子和领导干部及时进行组织调整。

九是推进全量化考核。对各单位各部门的所有任务指标全部实行量化考核，减少主观因素对考核的影响。将党建工作也进行量化考核，根据院党委确定的党建工作要点，将开展"廉洁院所"建设、支部标准化规范化建设、文明单位创建、落实意识形态工作责任制等抓党的建设情况量化为4～6个具体任务指标，全部进行赋分考核，实现党建指标全量化、可约束、易评价。事业发展指标细化为人才竞争力、科研创新、成果转化等，并根据公益一类、二类不同单位类别赋予不同的比重。

十是实行指标动态调整。根据院党委确定的年度重点工作任务确定各部门各单位的考核指标,"一张单子考核一个所",确保年度考核指标与院党委重点工作部署始终保持一致。每年初根据院党委最新决策部署,在总结上年度考核工作的基础上,由监督考核委员会审议调整考核指标。

(二)改革成效

一是正向激励导向更加明确。对考核成绩突出的单位和部门在干部选拔任用、岗位聘任工作中给予倾斜,引导领导干部和广大职工把精力放在推动单位事业发展上。结合《山东省农业科学院"红黄蓝"牌督查奖惩制度》,将年度考核与督查奖惩相结合,表现突出的干部在同等条件下优先提拔重用,最大限度调动干部职工的工作积极性。

二是"一票肯定"激励效果更加明显。围绕院党委确定的"三出"(出大人才、出大成果、出大效益)制定一票肯定指标,对全职引进和培养领军人才、杰出人才、院士等高层次人才、主持获得国家科学技术进步奖二等奖以上或省最高奖等高等次成果奖励、成果转化经费到达一定数额的单位实行一票肯定,破格直接确定为考核一等奖或优秀部门,鼓励各单位出大人才、大成果、大效益。三年来,5家单位部门因取得特别突出业绩,直接被"一票肯定"。

三是比学赶超氛围更加浓厚。2022年设立"争先进位奖",

对比上年度排名位次提高3个及以上位次的单位确定为"争先进位"奖。3家单位获此殊荣。

山东省农业科学院办公室文件

鲁农科办发〔2020〕16号

关于印发《山东省农业科学院"红黄蓝"牌督查奖惩制度》的通知

院属各部门、各单位：

《山东省农业科学院"红黄蓝"牌督查奖惩制度》已经院党委会会议研究通过，现印发给你们，请认真贯彻执行。

山东省农业科学院办公室
2020年4月17日

—1—

《关于印发〈山东省农业科学院"红黄蓝"牌督查奖惩制度〉的通知》

三、后勤服务保障一体化改革

科研院所后勤服务管理工作的职能是为了保障科研中心工作和为职工生活提供各种技术支持和服务，既包括为科研生产提供物质保障和公共条件的生产服务，也包括职工所需各种生活服务，可以说"大包大揽、无所不有"。开展后勤服务保障一体化改革，目的是整合资源、提升效能，更好服务科研中心工作和职

第八章　加快构建现代科研院所治理体系
——事业单位内部管理领域的改革

工生活,这是关系科研事业可持续发展的大事,让科研院所摆脱既抓科研又管后勤的窘境,不断提升院所治理体系和治理能力现代化水平。

(一)如何改

后勤服务保障一体化改革的目标任务是:以"管理科学化、保障一体化、服务社会化"为目标,以"增强后勤保障能力、提升服务科研水平"为核心,统筹全院行政后勤资源,构建"大后勤、大服务、大保障"运行格局,全面建立支撑强院建设的新型后勤服务保障体系。

基本原则是:**坚持服务科研**。科研创新是科研院所发展的核心,后勤服务是科研创新工作的重要支撑。要遵循农科科研规律,打破传统壁垒,探索构建符合科研发展规律、满足科研发展需求的后勤服务保障体制机制,形成农业科研单位可复制可推广的行政后勤典型发展模式。**坚持统分结合**。充分考虑科研办公、职工生活、试验生产不同场所服务保障需求,济内济外、院本部与院外不同服务保障区域,以及不同类别事业单位不同收入来源,实行集中保障、授权保障、委托保障等形式。**坚持市场取向**。坚定后勤服务社会化改革方向,加大向社会购买服务力度,扩大专业化供应范围,逐步建立全方位、开放型的社会化服务保障模式。**坚持以人为本**。坚持以人为本的指导思想和人文关怀的服务理念,注重专业化建设,注重职工参与度,注重办实事解难题,积极创建职工满意的后勤。**坚持改革创新**。坚持把改革创新精神融入后勤保障工作全过程，勇于破除旧观念、倡导新思维、探索新发展，善于用改革创新的方法强弱项、补短板，不断开创行政后勤工作新局面。

一是理顺关系，推进服务保障一体化。

1. 建立后勤保障新体制。以实现后勤服务、物资供应统一保障为目标，由行政保卫处负责优化配置和综合集成院属驻济单位后勤资源、项目、要素等各种保障力量，为全院事业发展提供集中统一的后勤服务保障，达到统一采购、统一监管，改变院所两级后勤、多头后勤的局面。

2. 实行物业保障一体化。院属驻济单位办公区物业、绿化、安保等服务，遵循"厉行节约、保障基本"原则，采取"集中采购、统一结算、专项核算"的方式，健全成本分担机制。为院属单位提供订单式、个性化的新型物业服务。

3. 实行水电暖保障一体化。推进宿舍区电暖"一户一表"改造，加快实现社会化供应管理。实施办公区水电表智能化升级改造工程，建立以远程抄表、网上缴费系统为主，能耗监管系统为辅的水电远程管理系统。

4. 实行医疗保障一体化。以建设农科特色医疗服务保障体系为目标，建立医生签约服务制度和健康档案制度，为职工提供医疗、护理、用药指导、心理咨询和预约上级医院转诊等服务。成立院健康体检中心，解决职工就近查体服务诉求。支持济外所为职工提供特色医疗服务。

5. 实行办公用品供应一体化。遵循"总额控制、分类采购、

第八章 加快构建现代科研院所治理体系
——事业单位内部管理领域的改革

简政放权"的原则，建立符合科研创新规律的办公耗材管理新机制。

二是以人为本，推进和谐后勤建设。

1. 打造美丽院区。以"美学"思想提升品质、提升境界，开展美丽院区建设行动。加强公共空间提升，注重净化、绿化、美化、亮化。突出"文化"塑造，展现齐鲁文化、农业文化、农业科技文化。

2. 建设幸福社区。加快推动职工宿舍区管理服务社会化和水电暖分户计量改造。创新资金筹措渠道，加强宿舍区设施设备改造升级。开展业主自治，探索社区牵头组建物业公司新模式。积极争取政策，推动老旧小区改造。

3. 办好职工满意的餐厅。规范院本部餐厅和院属有关单位餐厅管理，由分散管理逐步过渡到集中统一管理。坚持"职工利益至上"，严肃财经纪律，统一补贴标准，严格成本核算。注重办出特色，让山东省农业科学院的产品上餐桌，让餐厅成为展示我院农产品的窗口。

4. 推进"智慧后勤"建设。借助"智慧农科院2.0"，建立后勤基础信息数据库，实现后勤管理数据、资料、图像统一共享、集中管理、分级使用。建设后勤服务保障一体化信息服务平台，实现后勤服务保障智慧化。

5. 加强平安院所建设。以平安农科院建设为抓手，强化安全意识，加大软硬件建设，切实提高公共安全保障能力，完善安防、消防基础设施，确保安全无死角。加强国家有关安全政策、制度、规定、标准的学习,规范安全生产管理,落实安全主体责任。定期开展安全教育,加强安全宣传,增强干部职工风险防控意识和本领。建立常态化疫情防控工作方案,夯实防控责任,优化防控措施,确保院区安全稳定。

(二)改革成效

制定出台《山东省农业科学院关于后勤服务保障一体化改革的意见》《山东省农业科学院办公耗材管理办法》《山东省农业科学院后勤公共服务管理办法》《山东省农业科学院水电一体化管理办法》。通过后勤服务一体化改革,实现了科学、高效、协同

《山东省农业科学院关于后勤服务保障一体化改革的意见》

的院所"大后勤"保障体系。达到了提高保障能力，提升服务水平，切实为科研人员松绑减负的目的。为全院事业发展提供集中统一的后勤服务保障。

一是建立了办公耗材规范科学、便捷高效、绿色节约的采购和管理模式。比如，0.5万元以下小额采购，各单位可自行采购或网上采购，充分体现灵活性、自主性；通过征集供应商入库，实现绿色、节约采购；10万元以上招标采购，实现规范化采购；定制类办公耗材采购，实现统一定制、统一采购、统一结算，杜绝重复制作，样式杂乱，成本高的问题。

二是实现了公共服务"集中采购、统一结算、专项核算"。提升了公共服务保障能力，减轻了各单位后勤管理压力。比如，物业、安保服务，由行政保卫处汇总各单位服务需求，集中统一采购服务单位，统一审定服务合同，组织合同签订，统一监管服务单位。

三是解决了水电管理程序繁杂、手段落后等问题。实现远程抄表、实时监控、异常报警、节能诊断等功能。比如，通过水电一体化改造和水电系统智能管理软件的应用，实现了远程抄表、实时监控等功能，杜绝了人工抄表数据不精确，数据采集时间长的情况，减少了工作量。自系统安装后，能耗数据监控自动报警20余次，系统管理人员发现后，联系相关单位，第一时间解决了出现的问题。

附 件

"媒体看"改革

全国首创！"土气"的农业科研院所放出柔性引才大招

18位国内外院士受聘省农科院"第一所长"

"聘任山东登海种业股份有限公司李登海研究员、中国农业科学院生物技术研究所李新海研究员、中国农业大学赖锦盛教授为山东省农业科学院玉米研究所'第一所长'；河南省农业科学院张新友院士，印度科学院院士、国际半干旱热带地区作物研究所研究员拉吉夫·瓦西里为山东省花生研究所'第一所长'……"

在今天上午山东省农业科学院举行的新闻发布会上，副院长张立明宣读了这样一份沉甸甸的名单——18名国内外院士、19名知名科学家正式受聘该院院属研究所"第一所长"。通常略显"保守""土气"的农业科研院所，为引才搞出了一个全国首创的"大招"。

附 件

"要给农业插上科技的翅膀！"2013年11月27日，习近平总书记来到山东省农业科学院视察，提出殷切期望。6年多来，山东省农业科学院不断探索，"农业科技展翅行动"屡结硕果。

"作为首批受聘的'第一所长'，我将以此为契机，将此前较为松散的合作转变为紧密扎实的全方位合作。"通过远程视频连线，依然可见中国工程院院士、中国农业科学院油料作物研究所研究员李培武的激动和喜悦。

人才是创新发展的第一资源，领军人才更是创新发展的"金钥匙"。"服务山东农业高质量发展，服务打造乡村振兴齐鲁样板，不能让科技创新的需求等着人！"张立明坦言，尽管山东省农业科学院近年来发展快速，已经成为山东农业科技创新的主力军，但仍存在高层次领军人才数量不足、工作机制不够灵活等突出问题，短时间内全职引进或培养一批领军人才难度较大，"创新建立'第一所长'制度，通过柔性引进的方式，实现'高水平、全覆盖、为我用、求实效'"。

此次受聘的"第一所长"均为国际国内著名学者，具有深厚的理论素养和丰富的实践经验。不同于以往的顾问专家，"第一所长"可直接参与关系山东省农业科学院事业发展的重大决策，给予该院和研究所学科建设、人才引进培养等方面的指导和支持，重点在解决山东农业科技重大问题、突破"卡脖子"技术等方面发挥作用。

推倒四面墙，迎来八面风。以"第一所长"为突破口，山东省农业科学院强力改革人才制度，出台"1+6"人才新政，设立

推倒四面墙 迎来八面风
——山东省农业科学院综合改革探索与实践

1亿元人才发展专项基金,破除束缚人才发展的思想观念和体制机制障碍,吸引集聚国内外高层次人才,以激活人才为牵引激发创新能力。

(原文载于《大众日报》2020年5月27日)

附件

山东构建农业科技成果转化全流程服务体系

山东省农业科学院为破解农业科技成果转化的难点、堵点，制定出台了"1+7"政策办法，按照"统一指挥、统一规划、统一运营、统一管理"思路，围绕实现"有的转""有地转""有人转""转得顺"，构建覆盖转化全过程、全流程、全周期的服务体系，形成农业科技成果转化"一盘棋"、服务"一条龙"新格局。

全方位提供高质量的科技成果供给，实现"有的转"。山东省农业科学院强化高价值成果培育和集成，编制"高价值成果转化目录"，从源头开始抓转化，引导建立"需求清单"，按需求导向调整科研布局，优化科研资源配置，实现围绕产业链部署创新链。

构建"省－市－县"三级贯通的农业科技成果转化体系，实现"有地转"。在省级层面承建山东省农业科技成果转移转化中心，在地级市依托地市农业科学院建设区域分中心，在县级市依托科技局、农技推广站或农业龙头企业建设县域工作站。

组建科技成果转化队伍，实现"有人转"。面向社会聘用一批了解产业需求、对接市场紧密、掌握丰富资源的职业化、专业化技术经理人。明确业绩奖励标准，享受转化成果溢价部分收益分配。建立"科学家经纪人"制度，为达到一定标准的科学家配备成果转化专职助理，将科学家从具体事务中解放出来。

推倒四面墙 迎来八面风
——山东省农业科学院综合改革探索与实践

创新成果转化机制,实现"转得顺"。启动农业职务科技成果转化权属改革试点,赋予科研人员职务成果的所有权和长期使用权。

（原文载于《农民日报》头版2020年11月10日）

附件

山东省农业科学院：练好内功，让科技之翼更有力

直到现在，回想起与总书记的"三次握手"，山东省农业科学院作物研究所研究员王法宏仍然难掩激动："进门的时候握了一次，后来与农民视频连线问诊又握了一次。印象最深的是第三次，总书记出门后又回过头来问，一年能够在田间待多长时间？当听到我有约一半的时间在生产一线服务的回答后，总书记又与我握了一次手。"

王法宏说："这一次握得格外有力。"

2013年11月27日，习近平总书记视察山东省农业科学院并召开农业科技工作座谈会，作出了"给农业插上科技的翅膀"等重要指示。

自此之后，"给农业插上科技的翅膀"的重要指示成了全国农业科技战线各项工作的根本遵循。尤其是对山东省农业科学院来说，如何写好"给农业插上科技的翅膀"这一命题文章，成为该院上上下下的最高使命。

七年来，他们向改革要动力，相继推出各项重磅措施，让"山东农业科技展翅腾飞"。

他们牵头实施农业科技创新工程，率先出台破除"四唯"十条意见，"零论文"亦可升正高，"成果转化同样是主责主业"；首创"第一所长"制度，18名国内外院士成为"第一所长"，瞄准关键核心技术发力；赋予团队首席专家"五权"，创立了60个

推倒四面墙　迎来八面风
——山东省农业科学院综合改革探索与实践

农业产业技术研究院……

山东省农业科学院党委书记李长胜说:"推倒四面墙,迎来八面风。把乡村需求请进来,让农科人员走出去,通过改革推动、创新引领,如今我们可以自信地向总书记汇报:'您在视察时牵挂关心的诸多农科事,均取得了突破性进展'。"

这一承诺,既一诺千金,也石破天惊。

立冬之后,王法宏更忙了。《科技日报》记者采访时,他正准备赶往一线。对这位"全国农技推广先进个人"来说,一边醉心于小麦栽培科研,一边到田间地头为百姓服务是他的工作常态。

粗略算来,他每年直接服务一线的时间超过了一年的2/3,每年为农民讲课超60场。

得益于我国首个省级农业科技创新工程——由山东省农业科学院牵头实施的农业科技创新工程,通过改革传统农科管理模式、科研模式和考评模式,让科研人员"想干事就有平台,肯努力就是主角"。

很多人还记得3个月前,李长胜向全院科研人员作出承诺:"单项成果转化超过千万元,没有一篇论文也可直升正高!院属单位年度考核,转化绩效突出、取得重大业绩的实行'一票肯定',不搞平均主义、求全责备!"

这一承诺,既一诺千金,也石破天惊。在此思路下,一系列重磅文件出台,以一种"破釜沉舟"的勇气向"四唯"开刀。

按照意见,论文发表和授权专利一律不再奖励;同时,以

附 件

科技成果产生的影响、实际贡献和应用效果为评价导向，对标志性成果"一票肯定"，建立岗位竞聘绿色通道，"无论从事科研创新、推广转化、基层服务，都能从中找到目标"。

即使已到78岁高龄，中国工程院院士、山东省农业科学院小麦育种专家赵振东仍然闲不住。长期以来，小麦品种很难做到既高产又优质。但实践证明，他们团队研制的"济麦44"在这两方面结合得很好。

山东省农业科学院院长万书波说："践行习近平总书记重要指示精神，瞄准国家粮食安全问题，我们始终把主粮作物科技研发和推广作为全院科研工作的首要任务，集中各类人财物资源，研发新品种、推广新技术。"

产业出题，农科团队解答，一线难题成科研课题。

"这个技术贵不贵？老百姓都能用吗？""你们这些年跟寿光蔬菜有合作吗？"……在参观山东省农业科学院智能温室的过程中，总书记的问题专业、细致。

这让王淑芬研究员感慨良多："总书记对产业非常了解，他关注新技术的推广、节本增效、高品质和老百姓的餐桌等问题。在农业科技座谈会上，总书记又强调，矛盾和问题是科技创新的导向，要适时调整农业技术进步路线。"

矛盾导向，一直是山东省农业科学院的科研坚守。

还是在4月份，"山东省农业科学院（寿光）蔬菜产业技术研究院"等首批10个产业技术研究院在山东省农业科学院成立。此举拉开了该院以新型科研平台形式服务山东重点产业，打通堵

推倒四面墙　迎来八面风
——山东省农业科学院综合改革探索与实践

点难点的序幕。

《科技日报》记者注意到，这陆陆续续成立的60个产研院，其问题导向明确，即"企业出题，科研团队解答，确保创新链真正围绕产业链、供应链开展，体现其实用性。"

实际上，整合产业资源，瞄准产业瓶颈，以优质安全为导向，已成为该院的"科研准则"。

比如，他们建成国内品种最全、工厂化繁育技术最先进的天敌与授粉昆虫研发中心；首创的工厂化农牧废弃物无害化处理技术；培育出"鲁丽苹果""鲁西黑头羊"等以优质好吃为导向的新品种，重点推广了花生玉米宽幅间作高效生态种植、苹果"免套袋"省力化栽培等一批标准化绿色生产技术……

改革让这所百年大院焕发了活力。一个月前，该院举办了首届科技成果秋季拍卖会，2个多小时，24项成果全部拍出，溢价率达103.38%。

（原文载于《科技日报》头版2020年12月8日）

附件

八分钟，大考试！直击国内农科系统首次项目揭榜现场

当时针指向下午2点的时候，李青龙深吸一口气，大步走向讲台。此时的台下，他未曾见过的5位业内"大牌"专家已准备好聆听汇报。在接下来8分钟时间里，这位山东省农业科学院农业装备智能化研究中心工程师面临的挑战是：如何利用有限的时间打动5位评审专家，乃至向他们证明，自己有能力揭榜，圆满完成项目。

这是4月25日，山东省农业科学院"揭榜"现场。来自山东省内58个入围团队，将同台竞技，激烈角逐，而残酷之处在于只有29个团队可成功揭榜，这也意味着另外29支团队将要被淘汰。

李青龙告诉《科技日报》记者："对我们年轻的科研人来说，这真是一场大考！"

揭榜制，对科研人来说是一场考试，对制度设计者来说，也是如此。从中央部委到地方政府，对"科研揭榜制"的探索成为一致行动。在全国上下的探路者中，山东省农业科学院形成了自己的独特模式。

"把需要的关键核心技术项目张出榜来，英雄不论出处，谁有本事谁就揭榜。"山东省农业科学院科技管理处处长刘开昌告诉《科技日报》记者，这次"考试"是国内农科系统率先实施"揭榜制"。经过探索，在深化体制机制改革方面，在全国农业提

推倒四面墙　迎来八面风
——山东省农业科学院综合改革探索与实践

质增效、发展新兴交叉学科、"破四唯"等方面，山东省农业科学院在全国走到了前列。

记者了解到，上述"破四唯"，是山东省农业科学院改革的核心，就是不唯学历，不唯职称，不唯论文，不唯奖项，看能不能干出实效。刘开昌强调："我们要做的，就是真正做到英雄不问出身。只要你能干成，就用年轻的，在这方面，让有能力的人，来自生产一线的人，来干这个事。只看能力！只看实效！"

有实力，才能接得住。同场竞技过后，专家现场打分，当即揭开榜单。

记者注意到，"小麦全产业链提质增效技术"一项，由山东省农业科学院作物研究所研究员曹新有揭榜主持。"80后"研究员曹新有是该院优秀的科研工作者，其手握省（部）级以上科技成果奖励4项，育成小麦新品种9个，其中作为第一完成人育成的济麦44转让金额创我国小麦品种转让金额之最。

"在以前，科研项目论资排辈现象严重。项目小、团队散的情况也比较突出。跟老一辈高水平专家相比，青年科研人员很难获得相关科研项目。"曹新有告诉记者，经过这次揭榜，自己可以心无旁骛地攻主业。

他说，这次改革以后，首席专家拥有了"组阁权"，他们可自由地根据创新需要，来找国内优势的科研单位或团队合作，开展一系列科研创新工作，因为这29项揭榜任务有3000万元的科研经费保证，所以他们不会为经费发愁，可以安下心来做科学研究。

附件

刘开昌总结道:"这次揭榜制,对他们青年科研人员来说,能够给他们打造一个真正公平、公正的同台竞技的机会,使40岁以下的,想干事,能干事的科研人员尽早脱颖而出。"

实际上,本次29项"揭榜制"科研任务的出炉过程并不简单。

山东是农业大省,但大成果、新技术的供给与农业大省的体量、需求还不匹配;同时,科技成果与产业契合度仍存在问题。制约农业发展的关键是科技支撑能力不强。

在本次揭榜制之前,山东省农业科学院通过在全省开展"山东农业产业科技需求大调研"活动,共征集到农业"卡脖子"技术和重大关键技术、新兴交叉学科等两类"揭榜制"科研任务100余项,经国内产学研各方面知名专家评议和征求本省行业主管部门意见,最终凝练出29项"揭榜制"科研任务。

4月6日进行公开"张榜",到报名截止日,70名青年科研专家踊跃牵头申报29项任务。经过受理公示后通过形式审查、网络初评,最终确定58个团队入围本次揭榜评审。

刘开昌告诉《科技日报》记者,本次29项任务,项目支持经费近3000万元,重点破除原先项目小、团队散、解决实际问题效率低等问题,构建"攥起拳头办大事,协同创新搞研发,支撑产业力度强"的科研组织模式。下一步将强化考评结果运用,建立奖惩制度,对不能较好完成任务的,取消下一年度申报资格,并收回部分项目资金。

(原文载于《科技日报》2021年4月27日)

推倒四面墙 迎来八面风
——山东省农业科学院综合改革探索与实践

山东省农业科学院向社会寻榜张榜揭榜

科研单位和社会力量该如何"无缝衔接"？

在科研机制改革的道路上，没有完成时，只有进行时。这一次，被誉为"改革先锋"的山东省农业科学院再出大动作。

7月21日，山东省农业科学院副院长贾无对外宣布《关于面向社会公开寻榜张榜揭榜农业科技难题的通告》。该通告透露，本次破解农业难题的实践将分为3个阶段，即寻榜阶段，将面向各地市、企业、园区等公开征寻农业产业科技难题；之后的张榜阶段，山东省农业科学院将组织行业知名专家论证筛选，并向社会公开张榜；揭榜阶段，"身怀绝技"的揭榜方将与需求方对接，牵手合作。

在此过程中，山东省农业科学院搭建起了一个"技术需求方"与"创新优势方"之间的直接对接平台，利用其深厚的科研力量和广泛的专家智库，推动寻找农业需求，寻找解题高手，给出科研答案。作为平台搭建方，山东省农业科学院邀请专家负责寻榜、张榜、揭榜3个阶段全程的专业论证，甚至直接参与揭榜，让揭榜人员"凭本事说话"。

山东省农业科学院科研处处长刘开昌向记者表示，山东省农业科学院主动面向社会公开征寻农业产业科技难题并实施揭榜制，是"市场主体出题、科研单位答题"的一种科研机制创新，是面向农业经济主战场，坚持问题导向和目标导向，探索科研

附 件

单位和社会力量"无缝衔接",实施科技项目"揭榜挂帅"的新途径。

这不是山东省农业科学院在落实揭榜制上的第一次突破。今年4月24日,该院举行科技创新工程揭榜评审会,58个入围团队同台竞技,角逐29项"揭榜制"科研任务,最终29个团队成功揭榜。

这是该院在全国农科系统率先推行科研任务"揭榜制"和首席专家组阁制的尝试。

山东是农业大省,以约占全国6%的耕地和1%的淡水,生产约占全国8%的粮食、11%的水果、12%的蔬菜、13%的水产品。今年年初,经国家统计局确认,2020年,山东农林牧渔业总产值首次突破1万亿元,成为全国首个农业总产值过万亿元的省份。

但农业大省面临着如何向农业强省跨越的问题,科技无疑将扮演"第一生产力"的角色。

在此背景下,山东省农业科学院本次面向社会寻榜张榜揭榜,将聚集山东省内外农业优势科技力量突破一批农业"卡脖子"的重大关键技术,推动科技创新工作与农业产业发展"无缝连接"和深度融合,有效实现产业链、人才链、创新链和资金链的"一体化",打通科技创新到产业应用的通道,支撑农业企业提高产品市场竞争力和区域农业转型升级水平,推动实现山东省由农业大省向农业强省的跨越。

今年5月21日,中央全面深化改革委员会第十九次会议审议通过了《国务院办公厅关于完善科技成果评价机制的指导意

推倒四面墙　迎来八面风
——山东省农业科学院综合改革探索与实践

见》(以下简称《意见》),《意见》提出"细化完善有利于转化的职务科技成果评估政策,鼓励广大科技工作者把论文写在祖国大地上。"

为此,山东省农业科学院创新性地推动揭榜制更好地落地,这既是落实中央意见精神的题中之义,也能更好地履行服务农业经济发展的责任,更好地把论文写在祖国大地上。

（原文载于《科技日报》2021年7月23日）

附 件

全国科研院所首个！

山东省农业科学院出台十条措施支持女科技人才施展才华

近日，山东省农业科学院湿地农业与生态研究所女所长谢先芝收到了一份院里送给她的"大礼"，这份"大礼"与她自己的切身利益相关。

谢先芝所说的"大礼"，是该院刚刚推出的"支持女性科技人才发挥更大作用的十条意见"。谢先芝表示："这十项措施为我们提供了更好的工作条件和成长环境，使得我们减轻了后顾之忧，能够心无旁骛地投入科技创新工作中。"

7月19日，科技部、全国妇联、教育部等13个部门联合印发《关于支持女性科技人才在科技创新中发挥更大作用的若干措施》。8月5日，山东省妇联党组书记、主席孙丰华一行到山东省农业科学院调研女科技工作者在农业科研工作中发挥作用情况，并召开农业女科技工作者座谈会。为贯彻落实上述文件和座谈会精神，山东省农业科学院多次组织召开女科技人员代表座谈会，在反复征求各单位各年龄段不同学历层次和职称女性科技人员，以及征求组织人事处、科技管理处、计划财务处等部门意见的基础上，最终形成了《中共山东省农业科学院委员会关于支持女性科技人才发挥更大作用的十条意见》。据了解，这在全国科研院所中尚属首个。

《中国妇女报》全媒体记者了解到，这十条意见是：①女性

推倒四面墙 迎来八面风
——山东省农业科学院综合改革探索与实践

科技人才年满60周岁根据工作需要可以延长退休年龄。②院创新工程科研类任务设立女性科技人才专项。③设立青年女性科技人才生育后科研回归基金，实行经费"包干制"，纳入女性科技人才专项管理。④齐鲁农业科技奖设立巾帼科技奖。⑤院创新工程科研类任务、"333"人才引进工程、"3237"人才培养工程和出国访学研修选派，女性科技人才申报年龄放宽3岁。⑥孕哺期女性科技人才在我院承担创新工程科研类任务、人才工程、岗位聘用等方面，可根据需要申请延期结题或延期考核评价，最长延期1年。⑦对孕期和法定生育产假结束后哺乳期1年内女性科技人才，实行弹性工作制，根据需要设立母婴室。⑧同等条件下，优先支持女性科技人才申报评选各类科研项目、成果奖励、人才工程和职称岗位；优先推荐女性科技人才在各级人大、政协，各民主党派、人民团体中任职。⑨组建巾帼农业科普志愿服务队和"舜耕科技"巾帼农业专家分团，扎实开展"科技创新巾帼行动"。⑩山东农学会设立山东女性农业科技工作者专门委员会。

山东省农业科学院有关负责人表示，十条意见的出台，是山东省农业科学院贯彻落实科技部、全国妇联等多部门《关于支持女性科技人才在科技创新中发挥更大作用的若干措施》《关于实施科技创新巾帼行动的意见》文件精神的具体行动，是深入推进"放管服"改革、厚植"专家至上"理念的具体举措，将有助于为女性科技人才成长进步、施展才华、发挥作用创造更好环境，充分调动女性科技工作者创新创业的积极性。

（原文载于《中国妇女报》2021年8月25日）

山东省农业科学院：

以"三个突破"破解科研与生产"两张皮"问题

一年前，山东省农业科学院启动了"三个突破"战略：选择山东东部的烟台招远、中部的临沂费县、西部的菏泽郓城为三个样板点，利用3年时间，选派300名科研人员，打造若干个单体示范模式。

一年来，三个示范县（市）共落地152个项目，挂职人员88名，直接投入资金共计1080.17万元，一批种植新技术、新品种、新装备纷纷落地，一批农产品品牌开始走向市场，"三个突破"战略全面开花。

"作为山东省唯一的省级综合性、公益性农业科研机构，服务'三农'、为现代农业发展提供科技支撑一直是我们责无旁贷的历史使命"，山东省农业科学院党委书记李长胜说，"我们把'给农业插上科技的翅膀'和推动乡村振兴有机融合起来，大力实施'三个突破'战略，按照'一年初见成效、两年形成特色、三年基本完成'的进度安排，结合三个示范县（市）科技需求，打造出县域乡村振兴科技支撑型齐鲁样板。"

村里来了位"枣"博士

走进山东省临沂市费县新庄镇东柱子村，硕果累累的脆枣树吸引了记者的目光。

村民贾理昌告诉记者，之前他一点也不懂，自己摸索着干，

推倒四面墙　迎来八面风
——山东省农业科学院综合改革探索与实践

"去年这个时候，4个棚的枣树只结了一颗枣"，王中堂博士来做技术指导后，今年枣树全部高产。

贾理昌口中的王中堂是山东省农业科学院"三个突破"工作组为持续技术跟踪指导，从枣科植物研究团队中选派的脱产挂职费县新庄镇的第一镇长。

王中堂说，东柱子村地理环境适合脆枣生长，当地脆枣品质较好，但存在品种比较单一、露地栽培在成熟时期容易裂果、生产过程中病害比较严重等问题。"我们采用了设施栽培技术，提前了脆枣的成熟期，防治裂果现象，减少病虫害。我们示范推广了'低残高效精准药剂＋性诱剂捕杀综合防治'技术"，王中堂说，2021年，枣园绿盲蝽发生危害率由2020年的85%降低到5%左右，他们还示范推广了脆枣的贮藏期延长技术，可延长货架期10～15天，解决了脆枣不耐贮藏、无法远路销售的问题。

从研究院到生产一线，王中堂以学促用，为农民带来了实实在在的收益。"村民很热情，愿意种。"王中堂表示，他的目标是利用3～5年的时间，实现全村脆枣产值过亿元，打造中国华东鲜食枣供应基地，让大家一提费县就想到脆枣。

山地里长出"金叶子"

"茶叶跟别的产业不一样，它必须加工了才能出售。我之前1亩地投资2000多万元，收入也就一二百万元，我一筹莫展。"茶企负责人董桂萍告诉记者，"农科院田博士的到来让我看到了希望，她手把手教工人改进茶叶加工工艺，经常为赶制一批好茶在车间加班到深夜，是她救活了这个茶园，让招远产出好茶，让

附件

山地里长出'金叶子'。"

2020年8月4日，山东省农业科学院选派田丽丽博士到山东省招远市健生苑农林开发有限公司技术非脱产挂职副总经理，主要对招远茶产业进行技术指导。

说起第一次来这儿考察茶园的情况，田丽丽毫不避讳地谈起其在管理上存在的诸多问题：茶树的长势弱，茶叶的品质不高，加工工艺落后，加工设备不配套，茶农的技术培训也不到位。"长期以来，健生苑对茶产市场和自家产品品质的信心都被磨没了。"田丽丽说。为了给企业增强信心，田丽丽一待就是半个月，给企业的工人进行茶叶科技、品种选择、茶园标准化管理等培训，帮企业建立了越冬标准钢架大棚，使茶叶采摘时间从5月底提前到了4月初。"目前绿茶已经供不应求了。预计今年的效益能翻倍。"田丽丽说。

为促进专家和企业建立长久的合作关系，山东省农业科学院积极探索"专家+农民利益共同体"模式建设。7月15日，田丽丽由非脱产挂职转入脱产挂职，与槐花岭家庭农场负责人签订了技术入股合作经营协议书。此后，农场的部分盈利额将会以分红形式支付给田丽丽。"这是农民对我们专家的极大认可和信任。"田丽丽说，"专家+农民利益共同体"模式，能够最大化调动专家实现成果转化的积极性。

对于招远槐花岭家庭农场的未来，田丽丽表示，会把茶叶发展成带有文化底蕴的特色产业，向创造区域品牌"金都红"、公共品牌"胶东红"不断努力。

推倒四面墙　迎来八面风
——山东省农业科学院综合改革探索与实践

把论文写在农田里。

"这是什么品种呀？长得真好！"路过玉米地的农民问正在地里研究的程文博士。

"这边是鲁单608，那边是鲁单510……"程文耐心介绍着自己从山东省农业科学院无偿带来的玉米品种。

程文是农科院选派到山东菏泽郓城粮好聚农农业服务有限公司挂职的技术副总。郓城是粮食产量大县，以小麦玉米种植为主。土地规模大但土地零散种植、新品种新技术应用不足、产业化不够。

"鲁单608的株型紧凑，耐密性好，高抗倒伏，籽粒品质优，抗病性还好，最重要的是收获时籽粒含水量只有25%，属于黄淮海籽粒机收突破性品种。而鲁单501则可以整秆收割给畜牧业做饲料，可以达到'宜粮则粮，宜饲则饲'的效果。小麦有休眠期，所以我们选择以冬天种小麦、夏天种玉米的方式种植，这样可以保证土地的最大化利用，使产值达到高峰。"讲起他培育的品种，程文总是滔滔不绝。

在程文看来，在郓城县侯咽集建设的淀粉加工企业就是这一链条的终端，在粮食主产区打造从育种、生产到加工利用的全产业链，具有非常强的带动作用。打造一条可复制、可参观的科技支撑型粮食产业链齐鲁样板是他的最终目标。

目前，三个示范县都已取得阶段性的亮丽成绩，"三个突破"的样板模式已初步形成。

科研人员奔赴一线吃的苦、流的汗，李长胜全看在眼里。如何激发农业科研人员服务"三农"动力,促使更多人"把论文写在农田里"?李长胜表示,山东省农业科学院全面推进八大领域综合改革,大力破除束缚科研人才发展的体制机制障碍,引导广大科研人员到生产主战场上去实现人生价值,破解科研与生产"两张皮"的问题,为农业插上科技的翅膀。

(原文载于《光明日报》2021年9月7日)

推倒四面墙 迎来八面风
——山东省农业科学院综合改革探索与实践

"破四唯"之后，他们评上了高级职称

深化科体改革 激发创新动能

54岁的花生专家崔凤高没有想到，自己能够真真切切地享受到"破四唯"的福利——以大专学历晋升到研究员。打动评委们的条件是：长期扎根基层生产一线，服务"三农"，贡献突出并得到社会广泛认可。

近日，山东省农业科学院对外公布了"破四唯"岗位10人晋升名单。此举意味着，经过现场答辩、专家组评审和综合评议，10名科技人员脱颖而出，成功晋升到高等级岗位，其中正高级岗位4人，副高级岗位6人。

2018年7月，中央办公厅、国务院办公厅发布《关于深化项目评审、人才评价、机构评估改革的意见》后，相关部门联合发布了《关于开展清理"唯论文、唯职称、唯学历、唯奖项"专项行动的通知》，一场轰轰烈烈的"破四唯"运动正式在高校院所展开。

去年8月10日，山东省农业科学院在全国科研单位中率先出台了破除"四唯"十条意见，明确了论文发表和授权专利一律不再给予奖励，而相关科研成果的落地转化效果等指标将会成为专业技术岗位竞聘的直接依据。

该制度的设计者、山东省农业科学院党委书记李长胜向《科技日报》记者强调，这十条意见旨在破除"四唯"，突出科学精神、创新质量、服务贡献，引导科研人员树立"顶天立地、科技为民"的科研价值观。

在上述科研观下，山东省农业科学院印发《关于岗位聘用制度改革的意见》，并对外公布了2021年专业技术岗位"破四唯"竞聘工作方案。

上述意见中，推行"大代表作"评价、突出面向经济社会主战场、实行"两定量一定性"评价方式、建立特殊人才绿色通道制度等带有强烈改革色彩的措施让人眼前一亮。

具体到本次竞聘，意见精神体现得淋漓尽致。

比如本文开头提到的科研人员崔凤高。

他长期扎根基层生产一线，从事花生科技推广工作19年，主持选育鉴定登记品种1个，参加选育鉴定登记品种17个。"十二五"以来，他建立成果转化基地12处、示范田50余处并示范新品种30余个、新技术10余项、核心示范面积20余万亩；建立5个博士科研工作站、4个花生产业技术研究院；主讲培训班160余次，培训3.4万余人，在山东乡村广播讲座32次……

这一系列数字体现出崔凤高对基层一线的热情和科研硬实力。因此，即使学历不符合条件，他的工作也被专家们认可，通过本次竞聘，成功晋升至正高级岗位。

记者分析本次10人名单，发现了不少共性因素：所有晋升专家只衡量工作实绩，只评价作出的实际贡献，不看论文、不看学历。

比如，其中有科研人员凭借"单项技术被列为农业农村部主

推倒四面墙　迎来八面风
——山东省农业科学院综合改革探索与实践

推技术"晋升三级研究员；4名科研人凭借"长期扎根基层生产一线，服务'三农'，贡献突出并得到社会广泛认可"成功晋升；3名科研人通过"主持研发的单项科技成果转化到账经费100万元及以上"成功晋升副研究员；2名科研人通过其他方面作出突出成绩，"一事一议"晋升。

"在以往职称晋升中，我曾因为学历不符合条件无法晋升至正高级岗位，多年来像一块石头压在我的心头。通过本次'破四唯'竞聘，我最终成功晋升研究员，圆梦了。"崔凤高研究员向记者坦陈，"'破四唯'让我们看到了希望，工作有了干头、干事有了奔头。乡村振兴中始终有我，我将倾尽心力为'三农'作贡献，推动花生高产新技术遍地开花。"

（原文载于《科技日报》2021年9月8日）

附 件

缝合科研生产"两张皮" 还需更多"拍卖会"

一支可用于我国牛羊布鲁氏菌病的防控和净化的布鲁氏菌活疫苗价值几何？经过15轮激烈竞拍，这支疫苗以6000万元的价格成交。11月1日，发生在山东省农业科学院第二届农业科技成果秋季拍卖会上的上述一幕指向了农业企业对科技成果的热烈追捧。

当日，山东省农业科学院遴选了全院16家单位的38项品种和技术参与竞拍，171家企业及自然人报名参与，最终成交37项，总成交金额1.11658亿元。而布鲁氏菌活疫苗（粗糙型）从众多重量级成果中脱颖而出，成为本届拍卖会的"标王"。

这一幕似曾相识。

去年，在山东省农业科学院举办的首届科技成果秋季拍卖会上，"猪繁殖与呼吸综合征新型弱毒疫苗"不同凡响，32轮拉锯下来，"神秘"买家笑到了最后，4050万元的落锤价格，让这支疫苗成为首届拍卖会上的"标王"。

《科技日报》记者在现场了解到，第二届拍卖会参与竞拍的成果涵盖了作物、果树、疫苗、兽药、农机、农药等多个领域。值得注意的是，连续两届拍卖成交金额均超亿元。

现场有专家表示：市场主体对农科成果的需求强烈，而这些成果完美地契合着田间需求，可谓"一拍即合"，推动着拍卖价格的持续高企。对此，山东省农业科学院成果转化与推广处副

推倒四面墙 迎来八面风
——山东省农业科学院综合改革探索与实践

处长周起先表示：本次拍卖会的目的是拉近科研专家和企业之间的联系，构建一种更加畅通、更加直接的合作关系。通过这种形式，让好的科技成果能够跟企业加快结合。

如今看来，利用拍卖会这种形式拉近科学家与企业家的距离，他们的目的达到了。

13年持续科研，"标王"是如何产生的？

不过，相对于近200家企业对37项品种和技术的追求，外界的好奇心更多放在一个问题上，即"标王"是如何产生的？

《科技日报》记者了解到，布鲁氏菌活疫苗（粗糙型）是山东省农业科学院畜牧兽医研究所草食家畜疫病团队联合有关单位研发而成的。该疫苗是目前已知唯一可以采用注射途径免疫怀孕动物（牛/羊）的布病活疫苗，对人畜的安全性大大提高，并且不干扰布鲁氏菌病临床诊断。目前该疫苗已经完成新兽药注册复审。

但"标王"并不是一日炼成的。

上述疫苗历经13年研发而成，科研人员首先成功筛选获得一株稳定的粗糙型布鲁氏菌，经工艺优化研制成菌活疫苗（粗糙型）。小鼠安全性试验显示，该疫苗株比传统疫苗S2株提高了40倍。攻毒试验证明，该疫苗对黄牛单次免疫保护率为60%，加强免疫保护率为80%；对绵羊单次免疫保护率可达83.3%，对山羊单次保护率为66.7%。

实际上，37项成交的成果，每一项背后的研发故事并不缺乏时间、精力、智慧、资金等复杂因素。一句话，它们是协同发力的结果。

站在镜头前,山东省农业科学院家禽研究所助理研究员衣云鹏略显拘谨。但刚刚,他和同事们完成的"新型多靶点动物专用抗炎药合作开发与生产经营权",凭借在临床可代替抗生素,对细菌性肠炎治疗效果好等独特功效,最终以3200万元的价格成交。

在衣云鹏看来,外部资金的注入只是科技成果走向市场的一个重要节点。他说:"如果只靠我们单位投入的话,这个持续时间会非常长,甚至超过10年;但外部资本进入会将时间缩短到7年左右;同时,我们与企业联手,极大利于成果后期推广。"

科技成果充分应用到田间地头

通过拍卖会推广农科成果,这是山东省农业科学院的首创,饱含着山东省农业科学院党委书记李长胜对"给农业插上科技的翅膀"的深刻理解。

"如何解决好科研和生产'两张皮'问题,真正让农业插上科技的翅膀,就是要大力推动科技成果转化和产业化,让更多的科技成果落地,产生社会价值。"李长胜向《科技日报》记者表示,通过创新成果交易方式,实现拍卖活动的常态化、规范化,打造成果转化品牌活动,提升成果转化效率,促进创新链和产业链精准对接,加快科研成果从样品到产品再到商品的转化,把科技成果充分应用到田间地头,把论文写在大地上。

《科技日报》记者长期关注山东省农业科学院的改革,其独特做法值得关注。

推倒四面墙 迎来八面风
——山东省农业科学院综合改革探索与实践

作为山东省科技成果转化综合试点单位，该院围绕职务科技成果所有权或长期使用权，建立职务科技成果确权机制，将"先转化，后奖励"变为"先赋权，后转化"，保证科研人员的成果所有权及收益分配权；围绕专利转化在全省范围内先行先试，该院起草制定确权及作价入股工作流程，探索科技成果赋权、成果完成人在专利作价入股等方面的路径与模式；同时，该院构建"权益共享、风险共担"的乡村振兴利益共同体，鼓励科研人员扎根一线，服务产业发展，促进科技与经济相结合，加快科技成果转化为现实生产力。

《科技日报》记者了解到，"十三五"期间该院成果转化收入到账经费4.36亿元，超千万元成果10项。

（原文载于《科技日报》2021年11月2日）

附 件

改革赋能，给农业插上科技的翅膀
——专访山东省农业科学院党委书记李长胜

一年一度，具有风向标意义的全国农业科技创新工作会议即将召开，山东省农业科学院党委书记李长胜正在为参会做准备。这几年，因为大刀阔斧的改革措施，山东省农业科学院一直是农业战线的焦点。此次参会，他准备的材料与科技成果转化有关。

近3年来，推动科技成果转化落地，该院实施了一系列开创性的大动作。

经过15轮激烈"交锋"，起拍价为5300万元的15号标的布鲁氏菌活疫苗（粗糙型）生产使用权，最终以6000万元成交。这是山东省农业科学院在去年农科成果拍卖会上的一幕。他们在国内首创了农科成果价值评估机制，并连续两次举办拍卖会，总金额均超1亿元。

该院大力"破四唯"，强化成果转化指标，多人凭借长期扎根基层一线的突出贡献得以晋升研究员；一批年轻"首席"和"80后"所长挑起大梁……

科技成果转化是世界性难题。如何推动加快农科成果转化，山东省农业科学院给出的答案是改革。他们进行了哪些独特探索？效果如何？8月18日，就上述问题，《科技日报》记者对李长胜进行了专访。

推倒四面墙 迎来八面风
——山东省农业科学院综合改革探索与实践

既要"有地转",也要"有劲转"

"2013年11月27日,习近平总书记亲临我院视察并作出了'给农业插上科技的翅膀'重要指示,成为我院弥足珍贵的精神财富和事业发展的不竭动力。"李长胜表示,9年来,我们坚持以"给农业插上科技的翅膀"为总战略,以"推倒四面墙、迎来八面风"为总基调,以综合改革为总动力,以破解科研生产"两张皮"为总目标,不断加强科技自主创新,健全完善成果转化体系,研发并转化推广了一大批新品种、新技术、新装备。

谈到科技成果转化体制机制改革,李长胜认为山东省农业科学院进行了5个方面的探索,即提高成果供给质量,实现"有得转";构建成果转化体系,实现"有地转";组建成果转化队伍,实现"有人转";创新成果转化机制,实现"有劲转";打通科技进村入户通道,实现"有路转"。

如何实现"有得转"?对该院科研人员来说,常年驻守在生产一线早已成为常态。

李长胜表示,他们坚持"四个面向",引导科技人员立足生产一线,科研选题立项精准聚焦产业需求和农民需要,把实验室搬到田间地头,把论文写在大地上。同时,围绕种子和耕地两个要害,研发了一批突破性创新成果,9年来主持获得1项国家技术发明二等奖、5项国家科学技术进步奖二等奖、21项山东省科学技术进步奖一等奖。同时,率先主动面向社会公开寻榜张榜揭榜农业科技难题,97项揭榜项目经费达1.32亿元。

实现科技成果"有地转",该院联合各级政府和科研单位,建立省级成果转移转化中心、地市分中心和县域工作站的金字塔式架构，形成了纵向联动、横向联通的"省—市—县"三级农业科技成果转化体系。

李长胜告诉《科技日报》记者："我们瞄准总书记视察山东省提及的13个特色农产品及区域优势主导产业，与地方政府和龙头企业共建75家产业技术研究院、20家创新联合体，边创新、边转化，边研究、边推广。"

从"破四唯"到"三个突破"，旨在打造新样板

科技成果转化难，很多时候"卡"在缺少经纪人。

为实现"有人转"，山东省农业科学院完善了院所两级成果转化与推广工作机构，组建了一支由3名专职技术经理人、25名兼职技术经纪人及84名专职人员组成的成果转化队伍，全程服务科研人员成果转化。

科研成果转化，研发者有何收益？这涉及他们的核心利益。

为实现科技成果"有劲转"，该院先赋权、后转化，开展了科研人员职务科技成果所有权或长期使用权试点，明确界定收益分配权限与比例，明确转化收益70%归团队成员，个人收益分配比例高达94%，并在二级单位正职持股上实现了突破。

同时，山东省农业科学院在全国率先出台了破除"四唯"10条意见，明确科技成果转化效益高、长期扎根乡村振兴一线进行品种和技术推广的突出贡献人员，可直聘四级及以上研究员，10人因"破四唯"成功晋升；去年首次实现岗位分类竞聘，专门设立科技成果转化职称系列，岗位评聘中13人晋升高级职称。同

推倒四面墙　迎来八面风
——山东省农业科学院综合改革探索与实践

时，该院强保护、重运用，出台加强农业知识产权保护相关意见，建立科技成果转化尽职免责机制，鼓励科技人员大胆转。

2020年，山东省农业科学院启动了"三个突破"战略：选择山东省东部烟台招远、中部临沂费县、西部菏泽郓城为3个样板点，利用3年时间，选派300名科研人员，投资3亿元，探索整县域打造乡村振兴科技引领型齐鲁样板。

这是该院打通科技进村入户通道，实现"有路转"的具体行动。

在"三个突破"战略下，该院为3个示范县累计引进400余个新品种，推广300余项新技术，推广示范面积160余万亩，形成了"专家+农民"利益共同体、"链长制""包村制""科教兴村""党支部+专家+合作社"等"1+N"乡村振兴齐鲁样板的农科模式。

山东省农业科学院以体制机制改革换来发展活力动力，并诞生了一系列重大科技成果。其中，"济麦22"连续9年种植面积全国第一，累计推广3.3亿亩；"齐黄34"以亩产353.45千克和302.6千克创我国夏大豆高产纪录和盐碱地单产纪录。

（原文载于《科技日报》2022年8月22日）

附 件

山东省农业科学院抓改革、增活力、促创新
——给农业插上科技的翅膀

2013年11月27日,习近平总书记视察山东省农业科学院,作出了"给农业插上科技的翅膀"重要指示。近年来,山东省农业科学院连续召开"给农业插上科技的翅膀"理论研讨会,凝练出"翅膀论"十个方面内涵。2020年以来,该院坚持以"给农业插上科技的翅膀"为总战略,以"推倒四面墙、迎来八面风"为总基调,以综合改革为总动力,以破解科研生产"两张皮"为总目标,系统推进了16项综合改革、70余项具体改革措施,科研体制机制改革不断深化,科研人员创新创造活力持续迸发。该院改革经验被山东省委形成改革专报上报中央深改办,改革典型做法两次刊发在农业农村部科教司《农业农村科教动态》。

坚持以解放思想为先导,为综合改革奠定坚实的思想基础

该院自2020年起连续3年开展解放思想大讨论,2020年形成了"推倒四面墙、迎来八面风"的共识,并成为全部工作的总基调;2021年开展了以"科技自立自强"为主题的解放思想大讨论,形成了"自立自强是立院之本、自主创新是强院之路"的共识;今年开展了以"提高科技创新力、提高工作执行力"为主题的解放思想大讨论,形成了"科技创新力就是核心竞争力,工作执行力就是核心战斗力"的共识,为推进综合改革打牢坚实的思想基础。

推倒四面墙 迎来八面风
——山东省农业科学院综合改革探索与实践

深入推进机构改革，搭建起现代院所治理体系的"四梁八柱"

根据山东省深化事业单位改革试点实施方案的要求，结合现代农业产业发展和学科建设需要，该院对全院机构进行了整合重组，对制度体系进行了健全完善，全院治理水平和治理能力有效提升。一是优化重组院内科研机构。取消17个二级单位的独立法人资格，并入院内作为内设科研机构管理，保留9个法人治理结构建设单位的独立法人资格，实现全院的资源统筹和优化配置。二是健全完善市级农业科学院科研管理体制。采取省市共建模式，各市农业科学院加挂省农业科学院分院牌子，明确省市两级农业科学院的指导和被指导关系，由该院负责统筹分院农业科研布局、科技成果转化和推广应用。三是加大学科整合力度。对小麦、水稻、花卉、棉花等24个学科重新优化组合，把相同相近的学科团队集中到同一单位做大做强，解决部分学科规模过小、分散重复设置、职责交叉重叠等问题。四是完善内部管理运行机制。规范研究所机构设置，统一设置管理部门，精简压缩行政管理人员150余人。成立院财务集中核算中心，提高全院财务资产统筹能力和服务效率。五是建立健全体制机制。制定《山东省农业科学院章程》，出台《关于加快推进院所治理体系和治理能力现代化的实施意见》，理顺院所领导体制，坚持依法治院、以德治院、民主治院、开放办院有机协调统一。民主决策机制更加完善，建立院所两级职工代表大会制度，建立重大所务公开决定制度以及研究所决策、执行、监督三位一体的运行体制。实体化运作院所学术委员会，充分发挥"专家治所"作用。成立院考核监督委员会，组建职工评议团，建立职工监督、批评党委工作机制。

深化科研组织方式改革，增强关键核心技术攻关能力

坚持"世界眼光、中国视野、山东特色"，聚焦重大科研需求，改变传统科研组织形式，构建资源配置"一盘棋"、学科融合"一体化"、组织模式"一条龙"的创新体系。一是坚持"四个面向"。引导科技人员立足生产一线，科研选题立项精准聚焦产业需求和农民需要，围绕种子、耕地等要害问题和"卡脖子"技术开展攻关，研发了一批突破性创新成果，9年来主持获得国家技术发明奖二等奖1项、国家科学技术进步奖二等奖5项、山东省科学技术进步奖一等奖21项。其中，"济麦22"连续9年种植面积全国第一，累计推广3.3亿亩；去年10月习近平总书记视察黄河三角洲尝过的那粒大豆——齐黄34，以亩产353.45千克和302.6千克创我国夏大豆高产纪录和盐碱地单产纪录。二是贯彻落实黄河重大国家战略。启动实施突破黄三角战略，成立黄三角现代农业研究院，整合全院人才、项目、成果等科技资源，组织实施黄三角科技大会战，全院21个研究单位创新团队参与人数达550余人，实施九大行动，落地实施科技项目149项，打造新时代农科院黄三角精神。同时联合沿黄九省（区）涉农单位，牵头发起成立黄河流域生态保护和高质量发展农业科技协同创新联盟。三是整合科研力量。实行"大团队"建设，取消研究室建制，跨学科跨研究所组建八大学科群97个协同创新团队，支持

推倒四面墙　迎来八面风
——山东省农业科学院综合改革探索与实践

科研人员在院内自由选择加入创新团队，优化资源配置，集智集力提高协同攻关能力。组建18个虚拟研究中心，通过优化科技资源配置，用创新链布局产业链、提升价值链，构建产学研高效协同创新体系。推进团队市场化改革，与企业实质性合作共建科企创新联合体，目前已在粮油、畜牧、农业生产性服务业等多个产业领域成立10家，年内计划成立20家以上。四是创新"揭榜挂帅"制度。以农业科技创新工程项目为"榜单"，在全国农科系统率先推行"揭榜挂帅制"和"首席专家组阁制"，29个团队成功揭榜。践行"市场主体出题、科研单位答题"，在全国科研单位首次主动面向社会公开寻榜张榜揭榜农业科技难题，97项揭榜项目经费达1.32亿元，其中，农业龙头企业项目74个，经费9820万元，经费超过1000万元的项目4个。五是共建产业技术研究院。推进科研力量下沉，瞄准习近平总书记视察山东时提及的13个特色农产品及区域优势主导产业，与地方政府和企业共建了75家产业技术研究院，将创新链根植在产业链上，边创新、边转化，边研究、边推广，有效破解科技与经济"两张皮"问题。

深化科研人才制度改革，激发"第一资源"创新活力

该院聚焦人才这一核心创新要素，创新发现、使用、激励机制，着力释放人才潜能，发挥人才驱动作用。一是创新人才引育机制。实施创新人才及团队引进工程（"333"工程）、齐鲁农科英才培育工程（"3237"工程），完善人才引培政策，设立1亿元人才发展专项基金，聚天下英才而用之。在全国首创"第一所长""产业研究员"制度，聘任18名院士和21名专家担任"第一所长"，发挥顶尖专家定向把关、领衔攻关作用；聘任50名知名企业高管等担任"产业研究员"，推动企业与院所融合互动、协同创新。2020年以来，围绕急需紧缺学科引进高层次人才43名、海外高端人才含外籍院士3名共12名、优秀博士200名。引进人才效益初显，去年立项各级各类项目经费达6.85亿元，新引进博士申请获得的国家青年基金、省基金数量均占全院一半以上。建立常态化储备、科学化培养、精细化管理的人才体系，"3237"工程已遴选出院士培养计划人选3名、领军人才培养计划人选20名左右、学科带头人培养计划人选30名左右、青年拔尖培养计划人选50名左右。同时为青年人成才搭梯子、建平台，院创新工程29项揭榜挂帅项目均由40岁以下年轻人主持；选拔优秀青年科技人才，担任与地方政府、企业联合建立的产业技术研究院院长；选派青年科研骨干挂职担任乡镇"第一镇长"、企业"科技副总"，让年轻人挑大梁。二是人才评价更加精准科学。在国内率先出台破除"四唯"十条意见，明确突破行业科技领域"卡脖子"关键技术、科技成果转化效益高、长期扎根乡村振兴一线的突出贡献人员，可直聘四级及以上研究员，在国内引起较大反响，被作为典型事例在全国科技工作会议上介绍。在2021年专业技术岗位竞聘中，10名科技人员通过"破四唯"竞聘脱颖而出成功晋升到高等级岗位。在中央人才工作会议之际，新华社发表了《让更多千里马竞相奔腾于伟大时代——以习近平同志为核心的党中央引领推动人才工作纪实》文章，对该院"破四唯"

推倒四面墙　迎来八面风
——山东省农业科学院综合改革探索与实践

竞聘改革点赞。三是创新岗位聘用制度。首次实现真正意义上的岗位分类评价，结合科研人员、转化推广人员、管理服务人员三支队伍岗位职责和工作重点，分类制定差异化评价指标，改变了以前科研人员、管理人员、转化推广人员"在一个大锅里吃饭"的问题。建立以业绩贡献为导向的评价制度，实行"两定量一定性"和"大代表作"评价方式，突出面向经济社会主战场的导向，为取得突出业绩的人才建立岗位晋升绿色通道。目前，已经圆满完成了全院首次分类评聘工作，共有844人获得岗位晋升，岗位聘用制度改革取得明显成效。四是让人才"名利双收"。推动收入分配制度改革。按照"稳定面上、激励一线、盘活关键"的工作思路，落实"以绩取酬"分配导向，重点向科研一线和关键岗位倾斜。建立创新人才突出贡献奖，对获得国家和省重大成果、重大项目，取得重大科研产出的创新人才，给予突出贡献奖励。探索薪酬激励"新模式"，对于引进的高层次人才和作出突出贡献的人才，实行年薪制、协议工资制、绩效工资倾斜、股权激励等灵活分配模式，使更多作出突出贡献、取得突出业绩的人才先富起来。制定创新创业政策，137人通过企业兼职、离岗创业等多种方式开展"双创"，二级单位开展正职持股试点已经实现突破。该院人才工作连续两年被山东省委、省政府通报表扬，"1+N"人才新政被山东省委改革办评为山东省改革品牌。

深化干部制度改革，着力造就高素质专业化干部队伍

针对干部年龄层次明显偏大、高学历干部配备不足、中层班子专业型干部比例明显偏低等问题，结合事业单位改革，同步推进干部制度改革，干部队伍的年龄结构、专业结构和学历结构显著改善。一是大力选拔优秀年轻干部。制定了加强年轻干部队伍建设的意见，实施"789"工程，2021年干部换届调整设岗选拔"80后"博士，刚结束的干部调整又选拔了4名35岁左右的副处级干部，目前该院"80后"处级干部达到35名，占比27.1%。二是大力选拔专业型干部。树立"专家治所"理念，让专业人干专业事，要求研究所的所长必须由专家担任，干部换届时新提拔的8名研究所所长全部为专业型干部，4名青年专家从科研人员直接提拔为处所主要负责人，新提拔了22名专业型副处级干部，占比达84.6%。三是优化干部队伍学历结构。调整后处级干部具有博士学位的51人，占比40%；具有硕士学位的50人，占比39%。四是"送出去，引进来"。"送出去"使干部有"出口"，今年选拔了3名干部调任地市部门单位班子成员。"引进来"补充新鲜血液，今年探索拿出蔬菜所、果树所、农机院、茶叶所4个研究所所长岗位进行海内外公开选聘。五是从严管理。制定了领导干部廉洁从政十条行为规范，印发了"双肩挑"领导干部管理规定，明确专家型领导干部要把不低于70%的工作精力放在管理工作上，从制度上约束干部履职尽责。

深化成果转化制度改革，提高科研人员创新创造积极性

该院聚焦科技成果转化堵点难点，制定"1+7"政策体系，建立专业化、市场化成果转化机制，推动更多科技成果转化为现实生产力。一是搭平台、建体系，在省级层面建立山东省农业科技成果转移转化中心，在市级层面依托各分院建设17处成果转移转化分中心，在县级层面建设县域工作站，形成纵向联动、横向联通的"省—市—县"三级农业科技成果转化体系；组建全省第一支农业科技成果技术经理人队伍，建立完善院所两级成果转化与推广工作机构，组建了一支由3名专职技术经理人、25名兼职技术经纪人及84名专职人员组成的成果转化队伍，全程服务科研人员成果转化。依托在山东种业集团、山东鲁研农业良种有限公司、山东奥克斯畜牧种业有限公司等原院办企业创新创业的75名科研人员，以及滨州中裕食品有限公司、金胜粮油集团等龙头企业的转化推广队伍，通过中试孵化、合作研发等方式，贯通创新链与产业链，加速成果转化落地。二是先赋权、后转化，开展科研人员职务科技成果所有权或长期使用权试点，界定收益分配权限与比例，明确"721"成果转化收益比例，即70%归创新团队，20%归团队所在单位，10%归山东省农业科学院，其中个人收益分配比例高达94%。通过成果入股、专利转让等形式，实现转化收益大幅提高，过去两年院成果转化到账收入2.78亿元。三是做评估、搞拍卖，在全国首创农业科技成果价值评估机制，由行业专家对科技成果进行综合价值评估，评估金额作为拍卖基数，让更多成果走出实验室；连续两年举办成果拍卖会，敲响山东农业科技成果拍卖"第一槌"，61项成果成功竞拍，涵盖粮油、果蔬、畜禽、植保、加工、农机等多个领域，总成交额过2亿元，7项成果拍卖过千万。其中，布鲁氏菌活疫苗（粗糙型）生产经营权成交额达到6000万元；猪繁殖与呼吸综合征新型弱毒疫苗成交额达到4050万元；"矮杰"甜樱桃矮化砧木新品种成交额 1250 万元，创我国果树品种转让费最高纪录。

深化科技服务体系改革，着力打造乡村振兴科技引领型齐鲁样板

该院聚焦打通科技成果推广应用通道，推动服务方式由"单兵作战、多点出击"转变为"握指成拳、重点突破"，提高科技服务效能。一是抓点示范强服务。在山东省东中西分别选择烟台招远、临沂费县、菏泽郓城实施"三个突破"战略，成立院县两级指挥部，建立"第一系列"挂职体系，两批共选派346名科研人员以脱产和半脱产形式，挂职示范县（市）"第一镇长""第一主任""第一局长""第一村主任"、农业龙头企业"科技副总"。创新实施"链长制"，将制约重点产业崛起的多个难题"拧成一条链"，打破单位、学科界限，围绕产业链部署创新链，多院所、多学科、多团队跟进研发，目前共确定29条产业链。积极探索包村制，聚焦村集体收入低于县平均水平的村，明确98个帮包村，实行处所一把手"包村制"，启动"百名首席兴百村"活动，一个大专家长期帮扶一个村，打通科技进村入户的通道，因地制宜挖掘和壮大有基础潜力的特色主导产业，加快实现"一村一品""一所一园"。同时，将沂蒙精神注入"三个突破"工作，建立"专家＋农民"利益共同体，鼓励科研人员以技术、品种权等方式入股，风险共担、利益共享，目前已成立26处，已有部分专家实现分红。开展新品种、新技术和乡村人才培训"三个全覆盖"行动，累计推广新品种146个，推广新技术254项，辐射带动面积达720余万亩，实现直接经济效益6.7亿元。探索整县

推倒四面墙 迎来八面风
—— 山东省农业科学院综合改革探索与实践

域建设乡村振兴科技引领型齐鲁样板，已形成利益共同体、链长制、科教兴村、"党支部+专家+合作社"、农业科技社会化服务等"1+N"乡村振兴农科模式。二是组团建院提服务。成立了由23个分团、1500名科技人员组成的"舜耕科技"服务团，在生产一线常年开展"我为三农作贡献""我为老区人民作贡献"活动。在"三个突破"示范县（市）成立4处乡村人才学院分院，开展全覆盖式"科技成果推广+职业技能培训"，近两年累计培训乡村人才1.8万人次。成立科普委员会，大力实施"十个一"科普行动，构建科研科普比翼齐飞新格局。三是多方联合优服务，探索实施省市院一体化合作机制改革，整合省市科研力量，联合省市县农技推广部门，统一布设科研创新试验田、技术推广示范田、产业发展样板田，实现"三田合一"，科研人员、技术推广人员、农民三位一体，实现农业新技术研发、示范、推广一体化。比如该院玉米研究所从去年开始在招远张星镇，将十亩科研试验田、百亩技术示范田与千亩生产样板田在规模化农业经营主体进行集中布设，合作共建，从新品种选育、高产创建示范到打造样板形成辐射带动效应。2021年通过该模式，在招远布设的高产攻关田鲁单510新品种亩产高达980.92千克，夺得全国夏玉米高产品种第一名，每亩增收100千克，增加收益300元。四是云端指导拓服务。打造出山东首个为农民提供定制化精准服务的平台"舜耕科技一键帮"，小麦、玉米、花生等48个农业产业、700余名高层次专家入驻，提供全天候"一对一"科技服务，实现专家在线服务不打烊。2020年新冠疫情暴发期间，联合山东广播电视台乡村广播开设"战疫情、战春耕——山东12396线上课堂",该院专家在实验室、试验田开展线上教学20期,直播点击量近1000万人次,成为新冠疫情防控期间农业技术培训服务推广的重要抓手,为农民做好春季农业生产提供更权威、更精准、更贴心的指导服务。

深化"放管服"改革,营造富有活力的良好科研生态

该院聚焦管理服务效能提升,树立"专家至上""职工利益至上"理念,着力为科研人员"松绑减负"。一是赋予科研人员更大自主权。实行"五权下放",将学科首席"组阁权"、技术路线"决策权"、项目经费"支配权"、科研绩效"分配权"和引进人才"选择权"全部下放给团队。充分发挥院所学术委员会作用,实行决策上依靠、学术上放权,实现"专家治所"。二是营造良好科研创新生态。出台为科研人员"松绑减负"十条意见,建立保障科研人员科研时间机制,明确规定院属单位各类会议安排在周一召开,其他时间让科研人员集中精力搞科研;实行一次报送制度、一次审计制度,建立科研项目实施和科技成果转化尽职免责机制。在全国科研院校中首创建设专家服务大厅,让科研人员不再"东奔西跑",静下心来专心搞科研,让"最多去一处、一处帮办""最多报一次、一表多用""最多审一次、结果通用""最多跑一次、一次办好"成为常态。出台支持女性科技人才发挥更大作用的十条意见,设立青年女性科技人才生育后科研回归基金,孕哺期女性承担科研项目可延期结题或延期考评,哺乳期一年内女性科技人才实行弹性工作制等,为女性科技人才成长进步、施展才华、发挥作用创造更好环境，充分调动全院女性科技工作者创新创业积极性。三是深化财务制度改革。出台财务制度改革"1+4"配套文件，出台改革完善科研经费管理十条意见，最大限度精简办事环节，最大限度缩短办事时间，加大科研项目经费放权力度，简化报销审签环节，优化精简财务报销附件，创新实施科研财务助理制度，推出网上预约、会计核算等财务管理一体化服务，出台省内第一个科研经费"包干制"管理办法。四是改革内部管理运行机制。实行五个一体化改革，推进国有资产管理一体化改革，明确资产"国有院管"属性定位，创新资产统一管理运营方式，实现资产收益最大化。推进招投标一体化改革，坚持"应纳尽纳、应招必招"，优化招投标工作流程。推进试验基地管理一体化改革，积极探索试验基地新型管理体制和运行机制，加快实现网上审批和资源共享。推进后勤服务保障一体化改革，制定保障内容和服务标准，加速实现院所"大后勤"管理模式。推进科研要素保障一体化改革，围绕创新链条统筹整合创新团队、项目计划、平台载体等科研要素，建立全链条、全要素、多层次的科研要素保障体系。

（原文载于《农民日报》专版 2022 年 8 月 25 日）

齐鲁大地上，有群乡村振兴"合伙人"

这两年，聚焦农业科技提升、新品种新技术引进、农产品加工、全产业链建设等关键环节，山东省农业科学院建立了"菜单式"引才模式，由企业、园区、农民提出产业发展需求，该院根据需求定向选派专业型人才提供支持。他们与当地的创业者、管理者成了好搭档，在乡村振兴的战场上挥洒智慧。

3月15日，在山东省费县位于群山环抱中的核桃山谷种植基地里，摆放着160多种来自世界各地的核桃品种，无论是心形核桃，还是红瓤核桃，都让当地种了几十年核桃的村民们开了眼。

这一场景的打造者是来自山东省农业科学院果树研究所的科技特派员——"核桃博士"陈新。他不仅引入了"良种+良法"，改变了村民们几十年的种植习惯，还推动国内先进的核桃仁深加工生产线落了地，核桃价格由此翻番，一条从种到收、从加工到销售的全链条初步成型。

在费县，像陈新这样的科特派还有100多名。他们来自山东省农业科学院，在"三个突破"的背景下来到这里，成为"第一镇长"、企业副总或者"产业链长""第一村主任"。

"三个突破"战略是山东省农业科学院提出的一项计划，即利用3年时间，选派300人，投资3亿元以上，在山东西、中、东部分别选择郓城、费县、招远3个县（市），打造乡村振兴科技引领型齐鲁样板。

推倒四面墙　迎来八面风
——山东省农业科学院综合改革探索与实践

在乡村振兴的主战场上,他们以破解科研、生产"两张皮"难题为着力点,引领技术潮流,打造一条条全产业链,成为乡村振兴"合伙人"。

废物变"宝贝",农业大县探索实践循环模式

在费县燕鸣湖村外,几十个大棚连成一片。大棚内,一朵朵黑木耳从白色圆柱状菌包里钻出来。这里是菇生源生物科技有限公司的生产基地。放到以前,该企业负责人胡孝天需要到处收购木屑作为菌包原料,但山东省农业科学院农业资源与环境研究所博士韩建东的到来改变了这一状况。

一方面,科特派韩建东将废弃板栗、山楂树和金银花枝条粉碎成颗粒,加上配料研制成了新型基质,替代了木屑;另一方面,生产木耳的废料菌渣被做成有机肥,就地还田。

如果说韩建东的实践是循环经济"点"上的突破,那么,费县农业科技示范园则代表着农科院专家们的整体力量。

在该园区,几十位科特派瞄准可复制、可推广的目标群策群力、深度参与,作物秸秆还田、林下种植食用菌、畜禽养殖废弃物还田等多种绿色循环模式就这样被集中到一起。

今年2月13日,中央一号文件《中共中央 国务院关于做好2023年全面推进乡村振兴重点工作的意见》提出,要建立"农业废弃物收集利用处理体系"。"费县是农业大县,但长期面临着农业废弃物带来的压力"。在费县农业农村局农业技术推广中心主任李全法看来,如何用科技手段处理巨量作物秸秆、畜禽粪污、废弃农药包装,是一个重大课题。

在山东省农业科学院专家的推动下,费县沿着产业链部署创新链,专家联合27家企业主体攻关关键技术,最终打造了一条条循环经济产业链,如今该县农作物秸秆综合利用率达到94.07%,畜禽粪污资源化利用率达到87%,农膜回收利用率达到90.03%。

这一模式也引起了山东省副省长陈平的注意。

3月7日,他在视察费县农业科技示范园时,对该模式提出要求:"要进一步探索不同环境下的县域生态农业循环模式,总结提炼出更加灵活、更可推广、更可复制的先进经验,为乡村振兴提供更加充沛的内在动力。"

创业者搭档科特派,乡村振兴需要更多科技支撑

养兔子、卖兔肉,这是山东正宇兔业有限公司(以下简称正宇兔业)负责人王鹏之前的日常工作。但自从博士刘公言担任科技副总之后,正宇兔业发生了质的变化。王鹏感叹:"原来养兔子也是需要高科技的。"

费县是家兔养殖大县。长期以来,正宇兔业瞄准肉兔饲养、屠宰、加工发力。但当刘公言第一次走进该企业加工车间时,却发现了问题:兔耳朵、兔爪子等副产品被"便宜处理了"。

身为山东省农业科学院畜牧兽医研究所家兔与宠物繁育饲养创新团队的一员,博士刘公言向王鹏传递了一个观点——宠物食品行业是一片新蓝海,而兔耳朵、兔爪子正是制作宠物食品的好原料。

他与该院家兔团队一道,将兔耳、兔爪、兔内脏等屠宰下脚料，制成了宠物喜爱的高端食品。至此，正宇兔业原先无人问津的家兔副产品市场价由 300～500 元/吨提高至 7500～8000 元/吨。

《科技日报》记者采访时，王鹏正在筹划将家兔的某些器官变成药物，刘公言和畜牧兽医研究所创新团队无疑成了他的最大底气。

在费县，类似于刘公言与王鹏这样搭档成功的故事还有不少。山东省农业科学院"三个突破"费县指挥部指挥长李文刚总结：乡村振兴需要更多"合伙人"。不少成功案例表明，田野里的创业者与农业科学院的专家搭档，攻关企业课题，让最新成果落地，尤其需要双方彼此认可，通力合作，宽容信任。这是一个机会，是一个改变企业和产业的机会。

正是基于这种信任，金满田红薯种植专业合作社理事长吴电虎接受了博士解备涛的"处方"——更换甘薯品种，推广脱毒薯苗，采用滴灌高畦技术。

这"三板斧"下去，他的育苗基地"起死回生"了。如今，西到新疆，北到吉林，再到河南、河北等地，都有这家合作社的客户。

这两年，聚焦农业科技提升、新品种新技术引进、农产品加工、全产业链建设等关键环节，山东省农业科学院建立了"菜单式"引才模式，由企业、园区、农民提出产业发展需求，该院根据需求定向选派专业型人才提供支持。他们与当地的创业者、管理者成了好搭档，在乡村振兴的战场上挥洒智慧。

附 件

以乡村为阵地,团队协作打造全产业链

在两年半时间里,陈新为费县马庄镇打造了一条核桃产业链。

费县多山,当地种植核桃已有500多年的历史。虽然大家都对种植核桃情有独钟,但是品种混杂、技术落后、产业链缺失等问题长期存在。对症下药,这位"核桃博士"沿着产业链布局技术链——

在产业链前端,他瞄准当地核桃品种、产业、技术等领域难题,从建设核桃孵化园、低产园改造和抚育管理入手,推动核桃亩产量增加了150千克;在产业链后端,他联合企业共同研发新产品和攻关新技术,着力攻克核桃破壳、涩皮脱除和鲜核桃保藏等加工的关键技术,建成1000平方米的核桃深加工车间,可实现年产风味核桃5万吨。

他还与企业合作,为当地核桃产业打造出"育繁推—产加销—游购娱"核桃全产业链模式。如今,核桃山谷种植基地已成为国家现代农业全产业链标准化示范基地。

打造全产业链,他不是一个人在战斗。

李文刚告诉记者,到费县挂职蹲点的科特派都不是独自作战,每个人背后都有一个团队,都有全所、全院干部专家作后盾、当参谋。

他举例说,博士解备涛背后有山东省农业科学院作物研究所甘薯遗传育种与栽培生理团队,博士王中堂背后有果树研究所枣创新团队,博士韩建东背后有国家食用菌产业技术体系新型基质

推倒四面墙　迎来八面风
——山东省农业科学院综合改革探索与实践

研制岗位团队，博士刘公言背后有畜牧兽医研究所家兔与宠物繁育饲养创新团队，博士许晓晖背后有畜牧兽医研究所公共卫生创新团队……

山东省农业科学院党委书记李长胜表示，实施"三个突破"战略，是该院贯彻落实"给农业插上科技的翅膀""打造乡村振兴齐鲁样板"重要指示精神的有效举措；选派科研人员到沂蒙山区蹲点，是弘扬新时代沂蒙精神、走好沂蒙山之路的具体行动，其根本目的在于为老区人民送去先进的技术成果，带动他们增收致富，过上好日子。

（原文载于《科技日报》2023年3月22日）

"科技合伙人"跃上乡村振兴路
——山东省农业科学院推动综合改革纪实

种茶十年连年亏损,"快撑不下去"的时候,创业者董桂萍遇到了山东省农业科学院茶叶研究所的田丽丽博士。后者携技术入股董桂萍的家庭农场,仅用一年就让数百亩茶园"死而复生",效益增加了10倍以上。

这个科研人员与创业者捆绑成利益共同体的故事,源于山东省农业科学院的一场改革。

从2020年8月开始,该院用3年时间选派543名科研人员,深扎乡村振兴一线。一方面,他们为乡村送技术、找门路;另一方面,他们转化科技成果,以知识产权、技术服务入股,成为乡村振兴"科技合伙人"。

为确保"科技合伙人"常驻田间地头,山东省农业科学院实施了一系列大刀阔斧的改革。

杜绝纸上谈兵

54岁的花生专家崔凤高"心里压着一块石头"。作为山东省农业科学院花生研究所成果转化科科长,因为大专学历达不到评审要求,评上副高职称19年来,他一直无法晋升到正高岗位。

2020年9月,转机出现了。在"科技合伙人"的大后方,一场"破四唯"改革在山东省农业科学院轰轰烈烈地展开,其"大胆"之处在于——

推倒四面墙 迎来八面风
——山东省农业科学院综合改革探索与实践

论文发表和授权专利一律不再奖励，而科技成果转化效益高、长期扎根乡村振兴一线进行品种和技术推广的突出贡献人员，可直聘四级及以上研究员。

要知道，按照以往程序，这类人员"晋升基本无望"。山东省农业科学院组织人事处处长李萌告诉《科技日报》记者，过去科研人员评职称"内卷"，卷论文、卷专利；如今杜绝纸上谈兵，用实际成绩说话，让所有人服气，更让这些"科技合伙人"有干劲、有奔头。

最终，深耕乡村的"科技合伙人"崔凤高，以大专生身份晋升正高职称。

跟崔凤高一同晋级的还有9人。他们的晋升理由不一，但达到破格条件的主要因素类似，都指向成果转化。比如晋升三级研究员，"单项技术被列为农业农村部主推技术"成为主要因素；晋升副研究员，"主持研发的单项科技成果转化到账经费100万元及以上"成为最大亮点……

"单项成果转化超过千万元，没有一篇论文也可直升正高！"解读上述政策，山东省农业科学院党委书记李长胜的话掷地有声，"我们建立了岗位竞聘绿色通道，无论从事科研创新、推广转化、基层服务，都能从改革中找到目标。对标志性成果'一票肯定'，解决了以往评价'一个锅里吃饭'的问题。"

照此逻辑，山东省农业科学院首次实现岗位分类竞聘，专设"科技成果转化"职称系列，13人因而晋升高级职称。

李长胜认为："推动科研人员到乡村振兴主战场上去，和评聘挂钩，和荣誉挂钩，和提拔重用挂钩，正是用制度来落实中央要求。"

打破论资排辈

从"初出茅庐"到多了"几把刷子"，年轻人成为深耕一线的最大受益者。

脱产博士田丽丽拯救茶园，通过"选品种，强管理，建品牌"三部曲，一举成功。作为茶园的"科技合伙人"，她一方面破解茶园痛点，推动技术落地；另一方面享受技术分红，甚至拿出20万元分红成立发展基金，反哺企业研发。

乡村振兴急需技术，科研项目急需推广。需与供"不对题"，卡在哪里？主要因素是动力不足。

为鼓励以田丽丽为代表的"科技合伙人"，在上级有关部门支持下，山东省农业科学院先赋权、后转化，开展了科研人员职务成果所有权或长期使用权试点，明确"721"分配比例，即70%归创新团队，20%归团队所在单位，10%归农业科学院。数据显示，该院成果转化合同经费逐年递增，2022年达2.9亿元，创历史新高。

改革不仅解决了"科技合伙人"的动力问题，也在实践中检验出他们的能力。

山东省农业科学院蔬菜研究所的张文君和同事们为郓城县梳理出10条产业链，他们根据各链情况引入多支科研团队，补断点、强链条，使得产业效益翻了几倍，当地政府"看在眼里，乐在心头"。张文君的突出表现也得到山东省农业科学院党委的认可，挂职不到两年，他从副处晋升正处。

不看"帽子"看"里子"，在乡村振兴中展现出"硬实力"的"科技合伙人"要重用——这是山东省农业科学院党委班子的态度。小麦种质资源创新与遗传育种专家刘成、玉米栽培与生理专家李宗新、天敌与授粉昆虫资源保护与利用专家翟一凡，因为科研有力、转化有方，都从科研骨干直接被提拔为所长、处长。

李长胜说："看重业务能力，杜绝论资排辈，让专业的人干专业的事，是山东省农业科学院改革的一大特色。"

让年轻人挑大梁

1988年出生的姜富贵博士，是山东省农业科学院畜牧兽医所肉牛遗传育种与饲养创新团队科研骨干。自从成为"科技合伙人"、挂职"第一镇长"后，他不仅要考虑某一个技术点，更要站在当地产业链上考虑问题、协调资源。

2020年8月3日，山东省农业科学院下发通知，首批73名科研人员挂职"第一镇长""第一局长""技术副总"，奔赴乡村振兴主阵地。其中，45岁以下的年轻人占了85%。

地方政府、创业者们将他们当成"无所不能的人才"，抛过来的难题一个接一个。这也倒逼着"科技合伙人"不断转变思维、拓宽视野。

比如，姜富贵虽然是肉牛遗传育种与饲养方面的专家，但在产业链条、企业发展方面，他发现自己还有很多短板要补。经过历练，姜富贵最终从生产一线找到了研究方向，成功获批国家自然科学青年基金项目；他所在的乡镇，也实现了产业突破。

附 件

"科技合伙人"在成长,"80后"所长也挑起大梁。以山东省农业科学院植保所党委书记、所长翟一凡为例,1984年出生的他,不仅自身科研搞得出色,治所工作也开展得井井有条。

在山东省农业科学院,许多经过一线历练的"科技合伙人"成长起来,成为所在团队的首席专家,同时也拥有了"尚方宝剑"——山东省农业科学院将学科首席"组阁权"、技术路线"决策权"、项目经费"支配权"、科研绩效"分配权"、引进人才"选择权"五权下放给首席专家,进一步激发了科研活力。

党的二十大报告指出,全面建设社会主义现代化国家,最艰巨最繁重的任务仍然在农村。山东省农业科学院的改革,正是为了让科研人员全身心、更忘我地投入一线,在乡村振兴中彰显担当作为。

从山东省农业科学院大院走出来的乡村振兴"科技合伙人",正在齐鲁大地上谱写新的美丽篇章!

(原文载于《科技日报》头版2023年7月10日)

推倒四面墙　迎来八面风
——山东省农业科学院综合改革探索与实践

"专家看"改革

科研人才评价改革如何"立新"

北京林业大学生态文明研究院院长　林震

近日，山东省农业科学院提出的破除"四唯"（唯论文、唯职称、唯学历、唯奖项）的十条意见引起热议。这十条意见被认为是全国科研单位中首个"破四唯"的实施细则。

这十条意见的核心可以归纳为两点，一是明确论文发表和授权专利一律不再奖励；二是规定9种可直接竞聘正高岗位的条件，包括单一品种成为全国前三大品种或山东省第一大品种的，突破行业科技领域"卡脖子"关键技术的，创办科技型企业年产值1亿元以上的，以及长期扎根基层生产一线，服务"三农"，贡献突出并得到社会广泛认可的等。这一做法重"破"更重"立"，突出"一票肯定"，鼓励科技转化和科技为民，为潜心科研、服务社会的优秀人才提供岗位竞聘的绿色通道。

当然，也许会有人问，那是不是论文和专利在科研考核评价中就不重要了？是不是以后评职称就只看定性的实绩了？实际上并不尽然，这两种看法都失之偏颇。按照山东省农业科学院的深化人才制度改革的整套设计，人才被分为科研创新、成果转化、管理服务三类，遵循各自规律分类施策，创新对引进人才"相马"、对现有人才"赛马"的机制，以期调动各方面人才积极性创造性，提升科研能力和服务水平。

因此，"破四唯"十条意味着一种新的、更加科学的指挥棒的形成，人才考评不再唯论文和专利，尤其是简单比较论文级别和数量，而是要看其实际的质量和影响，突出同行评价的作用，避免以往简单依赖第三方评价工具的做法；同时拓展人才评价的途径和方法，使各方面人才都有机会发挥优势、脱颖而出。

近年来，中央持续推进人才制度和科研体制改革并不断加速，以期为广大科研人员松绑赋能，使之保持定力、挖掘潜力、释放活力、增强效力。但一些地方在良政落实中，仍存在理解程度、执行进度、改革幅度等的较大差异性，尚未完全达到预期目标，仍需进一步深化改革，尤其是深入推进科研人才评价的综合治理。

不破不立，破是为了更好的立。但立什么、如何立仍是困扰改革的主要难题。山东省农业科学院的十条意见代表了科研机构的新风向，那就是要科学分类、因材施策。对于高校教师来说，一般按照教学型、研究型和教学研究型三类进行划分，这样一些教学效果突出但论文较少的老师也有机会评上教授，有助于提升高校基础教育和通识教育的质量和水平。

一个单位内部的考核管理改革相对容易，也会比较彻底。但实际上，很多单位的改革却是谨小慎微，只是做些修修补补，难以做到尽善尽美。外部和上级的评估指挥棒没有发生实质性的变化是原因之一。高校评职称中一度冷落学术专著尤其是论文集，这固然跟以前出版市场不规范有关，关键还是学科评估中缺乏相应的指标，进而导致学术著作质量普遍不高，形成恶性循环。因此有必要进行学术评价的全链条、全周期改革。

高等院校和科研机构中的硕博士研究生，是科研人才中不容也不该被忽视的群体。国家和各培养机构都高度重视研究生的培养质量，但问题论文依然层出不穷。笔者认为，根本原因仍在评价指挥棒。不少高校一方面教育学生做学问要"板凳宁坐十年冷，文章不写半句空"，另一方面把发表两篇及以上高水平论文作为答辩申请的前提。近一年来，清华大学、中国传媒大学先后修订相关规定，取消了硕士学术论文与学位资格挂钩的陈规，鼓励依据学位论文以及多元化的学术创新成果评价博士生学术水平。研究生是未来科研队伍的生力军，破除研究生培养和评价的"唯论文"倾向也势在必行。

（原文载于《光明日报》2020年8月27日02版）

附　件

改革只有进行时　没有完成时

山东省委改革办专职副主任　杨占辉

全省正在落实黄河流域生态保护和高质量发展战略精神，落实习近平总书记视察山东重要讲话精神，贯彻落实党的十九届六中全会精神，在重要的时间节点，集中就贯彻落实总书记八年之前发表的重要讲话，提出的"给农业插上科技的翅膀"的重大观点，回顾总结经验，进一步完善改革发展的措施，把我们院工作继续做好，意义重大，凸显了院党委的政治站位、改革思维。听了介绍情况，总书记提出的"给农业插上科技的翅膀"在齐鲁大地八年时间得到了很好的贯彻落实，感受到习近平总书记重要指示精神的真理力量，展现了农科院改革发展奋斗的风采。

八年来，山东省农业科学院各个方面取得很大发展，特别是近两年来，在长胜书记调整为班长的院党委班子的领导下，发生了很大的变化。用个时髦的语言，这两年来，我们办成了一些过去想办没有办成的事情，我们谋划了一些过去想谋划没有谋划的一些思路，我们打造了一些原来想打造而原来没打造的优势，激发了一些原来想激发而没激发的内生活力。进一步从改革的角度展开讲，去年全省改革攻坚会议，长胜书记作了典型发言；省委改革办推出的地方案例，省农科院作为其中之一，通过省委改革办文件报了中央改革办；去年30个改革品牌，省农科院"推倒四面墙、迎来八面风"是品牌之一；今年中央督查组召开座谈会，

推倒四面墙 迎来八面风
——山东省农业科学院综合改革探索与实践

长胜书记作为参加会议的人员汇报了情况，引起共鸣和高度共识。

这八年来，特别这两年多时间，从改革发展研讨角度，从成绩上有这样几句话。第一，从改革总体定位来看，我院主要领导或领导班子改革的政治站位很高，创新意识很强，始终履行改革主体责任，把改革紧紧抓在手上，把握了正确的改革方向，坚定不移把总书记全面深化改革要求，把总书记提出"给农业插上科技的翅膀"中蕴含的改革的要求，扎扎实实落到实处。第二，从改革发展态势看，省农科院切切实实具有大格局、大思维，改革发展的势头很猛，改革推进力度很大，整个改革呈现全面、深刻、彻底的大态势。总书记提出全面深化改革，突出特点是全面，放到农科院也是如此，不是单一方面，从治理结构，科技成果创新，内部评价，到一些氛围，都在改，势头很猛，一个接一个攻坚。第三，从改革的谋划设计看，院里的改革顶层设计很到位，统筹各个方面的改革力量资源配置很合理，整个改革有时间表、路线图，扎扎实实向前展开。省农科院是体量很大的院，涉及很多方面利益关系，展开改革，牵一发而动全身，没有顶层设计、高端谋划、科学布局是做不来的。今天能达到这样的局面，取得这样一些成果，顶层设计很重要，始终保持改革有条不紊、一环扣一环循序渐进。第四，从改革创新突破来看，突破点多，突破力度大，突破成效好，贾院长的报告，八个方面改革，每个方面二级标题有30个方面，都可以称其为一个突破，有的还可以分解为若干个点，充分展现了铺开的面，还有深度突破的点，形成了很大的整体改革突破的格局。第五，从改革实际成效看，

附 件

无论是政府部门，还是受益的市场主体，无论是内部的每个工作者，还是兄弟单位，都给予很多正向的评价。在党委领导下，坚定信心，勇于改革，砥砺奋进，呈现出高质量发展态势。

下面有几个小建议，跟大家交流一下。

一是明确一个改革发展的进度目标。总书记全面深化改革的认识论、方法论，都非常强调，改革要有时间表、路线图，要扎扎实实向前展开。因此建议农科院，能不能提出一个"一年全面起势，今年全面突破，未来两年塑成优势"这样的进度目标。

二是拉高改革标杆。在现有的高起点的基础上，一定要按照总书记提出的"三个走在前列"要求，贯彻落实干杰书记"六个一"发展思路。山东也是农业科技资源、人才大省，总书记给山东提出很多要求，打造乡村振兴样板，创新驱动，农科院要敢于立足全省，承担起责任，担当好，突破一些"卡脖子"技术，做到科技自立自强。三句话：立足自身，自我革命；放眼全省，责任担当；面向全国，敢于投石问路。像总书记讲的，要有这样的志气、骨气、底气。

三是改革发展融合。总书记多次强调，改革的最终目的是发展，发展进一步讲是为了解决民生问题，让人民群众得到实惠。现在的节点上，一定要着眼于发展，就是生产力的发展，通过改革生产关系破除一些制约因素，推动生产力的发展。不能标新立异，离开发展讲改革是空的，不坚持问题导向、结果导向搞改革也是不长远的。进一步总结，就是把改革与发展紧紧结合，以发展需要确立改革题目。

四是注重系统集成。从国家来讲全面深化改革到了今天，推出大量改革任务，需要集成起来去落实，推进改革系统，形成改革叠加效应。放到农科院也是如此，展开面很大，推出点很多，探索层次很深，到这个节点一定要系统集成，发挥"1+1＞2"的效应。比如出台的针对女科技工作者的意见，调动积极性，考虑与其他改革同步性，考虑其他改革叠加效应，需要在实践中进一步把握和理解。

五是打造改革品牌。改革舞台的空间非常大，总书记多次强调，我们正处于新一轮科技革命和产业变革关键时期，只要讲到经济发展，第一条就是科技创新，科技驱动发展，科技上升到现代化建设全局的位置。在大背景下，我们一定要把科技领域打造品牌作为一个重点，而且当前面临着重要的机遇，选择好题目，总结好经验，对"推倒四面墙、迎来八面风"进行系统打造，提升品牌价值，加强宣传力度，开拓各方面空间进行提升。

六是研究利用政策。当前国家进入新的"十四五"开局之年，出台了很多大的政策。比如深圳建设先行示范区，浦东打造引领区，浙江高质量发展共同富裕试验区。省农科院要抓住机遇，利用好国家、省里出台的各项政策。

七是要加强成果的报送。目前在改革办看到的省农科院的信息很少，大多是在媒体上看到。其他科研院所都有报送机制，加强报送非常重要，扩大影响，反映一些成绩，供其他部门得到一些启示，提供一些借鉴。

（该文为杨占辉在2021年11月山东省农业科学院召开的改革发展研讨会上的发言）

附件

深化改革　在全面推进乡村振兴中发挥更大作用

山东省人民政府研究室副主任　苟成富

2013年11月27日，习近平总书记来省农科院视察，明确指出，保障粮食安全是一个永恒的课题，任何时候都不能放松。解决好"三农"问题，根本在于深化改革，走中国特色现代化农业道路。习近平总书记强调，要给农业插上科技的翅膀，按照增产增效并重、良种良法配套、农机农艺结合、生产生态协调的原则，促进农业技术集成化、劳动过程机械化、生产经营信息化、安全环保法治化，加快构建适应高产、优质、高效、生态、安全农业发展要求的技术体系。2017年，我参加省农科院学习贯彻习近平总书记视察重要讲话精神四周年座谈会，看到了省农科院坚决贯彻落实习近平总书记重要指示精神，着力强化自主创新，积极助力山东农业新旧动能转换，支撑农业走在全国前列取得显著成就，还收到了《山东省现代农业产业发展技术路线图》。

这次来学习，最深刻的感受有这么几个：

一是省农科院以习近平新时代中国特色社会主义思想为指导，坚持以党的政治建设为统领，把"给农业插上科技的翅膀"确定为总战略，贯彻到了谋划重大战略、制定重大政策、部署重大任务、推进重大工作的实践之中。通过"顶天立地、科技为民""与工农群众相结合、与实践相结合""打造乡村振兴科技支撑型齐鲁样板""让农业借助科技的翅膀腾飞起来"，把改革发展

推倒四面墙 迎来八面风
——山东省农业科学院综合改革探索与实践

落到了实处。

二是省农科院抓班子带队伍,干事创业敢担当,以"打造一流农科院,走在全国最前列"为奋斗目标,深化改革攻坚,"推倒四面墙、迎来八面风",推进"人才、科研、成果转化"等八大改革,在全国首创"第一所长""产业研究员"两项制度,按照"世界眼光、中国视野、山东特色"推进学科改革和团队建设,精神激励与物质奖励相结合,"破四唯"动真格,把实干的典型树立起来,让科研人员弘扬科学家精神,沉到科研生产一线,把论文写在大地上,实现了"出大人才、出大成果、出大效益"。

三是省农科院改革创新科研体制机制,与地方政府和企业共建产业技术研究院,成立山东省农业科学院乡村振兴研究院、农业大数据研究院、乡村人才学院和规划设计院,在全国首创农业科技成果价值评估机制,敲响山东农业科技成果拍卖"第一槌",构建"省—市—县"三级贯通的农业科技成果转化体系,"市场主体出题,科研单位答题",面向社会公开寻榜张榜揭榜农业科技课题,专家入股和农业主体构建利益共同体,增强了农业与科技融合,促进了成果转化制度,破解了科研和经济"两张皮"问题。

四是省农科院对加快推进我省种业特别是农作物种业高质量发展作出了重要贡献,在把民族种业搞上去,抓紧培育具有自主知识产权的优良品种,从源头上保障国家粮食安全上担负着重大使命。今年初,省政府研究室与省农科院等部门单位组成调研组,对我省种业发展问题进行专题研究,提出要依托省农科院等优势单位，建立种质资源鉴定评价、创新利用的技术体系和标准体系，开展表型与基因型精准鉴定评价，深度发掘优质种质、优质基因，推动资源优势转化为产业优势，以及积极争取国家现代种业专项等科技资源落地山东等建议，得到了省委、省政府领导批示。据了解，相关建议已经和正在落实之中。如果有需要，省政府研究室将继续提供服务。

五是省农科院在全面推进乡村振兴中发挥了重要作用，农科"三联三化"新做法在全省得到了推广，打造科技支撑型齐鲁样板示范县取得阶段性成果，要在全省打造齐鲁样板全面推开和全面提升的关键阶段，拉高标杆、提高标准，努力在全面推进乡村振兴上走在前、作表率。乡村振兴战略是习近平总书记关于"三农"重要思想的核心内容，是习近平新时代中国特色社会主义思想的重要组成部分，是党的十九大作出的重大决策部署，而且写进了《中国共产党章程》。习近平总书记指出，从中华民族伟大复兴战略全局看，民族要复兴，乡村必振兴。没有农业农村现代化，就没有整个国家的现代化。更高水平打造乡村振兴齐鲁样板，凝聚着习近平总书记对山东的殷切期望，承载着齐鲁儿女对幸福生活的美好向往，是山东的重大使命、重大责任。让我们增强"四个意识"、坚定"四个自信"、做到"两个维护"，在新时代撸起袖子加油干，共同打造齐鲁样板，一道绘就乡村振兴壮美画卷。

（该文为苟成富在2021年11月山东省农业科学院召开的改革发展研讨会上的发言）

深化科技体制改革　充分释放创新潜能

山东省科技发展战略研究所研究员　周勇

一、农科院的一系列改革措施是对习近平总书记"给农业插上科技的翅膀"精准落实

1. 聘请第一所长是吸引国内农业领域顶尖专家及其团队，提高自身的科研水平，提高服务山东省农业发展的技术水平和技术储备。

2. 聘请产业研究员，是吸引农业产业化市场最前沿的企业家、顶尖技术专家为我所用，为农科院寻找服务社会的最佳路径，提高市场洞察力，具有重要作用。对接市场需求，往往是科研人员的弱项。聘请这些人员，能够帮助农科院精准服务农业，减少市场风险。

3. 建立几十家产业研究院，能够利用地方政府和企业的资金，把自身技术研究变成地方农业发展的重要动力。农科院不再是深宅大院中的象牙塔，而是冲向为农业插上翅膀主战场的主力军。把原来点状的农科院，变成一条条线支撑的大网，这张网正在形成农业科技人员把论文写在祖国大地上的载体，正在形成弥补过去相对系统的农业技术服务"网破线断人散"的新型的更高级形式和水平上的农业科技网络。

4. 破"四唯"评聘职称，激励因为没有论文、课题、获奖但对农业农民农村贡献很大的专家更好地服务"三农"。也使得科研工作能摆正手段和目的的关系。评职称是手段，而不是目的，服务好"三农"才是农科院存在和发展壮大的目的。这方面在高校仍然是颠倒的。

5. 采用灵活的驻外专家的补贴和工资制度，能够更好地激励农科院的专家积极冲向农业科技服务第一线。这种主动性、积极性的调动很重要。否则，农科院缺少在前线指挥的战斗员、指挥员。

6. 人才基金也为自身人才的培养和吸引青年人才提供了资金。

7. 绩效考核的改革，能够让这个指挥棒精准指挥科研人员围绕"给农业插上科技翅膀"这个目标贡献才智，而不是追求论文、专利、课题、获奖等越来越内卷化的无效竞争。

8. 农科院内部机构改革，为农科院建立几十个分院更好地服务"三农"，打破了传统体制对人的束缚，淡化了官本位的影响，为农科院编织好服务全省"三农"大网提供了大批精兵强将，为科研和管理人员脱颖而出提供了众多机会。

上述这些改革的取得，一方面是国家和省里的政策不断在改进在优化，更应该是农科院的领导班子更了解"三农"的科技需求、更有让农业插上科技翅膀的使命感、更有服务好"三农"的能力和魄力，更能够付诸实践的结果。因为相比其他科研机构和大学，农科院在更好地实践把论文写在大地上、让农业插上科技的翅膀，更切实地提高科技人员的收入水平、让有大贡献的专家得到应有的收入和荣誉。

二、对于今后农科院发展的建议

一是巩固现有的成效,并制度化具有典型意义的好做法。很多实践只是开展了一两年,也有了各种制度,应该继续总结经验,做扎实早先制定的制度,做出更大成效。要不断提高管理水平和技术水平。

二是按照现代院所制度建设好区域性和细分行业性的分院。没有好的管理架构、治理体系,一个单位的成功或失败就是随机发生的。现代院所制度借鉴的是现代企业制度,能够克服现在行政化管理、官本位十足的事业单位科研院所的众多顽疾。如领导随意安排、频繁调动、不懂业务、不懂管理,对单位没有责任感、使命感,更不用说考虑对全省的大贡献问题。理事会制,理事中有技术专家型理事、管理专家型理事、独立理事等,能够帮助农科院以及分院负责人把控技术大方向、管理正规化、防止出大问题。由此也防止上级安排一个一把手,一朝天子一朝臣,另打锣鼓另开戏,多年处于驴拉磨原地转,一个轮回一个轮回地从头开始的问题。

三是建设覆盖全省每一个县市的农业科技推广和服务大网。建设新型的高水平的农业技术研发、推广和服务体系,为山东省的"三农"工作提供一流的、全面的、高效的服务。力争成为全国的让农业插上科技翅膀的旗帜。产业研究院继续建设,做到每个县、每个细分行业都建设一个。人不够、能力不够想办法,整合国内外、省内外资源,整合院内外资源。

四是编织好这张服务农业的科技大网。需要让全省农业农村和农民相关的科技人员、大学教授、农业类的大学生、研究生在这张大方提供的大舞台上找到自己的位置、找到自己的节点。农科院要助力他们更高效、更高水平地实现自己梦想、成就自己事业。这样就不再是着眼于农科院现在自身的人才和每年进来的有限的补充。农科院要有大目标、大格局、大贡献。

五是探索农科院如何利用山东省农业科技优势做大做强,实现科技进步作用的放大。可以借鉴劳伦斯伯克利国家实验室和加州大学伯克利分校,相互借力,在各自领域处于世界前列的经验。在农业科研服务"三农"方面,农科院为主体、服务全省"三农"为目标,为山东省的农业院校的教师和学生把论文写在大地上和为农业插上科技翅膀提供舞台、提供助力、提供平台。由此充实全省新型的农业研发、技术推广和服务网络的各个节点。让科技人员、大学老师和大学生、研究生能够找到更好服务全省"三农"的切入点、提高创新创业的成功率、提高他们的收入水平和社会地位。改变长期以来大学无法摆脱被大学排名、职称评聘、学科评估牵着鼻子走,无法让大学教授和学生把论文写在大地上、不能为农业插上科技翅膀作出更大贡献的问题。当然,并非是让农科院做自己未必擅长的大学教育,走多角化战略,上市公司多角化战略也没有几个成功。而是要发挥农业科技自身实力,从实力出发,发挥优势,集聚全省农业科技力量,包括后备力量,以新型农业科技网络为目标,建立横到边竖到沿的全覆盖,为农业强省的更快发展提供动力。这也是实现农业农村更好发展的新旧动能转换。要让农业院校的大学生、研究生,通过农科院在全省编织的网络，在新型农业科技网络中看到自己的希望、看到自己的平台、看到自己的事业所在，而不是因为分数低不得以进入农业类大学，只是作为跳板，只要有机会，就跳出农口的问题。

六是模式的总结，新的范式的建立。农科院要做出自己的新范式、新模式。充分利用国家的新政策，主动改革求发展，让农业插上科技的翅膀，也走出省属科研院所长期以来被动求生存、内卷式轮回式低水平重复的怪圈。

（该文为周勇在2021年11月山东省农业科学院召开的改革发展研讨会上的发言）

"风口"下的新作为

《科技日报》驻山东记者站站长　王延斌

2013年，习近平总书记在山东省农业科学院视察时强调：要给农业插上科技的翅膀。到了近两年，总书记又强调：要把发展农业科技放在更加突出的位置，大力推进农业机械化、智能化，给农业现代化插上科技的翅膀。

给农业插上科技的翅膀，关键在于谁来插？插在哪？翅膀是什么？我们看到，山东省农业科学院作为"翅膀论"的提出地提出了自己的答案和路线。

八年来，山东省农业科学院以此为遵循，紧扣现代农业发展的关键问题，通过科研体制机制改革，强化科技研发和创新，加强成果转化和推广，服务乡村振兴，推动农业转型升级。

算起来，从2019年11月至今，两年时间，山东省农业科学院的改革一直呈现出"只争朝夕"的加速状态。

2020年3月18日，山东省农业科学院党委召开会议，集体学习省"重点工作攻坚年"动员大会会议精神。我觉得这是在时代的风口下，吹响了加速改革发展的集结号。

会议提出了四点，即向改革要动力，解决当前面临的问题，核心就是改革，改革的核心就是思想解放；紧紧围绕"改""放""融"三个方面抓好落实；要抓好高层次人才引进和培育，坚持外引和内培并举；要强化担当作为，提升创造性执行能力。

推倒四面墙　迎来八面风
——山东省农业科学院综合改革探索与实践

现在看来，这四点在不到两年时间里全部落了地，关键是牢牢落了地，真正实现了"创造性执行能力"。短短两年间，山东省农业科学院出现了不少"国内首创""中国纪录"，追根溯源，都蕴含在这四点中。

当然，实践永远是丰富多彩的。这两年，山东省农业科学院走出去，引进来，扎根基层实践，引领改革风尚，都在说明着：实践遵循着思想的指引，却也创造着新的思想，丰富着既有的思想，完善着"翅膀论"落地行动体系。

它也是对"翅膀论"创造性的回答。

在中国，改革从来不是简单的事情，不但需要打破旧格局，更需要建立新局面，这里面就涉及利益的重组。但我们相信：只要方向对头，这种改革就是值得鼓励的。

对改革者，我们媒体人需要做的就是鼓与呼，我们需要做的既要关注改革中各个群体的动向，又要发现好的探索，好的经验，鼓励改革者前行，提醒落后者奋进。

两年来，我不断地梳理和盘点，试图弄明白三个问题：落实"翅膀论"，山东省农业科学院做对了什么？在哪些方面做了突破？在哪些方面作了引领？

个人浅见，有以下三点：

第一，改革需抓住时代的"风口"。

改革不是平地起高楼，而是深深地扎入社会大环境的丰厚土壤中，既传承又创新。所谓"识时务者为俊杰"，看清楚了时代的风头，敏锐地抓住，创造性地落地，坚定地执行，然后才是

"水到渠成",才有"瓜熟蒂落"。

比如：2019年9月12日，科技部印发《关于促进新型研发机构发展的指导意见》的通知；6个月后的4月10日，首批10个产业技术研究院在山东省农业科学院成立。当时，我以《向改革要动力：山东省农业科学院推出十大新型科研平台》为题关注了这一新闻。

在此后，山东省农业科学院又接连推出了一大批产研院。有人说，山东省农业科学院这是在"追风"。我要说，追风，为何不可？

一方面，风口之下的产研院，必定是政策的受益者，为何不追？这是聪明的一招。另一方面，山东省农业科学院以集群式在各个领域、各个地方布局产研院时，他们实际上将"赛马"机制糅入其中。未必全成，但是成功一个是一个。成功者为探索者提供了改革的经验，带动着更多成功案例的涌现。没有这种量变，哪来的质变？

我采访的一位社会科学领域的专家说得好：山东省农业科学院的产研院，是借助自己与外界的力量，发展自己，是一招妙棋。

第二，马上就干，不要争论；狠抓落实，考核跟上。

通过改革落实"翅膀论"，争议肯定有，甚至难免出现思想不统一的情况，但实践是检验真理的唯一标准。所有的争论，都会经受实践与时间的检验，最终用事实和数据说话。

第三，千招万招，关键在于瞄准人的需求，做好人的文章。

比如说科技支撑型齐鲁样板示范县，瞄准中央、省领导要求，更是基层县域的需求，当然也是科研人员成长诉求；比如说

推倒四面墙 迎来八面风
——山东省农业科学院综合改革探索与实践

拍卖会是企业家与科学家的双重需求，是资本与技术的牵手，比如说"破四唯"是科研人员的成长要求等。

总而言之，我认为，将"翅膀论"落地，山东省农业科学院一系列改革的目的在于塑造一种"生态"，在此生态下，人才成长、技术冒尖与产业壮大、基层诉求实现了完美对接。最后，在落实党中央和山东省委、省政府的部署要求后，山东省农业科学院也得到了壮大。

当然，就像刚才说的，山东省农业科学院的改革还在进程中，还需要攻坚克难。

如果说一定要提出什么建议的话，个人认为需要处理好三个关系：

第一，用好人才增量，优化人才存量。让每个人都找到自己的位置尽快成长起来，因为风口期并不是无限的。

第二，既要培育技术型专家，又要打造有战略性科学家。如果说项目、技术的锻造是学识的"冰山一角"，那么这座"冰山"如何形成，也需要推动。

第三，处理好长远规划与短期效果的关系。山东省农业科学院的改革风头正劲，所有人都在行动，上上下下一股子劲儿投入其中。我们希望这种势头要保持下去，既要有短期规划，也要做好长期准备，将"一张蓝图绘到底"。

我们也期待着山东省农业科学院更多新探索、新经验的诞生。

（该文为王延斌在2021年11月山东省农业科学院召开的改革发展研讨会上的发言）

山东省农业科学院改革之我见

《农民日报》驻山东记者站　吕兵兵

从媒体层面的第一个感受是，山东省农业科学院是农业科研创新领域的网红，创造了很多农科领域的新词汇、新经验，比如利益共同体，第一所长，瞄准了农科领域的主要矛盾，起到的效果非常好。成果突出、效果显著，个人感觉农科院成功的根源在哪里，就是坚持了人才为本，坚持了问题导向、需求导向，坚持了农业产业化经验。农科院的改革发展举措，还是围绕破解科技经济"两张皮"，打通"最后一公里"，也做了很多探索，都是从体制机制上破解问题，把人的自给性调动起来，把乡村需求和人才优势调动起来。

第二个感受是，各地成立乡村振兴局，从农业时代走向了农业农村时代，农业局的干部成了农业农村局的干部，表现出极大的不适应，生产力和生产关系问题，农业农村发展主要方向同样适用于农业科研领域，要求科技专家既要一专，也要多能，推动产业企业发展有能力，对农村规划、产权规划有更多的要求。比如到村里去，农民问有什么补贴我们能去争取，对村里的生产关系要了解，改变村党支部书记的一个观念，可能未来就能改变一个村。这是对我们提出的新要求。农业大省向农业强省的跨越。

推倒四面墙 迎来八面风
——山东省农业科学院综合改革探索与实践

山东农业企业体量大,但叫得响的不多。科研院所服务的方向也在这里。

(该文为吕兵兵在2021年11月山东省农业科学院召开的改革发展研讨会上的发言)

"科研人员看"改革

蚕业研究所范作卿： 我院科研组织方式改革、成果转化制度改革、试验基地管理一体化改革等不仅有利于科研人员的成长，而且更好地服务于农村农业生产活动。科研与生产"两张皮"，是长期困扰我国创新发展的深层次问题。"三个突破"战略，作为我院破解科研与生产"两张皮"问题的重大创新举措之一，为大多数科研人员从实验室走到生产一线搭建了平台、创造了条件。三年来，我院的新品种、新成果、新技术在三个示范县广泛推广应用，形成了"科企创新联合体""链长制""百名首席兴百村"等典型经验模式，打造出一批可观摩、可借鉴、可推广的乡村振兴科技引领型齐鲁样板，有效推动了当地农业产业提质增效，促进了农民增收致富。同时，科研人员扎根农业科研一线，可以精准发现产业需求和农民需要，让"高大上"的科研更接地气，真正把论文写在大地上。作为我院挂职人员中的一员，挂职前对自己的研究方向比较迷茫，正是在实施"三个突破"过程中，在生产一线中发现并确立自己的研究方向，为下一步科技成果研发和快速转化奠定了良好基础。

果树研究所高新华： 科研院所创新活力和能力有效激发。农业科技成果和科技创新人才评价更趋科学，科研院所的分配制度

推倒四面墙　迎来八面风
——山东省农业科学院综合改革探索与实践

更加合理，科技人员的能动性和主动性得到有效提升，极大地促进了科技进步和成果转化。组建符合自身实际需求的人才队伍。通过全方位政策激励，人才精神面貌焕然一新，干事创业劲头更足，人才集聚效应初步形成。

花生研究所品质育种课题组： 综合改革更加人性化和合理化，一些改革非常具有创新性，走在了前列。财务制度改革使报销更加便捷、简便，公务之家的使用使报销更加信息化；岗位聘用制度改革更加注重成果，使职称评定更加公平合理。

基地管理中心盛中飞： 岗位聘用制度改革，结合不同领域、不同岗位、不同层次专业技术人员的特点，制定了更具针对性和操作性的评价标准，切实做到了分类评价、精准评价，给科技管理类、成果转化类等岗位的人员晋升带来希望。

家禽研究所房立春： 不管是从团队还是研究所，在人才、科研、成果、财务等方面的改革推动了各级干事做事的积极性，破除了一系列长期存在的规则性壁垒，畅通了人才职称晋升、成果评价、"放管服"的渠道，有利于将全院的工作导向转变为服务科技创新和服务"三农"。

经济作物研究所孔祥强： 这些改革使单位发展活力更足了，特别是让青年科研人员有了努力方向，干劲更大了。本人也在改革中受益匪浅,一方面坚定了我全心全意做好服务、脚踏实地做好科研的信心;另一方面,我也因为改革入选了"3237"工程并成功竞聘上三级研究员。

畜牧兽医研究所姜富贵: 我院开展综合改革以来,各项工作亮点纷呈,多项重点工作实现突破,全院形成了奋勇争先、干事创业的良好氛围。"专家至上、人才至上"的理念在我院深入人心,大大提升了全院职工的归属感、获得感、荣誉感和幸福感。团队人才队伍层次结构更加科学合理,科研的效率大大提升。特别是近年来引进的优秀人才,他们的学术视野、科研思路、工作方法等大大提升了全所和团队的科技创新能力,主要体现在国内外学术交流更加紧密、高影响力 SCI 文章数量大幅提升、学术研讨和交流更加频繁等方面。

畜牧兽医研究所李璐璐: 学科团队改革直接打乱了以前研究所科室为主的架构框架,改为研究方向为主线,合理的组织各方面的专业人才中心组队,研究方向更为明确;其次以团队首席为主,研究方向以首席为导向,打破了以往研究方向分散、力量分散的局面,更有利于科研成果的产出。

畜牧兽医研究所刘桂芬: 在岗位竞聘方面,坚持三支队伍建设统筹推进,对科研创新、成果转化、管理服务三类人才实行分类竞聘,充分调动了院所各类职工的积极性、创造性。尤其是实

推倒四面墙　迎来八面风
——山东省农业科学院综合改革探索与实践

行大代表作制方面，从原来"唯论文""唯成果"到综合定量定性评价，减少了科研人员急功近利的"短平快"，给我院科研创新带来生机和活力。今年职称评审又增加了"青年通道"，加强了对青年科研人员的培养，为我院学科建设和科研创新提供了坚实的人才队伍。

农产品加工与营养研究所王延圣： 我院系列改革带给农产品加工与营养研究所的变化是巨大的，通过机构改革，进一步调整了学科团队组成，新建了营养学科团队，调出了小麦育种、中草药等非本学科团队，凝练整合学科力量；通过人才制度改革，引进了领军人才、学科带头人、青年拔尖人才、优秀博士20余人，占我所现有人员总数的1/3，为单位发展注入了新鲜血液；成果转化改革、收入分配改革，调动了广大职工创新创业积极性；财务改革、"放管服"改革，提高了工作执行力和行政效率；岗位聘用改革惠及每个职工，让岗位晋升有据可依，更加公正透明等。

农业机械科学研究院汪宝卿： 最显著的是成果转化政策改革，这个市场和需求导向性强，作用直接，紧紧抓住了职工增收和对美好生活向往的期望目标。团队和个人都聚焦到品种和技术创新上，以收入为导向的驱动力一旦形成示范效应，对学科、团队、人才、平台等影响巨大。

农药科学研究院刘钰：作为我院一员，我感到很幸运，我们院领导意识超前，锐意创新，主动担当作为，在一系列改革措施的推动下，我们农科院的形象更加生动，显示度进一步提升，社会影响力加大，职工受益匪浅。17项综合改革，像点燃我院高速发展的引擎，从管理人员到普通科研人员，都受益明显。在参与"三个突破"过程中，我见识到了更广阔的天地人和，与我院更多的专家密切协作交流，我受益最大，收获最多。

农药科学研究院马新刚：人才制度改革、成果转化制度改革、机构设置改革、收入分配制度改革、岗位聘用制度改革成效比较明显，为科研人员干事创业铺平了道路，使一线科研人员更能聚焦自己专业的领域。在科研创新上，没有了以前那么多的包袱，有成果、有收益、有干劲，团队凝聚力进一步增强。通过院里这个综合改革，我们团队以前只是做农药残留登记业务，改革后，把单位内部的农药药效团队整合进来，组建了农药残留与药效团队，目前是农药科学研究院最大的一个团队，共有31人。整合后，业务资源共享，人员专业更加互补，工作干劲与活力明显提升。

湿地农业与生态研究所王娜娜：17项综合改革的成效都很明显，所有的改革都是在探索中不断完善的。院里各项制度发布之前，都会调研基础人员的意见建议，各部门也都会积极采纳，所以我对院里的各项改革工作都抱有很大信心。谈一件小事，中国

推倒四面墙 迎来八面风
——山东省农业科学院综合改革探索与实践

农业科学院的导师说你们山东省农业科学院的近3年以来的改革力度很大,这是件很好的事情。而我之前很少跟导师提及院里的各项改革。可见我们院的改革已经引起了全国范围内的广泛关注和称赞。

农业信息与经济研究所赵佳： 17项综合改革推进了单位工作的进行，制度完善督促单位工作的有序开展，有目标、有路径、有结果，大大改变改革之前工作散乱的局面。团队建设更加合理，尤其以大团队大协作理念运行，多人多方合作促进大项目大成果的产生。就个人而言，也在改革中找到了自己的发展平台和发展方向，经过锻炼大幅有效地提升了工作能力和工作水平。

休闲农业研究所管聪： 通过了解，身边同事对青年绿色通道破格申请副高职称的讨论最多，这项改革大大提升了青年科研人员的积极性，提高了学术热情。目前，国家鼓励青年科研人员主持或在项目中担任重要角色。青年科研人员通过破格晋升后，他们也具备了申请国家级科研项目的资格，可以尽快在科研项目申请中担任重要角色。

休闲农业研究所吕晓惠： 17项综合改革为团队发展带来积极正面影响。我院干事创业的氛围愈加浓厚，科研人员，尤其是一线科研人员能够主动争项目、找项目，在与企业、农户等生产一线对接的同时，提升自身科技服务水平，为企业带来良好效益。

我院学科团队改革，将花卉科研人员凝聚在一起，共同为山东省花卉产业发展出谋划策。我们课题先后 4 人次主持面向社会寻榜揭榜项目，先后与青州、济宁、东营等地的花卉企业共同解决产业问题。

休闲农业研究所孙家波：综合改革和院"三个突破"战略的实施让我受益匪浅。自身通过脱产挂职得到了极大锻炼，综合能力明显提升；得益于本次挂职，晋升副研职称；结识了一大批志同道合的优秀科研人员，拓宽了科研思路和合作对象；对我院各单位的专家、技术、成果等有了深入了解，未来再赴基层服务能够有的放矢；工作单位从农业信息与经济研究所到休闲农业研究所，成为都市农业团队负责人，承担重任。

休闲农业研究所王成鹏：所在单位科研人员干事热情高涨，让想干事的人有了更加合理公平的成长环境，事事均有政策文件依托。人才引进、国家自然科学基金配套经费、岗位聘用、招标采购等政策的实施均使我和我所在的团队受益。团队也因机构改革和学科调整进入了新的所，有了更加广阔的发展空间。在其他高校科研院所工作的朋友通过媒体也了解了许多我院的改革措施，也经常询问我院的政策，常听到"你们院最近改革力度很大啊"。

玉米研究所卢增斌：17 项综合改革对单位、团队和本人带

推倒四面墙 迎来八面风
——山东省农业科学院综合改革探索与实践

来了积极影响,如单位通过改革,减少了以前对方方面面的管理,做到了轻装上阵,可以抽出更多的精力关注团队建设、人才培养、科技创新、成果转化等方面,且在院党委的集中统一领导下,干事创业的积极性更高。团队通过改革,进一步明确了主攻方向,优秀博士人才的引进,进一步充实了团队队伍,团队的发展活力和后劲很足。三支队伍建设、分开职称评定,本人在改革后从事管理服务的信心十足。

玉米研究所张华:综合改革带来了积极正向的影响,院整体风貌焕然一新,包括但不局限于园区自然环境和人文环境——更多的国际友人穿梭园区。人才制度改革方面,大代表作、"破四唯"职称晋升激发全院干部职工积极性;机构设置改革方面,院属各单位间的综合调整,精兵简政利于团队重组、发挥各自优势;干部制度改革方面,任命一批年轻处级干部,他们敢闯敢干的劲头利好院所发展;后勤服务保障一体化改革方面,职工食堂的优化是为全院职工谋福利的亮点工程。

植物保护研究所李建:各项改革的推动为单位发展增加了活力,团队建设趋于合理,团队成员年龄构成有了改进。借助人才制度改革,引进高层次领军人才,起到了一定的引领和榜样作用。引进青年人才,拓宽了研究领域,为单位和团队提供了新生力量,团队建设方面,老、中、青人员结构更加合理,团队工作有了衔接和传承。

附 件

植物保护研究所马国苹： 17项综合改革，使单位、团队和个人的发展活力均更加充足。团队人员梯队建设更加完备，老、中、青次序衔接，传帮带有机融合。团队建设为我们青年科研人员的成长提供了良好的平台，使我们能很快地适应新角色，融入新环境，找到研究方向，发挥所长，开展研究工作。

植物保护研究所许晓辉： 17项综合改革进一步优化了团队结构，激发了团队成员的干事创业激情，进一步提升了工作效率和创新意识，团队成果转化收益达到历史高值，同时团队人员在职称评定和收入分配中获得极大的提升，本人也因此获得"3237"人才工程资助，职称得以晋升，收入显著增加。

农作物种质资源研究所陈高： 我院"关于深化人才制度改革的意见"，吸引了国内外优秀青年人才，为我院注入了新鲜血液，极大地激发了我院各类人才的创新活力。对人才分类评价体系的改革，通过坚持定量与定性结合，破除了原有的"四唯"倾向，推动了三类人才的协同发展；我院"为科研人员'松绑减负'十条意见"，减少了财务报销、项目结题等方面的工作量，为科研人员提供了良好的科研环境；关于"科研人员创新创业有关政策的实施意见"，激发了科研人员干事创业的积极性和创造性等。身边同事和高校、科研单位同行朋友对我院综合改革大多数给予了高度评价。普遍认为打破了旧有的秩序，为我院引进了新鲜血液，科研方面创造了新的生机活力。

推倒四面墙　迎来八面风
——山东省农业科学院综合改革探索与实践

农作物种质资源研究所张全芳：最大的感触是让团队和个人科研、技术开发的方向性更明确，尤其对于我们以技术开发和服务为主的团队，让每个成员都明确了工作任务和方向，有了坚持下去的动力。财务制度改革后新的报销方式更加便捷、高效，岗位聘用制度改革后基本做到了在评聘时更加科学、有据可依，后勤服务保障一体化改革后建设的食堂方便职工就餐、节约了时间，成果转化制度改革后促进了成果的转化，增加了职工的转化收入，提高了职工的积极性。

资源与环境研究所姚强：我院各项改革成效明显，推进了各项工作高效运行。有效地激发了团队和人员的科研积极性，更科学合理地促进团队建设、平台构建和科研工作有序开展。

作物研究所訾妍：人才制度改革、干部队伍改革，通过高层次人才的引进，使团队科研水平获得了提高；干部队伍改革让管理队伍干劲儿更足，注入了有生力量与新思路。"3237"工程增加了科研人员的机会和收入。

后 记

2020年以来，我们坚持落实习近平总书记"给农业插上科技的翅膀"重要指示精神，以"推倒四面墙、迎来八面风"为总基调，在深入分析山东省农业科学院发展现状，调研了解干部职工需求的基础上，在全院探索实行了综合改革，致力于搭建现代院所治理体系的"四梁八柱"，着力为科研人员"松绑减负"。

三年多来，综合改革在山东省农业科学院取得了实实在在的成效，贯彻落实"给农业插上科技的翅膀"重要指示的体制机制更加完善，院所治理体系和治理能力现代化水平明显提高，干部职工的幸福感、获得感显著提升，全院发展活力和创新活力显著增强。可以说，综合改革已经成为推动山东省农业科学院高质量发展的总引擎、总动力。相关改革做法被科技部纳为科技评价改革十大典型案例，改革经验多次刊登在农业农村部科教司《农业农村科教动态》上，多项改革被列入山东省改革试点予以推广。在2022年全国农业科技创新工作会议上，山东省农业科学院作为农业科学院系统唯一代表作了典型发言。我本人受邀赴农业农村部科技发展中心，以《推倒四面墙 迎来八面风——山东省农业科学院综合改革探索与实践》为题，为全国各省级农业科研院校1000余人作了专题报告。全国30多家高校院所也多次来我院就科技体制机制改革进行学习交流。中央电视台、《人民日报》

推倒四面墙 迎来八面风
——山东省农业科学院综合改革探索与实践

《光明日报》《科技日报》《农民日报》等新闻媒体先后宣传报道。我们深刻体会到，综合改革是落实深化科技体制机制改革要求的创新实践，是破解科研生产"两张皮"的现实需要，也是直接服务职工群众、走好新时代党的群众路线的有效之举。

领导的肯定、职工群众的欢迎、专家的好评、媒体的赞扬，对我们是动力，更是鞭策，是褒奖，更是督促。这让我们有了一种责任感，要将综合改革各项制度落实得更实，让改革的红利惠及更多职工；有了一种义务感，要更好地总结宣传综合改革各项制度，让这些好的制度固化下来。基于此，我萌生了总结综合改革的想法，通过总结综合改革中各项改革的制度设计、制度落实中的做法和经验，提炼理论价值和实践价值，为其他高校院所深化科技体制机制改革提供一些参考和借鉴，为更好地贯彻落实中央全面深化改革精神尽一份绵薄之力。

本书在撰写过程中，得到了山东省农业科学院刘涛、王祥峰、赵新华、蔡亭友、朱小玲、李峰、王传增、韩宗福、隋洁、王磊、孙锋、杨萍、陈业兵、阴卫军、刘长亮、王敏、盛中飞、王勇、常睿哲、杨可欣等同志的热情帮助和大力支持，特别是刘倚帆同志在整本书的编辑、校对过程中发挥了重要作用。付梓之际，向各位同志表示深深的谢意。

李长胜
2024 年 5 月